Carmen Rohrbach

Die Neugier ist mein Kompass

Carmen Rohrbach

Die Neugier ist mein Kompass

Abenteuer aus aller Welt

Mit 53 farbigen Fotos

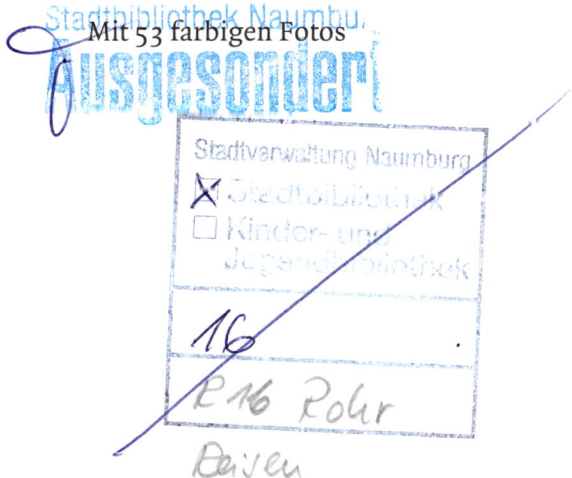
MALIK NATIONAL GEOGRAPHIC

Mehr Bäume.
Weniger CO₂.
www.cpibooks.de/klimaneutral

Mehr über unsere Autoren und Bücher:
www.malik.de

Bibliografische Information der Deutschen Nationalbibliothek
Die Deutsche Nationalbibliothek verzeichnet diese Publikation in der
Deutschen Nationalbibliografie; detaillierte bibliografische Daten
sind im Internet über http://dnb.d-nb.de abrufbar.

MALIK NATIONAL GEOGRAPHIC

Originalausgabe
September 2016
© Piper Verlag GmbH, München/Berlin 2016
Umschlaggestaltung: Dorkenwald Grafik-Design, München
Umschlag- und Innenteilfotos: Carmen Rohrbach
Redaktion: Susanne Härtel, München
Satz: Satz für Satz. Wangen im Allgäu
Litho: Lorenz & Zeller, Inning a.A.
Papier: Naturoffset ECF
Druck und Bindung: CPI books GmbH, Leck
Printed in Germany   ISBN 978-3-492-40605-5

Das Papier wurde aus chlorfrei gebleichtem Zellstoff hergestellt.

INHALT

VORWORT

Seit vier Jahrzehnten widme ich mein Leben dem Reisen und Schreiben und habe dabei die unterschiedlichsten Landschaften kennengelernt: Wüsten, Gebirge, Vulkane, Flüsse. Es sind die wilden Gegenden, die mich anziehen. Gebiete, die von uns Menschen nicht oder kaum verändert wurden. In dieser eigentlich lebensfeindlichen Umwelt fühle ich mich sicher und geborgen. Die Einsamkeit in der Natur ist für mich beglückend, sie erfüllt mich mit Freude und bereichert mein Dasein. Umso schöner dann der Kontrast, wenn ich wieder auf Menschen treffe, die mich Anteil an ihrem Leben nehmen lassen. Während der Natur meine Liebe gehört, faszinieren mich die Begegnungen mit Menschen, sei es auf dem Land oder in der Stadt.

Dieses Reiseleben habe ich mir nicht ausgedacht, ich wurde wohl einfach mit dem Abenteuer-Gen geboren. Kaum konnte ich die ersten selbstständigen Schritte machen, nahm ich diese geheimnisvolle Linie zwischen Himmel und Erde wahr. Ich wusste nicht, dass man sie Horizont nennt – aber dorthin wollte ich, wollte sehen, was sich dahinter verbirgt. Diese Neugier, verbunden mit Mut und Abenteuerlust, scheint mir also angeboren. Doch nie wollte ich reisen nur um des Reisens willen, sondern stets mit einem Auftrag, einer Zielsetzung, um zu entdecken, zu beobachten, zu beschreiben und die Erlebnisse an andere Menschen weiterzugeben. Reisen und dabei Neues erkunden ist für mich eine Leidenschaft und als Autorin mein Beruf geworden.

Mit meinen Geschichten möchte ich bewusst machen, wie wunderbar unsere Erde ist, wie vielfältig, schön und voller Überraschungen. Sie ist es wert, erhalten und beschützt zu werden. Einige meiner Touren liegen länger zurück, andere habe ich erst vor Kurzem durchgeführt. Über manche meiner Erlebnisse habe ich bereits berichtet, doch der Großteil blieb bisher undokumentiert.

Meine abenteuerlichen Reisen unternehme ich stets allein und meist zu Fuß, ab und zu in Begleitung von Esel, Pferd oder Kamel. Alles ist mir bei meinen Wanderungen gleich wichtig, die Blumen und Gräser am Wegesrand, die Gesteine und Tiere, die Menschen und ihr traditionelles Leben; erzählenswert ist aber auch, welche geschichtlichen Ereignisse sich einst abgespielt haben. Über die Gegenwart hinaus fasziniert mich die Vergangenheit.

Auf meinen frühesten Unternehmungen konnte ich noch von Menschen unbeeinflusste Wildnis erleben, die uns inzwischen mehr und mehr verloren geht. Doch immer wieder erlebe ich auch, dass sie dort zurückkehrt, wo wir Menschen uns zurückziehen und der Natur Raum geben. Allerdings nicht so wie vor der Zerstörung, denn eine ausgestorbene Tier- oder Pflanzenart kann nicht wieder aus dem Nichts entstehen. Dafür entwickelt sich etwas anderes, Neues, und dies zu entdecken und zu bewahren, könnte eine unserer Aufgaben sein.

Die Geschichten sind nicht chronologisch, sondern nach Landschaftsformen geordnet. Jeder Erzählung habe ich eine Erläuterung vorangestellt, wann die Reise stattfand und warum ich dieses Gebiet auswählte. Am Ende des Buches folgt ein Anhang mit Informationen zu den einzelnen Reisen, zu Land und Leuten und mit Kommentaren, wie sich die Lage in den besuchten Gebieten heute darstellt.

WEGE

So weit die Füße tragen

PHILIPPINEN
Der weite Weg nach El Nido

Der Anlass meiner Philippinenreise im Jahr 1984 war ein Dokumentarfilm, der auf Palawan gedreht werden sollte. Wir waren ein kleines Team von nur drei Personen und suchten den Kontakt zu Menschen, die zurückgezogen im Urwald unter steinzeitlichen Verhältnissen lebten. Als das Projekt abgeschlossen war, reiste ich allein weiter, um die Insel zu erkunden und die Bevölkerung kennenzulernen.

Palawan, eine der über 7000 Inseln der Philippinen, liegt lang gestreckt im Westen des Archipels. Die nördlichste Ortschaft El Nido sollte mein Ziel sein. Sie ist 250 Kilometer von der Inselhauptstadt Puerto Princesa entfernt, wo ich meine Wanderung begann.

»Where are you going?«, ruft plötzlich jemand

Erschrocken zucke ich zusammen, aber niemand ist zu sehen. Hohe Maisstauden neben dem schmalen Pfad versperren mir die Sicht. Zögernd bleibe ich stehen. Da bewegt sich die Pflanzenmauer, und ein Mann tritt heraus. Er ist barfuß, in der Hand hält er eine Hacke. Ein rotes Stirnband bändigt seine langen Haare, das Hemd ist verschwitzt und staubig. Als ich ihm sage, dass ich nach El Nido gehe, schüttelt er staunend den Kopf. Höflich bittet er mich, sein Gast zu sein. Er meint, ich müsse mich ausruhen, weil ich einen so weiten Weg vor mir hätte.

Sein kleines Haus steht auf Stelzen, ist mit Palmwedeln bedeckt und hat Wände aus geflochtenen Matten. Innen begrüßt mich freundlich Clarita, die Frau von Tulduang, wie er sich mir vorgestellt hat. Auch sie beherrscht die englische Sprache. Vier Kinder schauen mich neugierig aus dunklen Augen an. Bald haben sie ihre Scheu verloren, probieren an mir ihr Schulenglisch aus und plaudern drauflos.

Tulduang ist mit seiner Familie erst vor zwei Jahren nach Palawan gekommen, zuvor lebten sie auf einer anderen philippinischen Insel.

»Dort war das Wetter furchtbar. Wirbelstürme haben immer wieder die Ernte vernichtet und unser Leben bedroht«, erzählt Clarita. Deshalb wollen sie sich hier eine neue Existenz aufbauen.

»Sechs Hektar Land habe ich schon gerodet«, berichtet Tulduang stolz.

Palawan ist die fünftgrößte Insel der Philippinen. 400 Kilometer lang, aber an keiner Stelle breiter als 40 Kilometer, liegt sie zwischen dem Südchinesischen Meer und der Sulusee, die zum Pazifik gehört. Ein Gebirge zieht sich wie ein Rückgrat längs durch die schmale Insel. Mit 2073 Meter ist der Mantalingajan der höchste Gipfel dieses Bergmassivs.

Palawan wurde erst spät dem philippinischen Hoheitsgebiet zugeordnet. Noch in der Mitte des 19. Jahrhunderts regierten hier muslimische Sultane. Die Spanier hatten im 16. Jahrhundert die anderen philippinischen Inseln unterworfen, doch die Eroberung Palawans war ihnen nicht gelungen. Noch heute ist der islamische Einfluss im Süden der Insel spürbar. Immer wieder flammt Widerstand gegen die Regierung auf.

Palawan war lange Zeit ein ungestörtes Naturparadies, bis Zuwanderer aus übervölkerten Gebieten der Philippinen auf diese westliche Insel strömten. Als ich Palawan besuchte, wucherte noch unberührter Dschungel im Bergland, und auch an der Küste lebten nur wenige Menschen. Die Einwanderung von Neusiedlern, die für ihre Felder immer mehr Platz benötigen, hatte gerade erst begonnen. Mit Brandrodung verdrängten sie die ursprüngliche Vegetation, und später vollendete die Holzindustrie das Vernichtungswerk.

Als ich mich nach meiner Rast verabschieden will, wollen Clarita und Tulduang mich nicht gehen lassen. Das nächste Anwesen sei zu weit entfernt, vor der Dunkelheit könne ich es nicht erreichen. »Übernachte bei uns. Wir haben eine Schlafmatte für dich«, sagen sie.

Zum Abendessen gibt es Reis und gekochte Maniokwurzel, die auf den Philippinen *cassava* genannt wird. Zusammen mit den Eltern und Kindern hocke ich auf dem Holzboden, eine große Schüssel steht in der Mitte. Wir essen mit den Händen. Ein Glas mit Petroleum und einem Docht aus Pflanzenfasern spendet Licht. Als wir satt sind, kehrt Clarita die Essensreste durch die Lücken zwischen den Dielenbrettern. Lautes Grunzen ertönt. »Das sind unsere Schweine«, sagt sie lachend, als ich überrascht aufblicke, und ich erinnere mich, dass ich unter dem Pfahlbau eine schwarze Sau mit ihren Ferkeln gesehen hatte. Jetzt machen sie sich über die Reste unseres Mahls her.

Matten werden auf dem Boden ausgerollt, und ich lege mich inmitten der Familie zum Schlafen nieder. In der Nacht regnet es heftig. Tropfen fallen mir durchs Palmblätterdach mitten ins Gesicht. Im Dunkeln erkenne ich einen Schatten. Es ist Clarita, die geschickt innen an den Bambusstangen bis zum Dachfirst hochklettert und die Blätter zusammenzieht, sodass kein Regen mehr eindringen kann. Am nächsten Morgen besteht sie darauf, dass ich erst noch frühstücke. Sie kocht wieder Reis und freut sich über mein Abschiedsgeschenk, eine Tüte Bohnenkaffee sowie Kekse für die Kinder.

Reisfelder bedecken das Land so weit ich blicken kann. Wasserbüffel suhlen sich im Schlamm oder ziehen den Pflug durch morastigen Boden. Der Wasserbüffel oder *carabao*, wie er auf den Philippinen genannt wird, ist trotz seiner Furcht einflößenden Hörner und der imposanten Größe ein gutmütiges Tier. Ich sehe junge Mädchen auf Büffeln reiten, und es gehört zu den Aufgaben der Kinder, ihn nach der Arbeit zu seinem Wasserloch zu führen. Die Haut des Wasserbüffels ist empfindlich gegen Sonnenstrahlen, deswegen suhlt er sich gern in schlammigen Tümpeln und schützt seine Haut mit einer dicken Lehmschicht.

Schon nach weniger als einer Stunde, nachdem ich mich von meinen Gastgebern verabschiedet habe, erreiche ich wieder eine Siedlung aus Pfahlhäusern, dabei hatte Tulduang doch behauptet, weit und breit sei nur unbewohntes Land. Kinder haben mich entdeckt und laufen mir neugierig entgegen. Ich bin erstaunt, dass selbst die Kleinsten schon Englisch sprechen. »Meine Schwester geht in die Schule. Von ihr lerne ich Englisch«, erklärt ein vielleicht fünfjähriger Junge. Lächelnd kommt die Mutter hinzu. »Bitte, komm ins Haus. Ich rufe gleich meinen Mann, er pflügt gerade das Feld. Er wird sich freuen, dich kennenzulernen, denn bei uns kommt selten jemand vorbei.« Und schon beauftragt sie einen ihrer Söhne, den Vater zu holen.

Am Anfang meiner Wanderung glaube ich noch, diese freundlichen und liebenswürdigen Begegnungen seien eine Ausnahme, doch ähnliche Szenen wiederholen sich immer wieder. Ein Gefühl von Verlegenheit und Scham breitet sich in mir aus. Womit habe ich diese Herzlichkeit verdient?

Eines Morgens, als ich wieder durch eine Ortschaft komme, läutet gerade die Schulglocke. Kinder mit Ranzen auf dem Rücken, die Jungen mit blauen Hosen und weißen Hemden, die Mädchen in bunten Kleidern, schlendern mit fröhlichen Gesichtern lachend und scherzend zur Schule, was aber nicht bedeutet, dass sie das Lernen nicht ernst nehmen. Die Schule ist für sie wichtig, das scheint schon den Jüngsten bewusst zu sein. Von einer guten Schulbildung erhoffen sie sich ein besseres Leben, höre ich von Kindern und ihren Eltern.

Selbst die ärmsten Familien bringen irgendwie das Geld auf, um ihren Nachwuchs möglichst auf höhere Schulen und Colleges zu schicken, wobei die Mädchen nicht benachteiligt werden. Wenn ihnen das Lernen Spaß macht, bekommen sie die gleiche Ausbildung wie die Jungen.

Als ich in der Fischersiedlung Abongan nach einer Unterkunft für die Nacht frage, schicken mich die Leute zum Barangay-Captain, wie der Dorfälteste hier heißt. Barangay ist die Bezeichnung für seetüchtige Auslegerboote, mit denen vor etwa 2000 Jahren malaiische Völker zu den Philippinen übersetzten. Die neuen Siedlungen benannten sie nach diesen Booten, und der Bootsführer wurde meist Anführer im Dorf. Erstaunlich, dass sich diese Bezeichnung über den langen Zeitraum bis heute erhalten hat.

Die Inseln waren damals schon bewohnt, denn während der Eiszeit gab es eine Landbrücke zum asiatischen Festland, sodass Menschen der Steinzeit leicht einwandern konnten. Später wich diese Urbevölkerung der Übermacht der Neuankömmlinge, zog sich in den unwegsamen Urwald der Berge zurück und ist heute durch Abholzung der Wälder besonders bedroht.

Der Dorfvorsteher bringt mich zum Haus seiner Schwester. Als am nächsten Tag im Dorf eine Hochzeit gefeiert wird, werde ich dazu eingeladen. Die junge Braut sieht aus wie eine Prinzessin. Sie trägt ein kostbares, mit Spitzen besetztes weißes Seidenkleid und einen hauchdünnen Schleier. Inmitten der einfachen ländlichen Umgebung wirkt diese teure Ausstattung unwirklich, eher wie eine Filmszene.

Der Hochzeitszug formiert sich. An der Spitze, allen voran, geht der Bräutigam in einem schwarzen Anzug mit weißem Hemd, hinter ihm folgen in Zweierreihen die Verwandten. Am Ende kommt die Braut, neben ihr die Mutter. So ziehen sie durchs Dorf zu der kleinen, mit Palmblättern bedeckten Holzkirche. Das Paar wird von einem katholischen Pfarrer getraut. Er ist von Taytay, einer etwas größeren Ortschaft, mit dem Boot extra für die Hochzeit angereist.

Lange glaubten die Einheimischen an Naturgottheiten, bis sie von den Spaniern vor 400 Jahren unterworfen und missioniert wurden. Sie übernahmen den katholischen Glauben, und heute sind die Philippinen das einzige asiatische Land, in dem über 90 Prozent der Einwohner katholisch sind.

Nach der Trauung führt das junge Ehepaar die Gäste zum Dorfplatz, der mit Matten aus geflochtenen Palmblättern bedeckt ist. Das Paar nimmt auf Stühlen Platz und blickt hoheitsvoll in die Menge. Verwandte, Freunde und Bekannte treten einzeln heran, wünschen ihnen Glück und Segen und heften der Braut einen Geldschein ans Kleid. Bald ist sie über und über damit bedeckt.

Auf den Philippinen ist es Aufgabe der Frau, die Familie zu erhalten und zu bewahren, denn sie verwaltet das Familieneinkommen. Ein Relikt aus vorkolonialer Zeit, als es noch das Matriarchat gab. Damals hatten Frauen eine bevorzugte Stellung. Sie besaßen eigene Felder und Vieh, konnten Tausch betreiben und sogar einem Dorfverband vorstehen. Als Wahrsagerinnen und Heilerinnen nahmen sie eine hohe Stellung ein. Nach der Heirat zog der Mann an den Wohnort der Frau, und auch die Namensgebung der Kinder und das Erbrecht waren mütterrechtlich geregelt. Als die christliche Missionierung ab dem 16. Jahrhundert begann, verloren die Frauen fast alle ihre Rechte. Sie wurden entmündigt, auf die Hausfrauen- und Mutterrolle beschränkt und waren fortan den Männern untertan. Dennoch, trotz der jahrhundertelangen spanischen Herrschaft, blieben Reste früherer Normen erhalten. So ist es die Mutter und nicht, wie bei uns üblich, der Vater, die die Tochter zum Altar führt, und es ist die Braut, die die Geldgeschenke der Verwandtschaft erhält.

Auf Holzfeuern kochen riesige Töpfe mit Reis, fünf Schweine werden geschlachtet. Eine Dorfhochzeit ist teuer, alle müssen ihren Anteil bekommen. Keiner der 300 Einwohner darf übergangen werden, denn das würde lebenslange Feindschaft bedeuten.

Von Abongan sind es noch gut 50 Kilometer bis El Nido. Ich kann wählen, ob ich von hier mit einem Boot an der Küste entlangfahre oder quer durchs Land laufe. Man warnt mich, es sei ein einsamer, von Vegetation überwucherter Pfad und ich könnte mich leicht verirren. Ich müsse durch Wasser und Morast waten, zudem würden Krokodile in den Flüssen lauern. Aber gerade diese Schwierigkeiten fordern meine Abenteuerlust heraus. Das erste Mal in meinem Leben liegt vor mir ein Gebiet ursprünglicher Wildnis, nach der ich mich immer schon gesehnt habe. Ich will diese Erfahrung unbedingt machen.

Inzwischen hat der Monsun begonnen, und der Habágat, der Südwestwind, bläst jeden Tag dunkle Regenwolken heran. Es ist schwül und feucht, meine Kleidung trocknet kaum noch nach den täglichen Regengüssen. Der Pfad verwandelt sich in einen Bach, knietief wate ich durchs Wasser. Es wird immer mühsamer, voranzukommen. Aber das Wetter hat auch einen Vorteil, es ist weniger heiß, und die Moskitos können mich nicht piesacken. Der dichte Dschungel glänzt in seiner regennassen Schönheit. Die Blätter glitzern voll perlender Tropfen.

Dann erreiche ich den ersten Fluss, den ich durchqueren muss. Trübbraune Lehmfluten wälzen sich im Bett und überspülen bedrohlich das Ufer. Ob ich da durchkomme? Werden die Fluten mich nicht mitreißen? Vorsichtig taste ich mit den Füßen über den steinigen Grund. An der tiefsten Stelle reicht mir das Wasser bis zur Taille. Doch die Strömung ist nicht sehr stark. Gestützt auf einen Stock, den

Rucksack auf dem Kopf balancierend, gelingt es mir, das andere Ufer zu erreichen. Dort atme ich erleichtert auf, bis mir einfällt, dass die Leute erzählten, in den Flüssen würden Krokodile leben. Mir fährt der Schreck in die Glieder. Schnell entferne ich mich vom Ufer. Nach etwa zwei Stunden liegt der nächste Fluss vor mir. Er ist wild und reißend. Mir ist klar, da komme ich nie und nimmer hindurch. Um in Ruhe überlegen zu können, packe ich den Proviant aus und koche mir eine Suppe. Gestärkt erkunde ich die Umgebung und entdecke einen kaum sichtbaren Pfad. Er führt am Fluss entlang durch alles überwuchernde Vegetation. Am Abend erreiche ich das Dorf Cataban, einsam mitten im Urwald gelegen. Ich hatte nicht erwartet, auf meinem Weg durch die Wildnis Menschen zu begegnen, denn auf meiner Karte war kein Dorf vermerkt. Der Dorfälteste schickt mich zu Cresilda Gonzales. Sie wohne allein und habe genug Platz, sagt er. Cresilda empfängt mich erfreut. Sie empfindet es als Auszeichnung, dass sie mich beherbergen darf. Sie ist 70 Jahre alt, doch ich hätte sie jünger geschätzt, denn ihr Haar, zu einem Pferdeschwanz gebunden, ist noch rabenschwarz. In ihrem Gesicht mit den hohen Wangenknochen leuchten fröhliche Augen.

»Vor 20 Jahren kamen wir hierher. Wegen der Taifune mussten wir unsere Heimat auf einer anderen philippinischen Insel verlassen«, erzählt sie. »Damals war hier nichts als Urwald. Es war harte Arbeit, bis wir das Land für die Felder gerodet und die Häuser gebaut hatten, doch jetzt fühlen wir uns hier zu Hause.«

Wir sitzen zusammen auf dem Lattenboden ihres Häuschens, das, wie die anderen, auf Pfählen errichtet wurde, die beste Bauweise in dieser immer feuchten Umgebung.

Cresilda lebt allein. Schon seit vielen Jahren ist sie Witwe, und Kinder hat sie keine. Sie ist darüber traurig und empfindet ihre Kinderlosigkeit als Makel.

»Alle anderen Frauen im Dorf haben Nachwuchs«, klagt sie. »Nur mir hat Gott kein Glück geschenkt.« Als sie erfährt, dass auch ich keine Kinder habe, wirkt sie einen Moment erleichtert. Nun ist sie nicht mehr die einzige vom Schicksal geschlagene Frau. Doch gleich lächelt sie mir aufmunternd zu: »Du bist jung. Du kannst noch viele bekommen.«

Die Wege in der kleinen Ortschaft sind mit Gras bewachsen. Autos gibt es hier nicht, höchstens einmal einen von Wasserbüffeln gezogenen Karren. Die Dorfbewohner haben auch kein Fernsehen, keine Zeitung, keinen elektrischen Strom, aber sie sehen zufrieden aus. Es scheint, als würden sie nichts entbehren.

Am nächsten Tag bringt mich ein Nachbar Cresildas mit seinem Kahn ans andere Ufer des Flusses. Nebel liegt wie ein zarter Schleier über dem Bergwald. Ein Pfad führt weiter durch den Dschungel, doch dann lichtet sich das Dämmergrün, und ich erblicke die Weite des Meeres. Steil fallen schwarzgraue Klippen hinab in die tosende Brandung. Ich kann mich nicht erinnern, jemals eine wildere Küste gesehen zu haben. Beschwingt wandere ich oberhalb der Steilküste entlang, dann führt der Pfad mich wieder hinein in den Urwald. Dort kämpfe ich mich durch die tropfnasse Pflanzenwelt, eine Wildnis scheinbar ohne Tiere, nicht einmal Blutegel oder Moskitos machen sich bemerkbar. Ich verliere das Zeitgefühl, gehe und gehe. Kurz vor Einbruch der Dunkelheit trete ich aus dem Wald. Vor mir breitet sich gerodetes Land aus, verbrannte Baumstümpfe ragen aus einem frisch angepflanzten Reisfeld.

Zuerst rieche ich es, das Meer, dann höre ich auch seinen Wellenschlag und weiß, ich habe mein Ziel erreicht. Umgeben von senkrechten Kalksteinfelsen liegt El Nido, spanisch für »Nest«, an einer flachen Meeresbucht. Vielleicht trägt der Ort wegen dieser geschützten Lage seinen Namen. Möglicherweise wurde die Siedlung aber auch nach den Vogelnestern benannt, die an den Felswänden kleben. Die Salanganen bauen ihre Nester aus Speichel, einem zähflüssigen Sekret, das sich an der Luft zu einer gummiartigen Masse verfestigt. Unter chinesischen Feinschmeckern gelten diese Nester als lukullische Spezialität, für die hohe Preise bezahlt werden. Deshalb riskieren manche Einwohner von El Nido immer wieder ihr Leben bei gefährlichen Klettertouren, um die Nester einzusammeln. Für die meisten aber ist das Meer die Existenzgrundlage. Wer kein Boot besitzt, fischt zu Fuß von der Küste aus. Das Netz wird in der flachen Bucht ausgeworfen und dann vom Strand aus eingeholt. Als ich neugierig zuschaue, werde ich von den Männern spontan aufgefordert, kräftig mitzuziehen. Groß ist der Fang nicht: ein paar Hornfische, ein Tintenfisch und sonstige Fischchen, klein wie Sardinen. Wieder und wieder wird das Netz ausgeworfen.

Am Abend sitze ich am Strand. Das gleichförmige Spiel der Wellen vermittelt den Eindruck von Ewigkeit. Ich nehme das friedliche Bild in mich auf. Die einfachen Hütten auf hohen Pfählen, umgeben von schlanken Palmen, im Hintergrund die bizarren dunklen Felsen. Freundliche Menschen sitzen im warmen Abendlicht plaudernd zusammen. Ein Mädchen in einem roten Kleid und mit flatternden schwarzen Haaren rennt vorbei, in der Hand schwenkt es einen silbern glänzenden Fisch. El Nido, im äußersten Winkel der kleinen Insel Palawan gelegen, wirkt auf mich, als wäre es unverändert immer so gewesen und als würde es immer so bleiben. Ein Leben in Gleichmaß und Zeitlosigkeit.

DEUTSCHLAND
Osterspaziergang in der Eifel

Im Jahr 1985 konnte ich es wieder einmal nicht erwarten, bis endlich der Frühling kam. Um das Warten unterhaltsamer zu gestalten, beschloss ich, dem Frühling entgegenzugehen. Die freien Tage zu Ostern kamen mir gerade recht. Mein Ziel war die Eifel. Als ehemaliges Vulkangebiet hat dieses Mittelgebirge eine spannende geologische Vergangenheit.

Über dem Bienenhaus trillern zitronengelbe Girlitze in den noch kahlen Baumkronen. Es ist Karfreitag am frühen Morgen. Die Luft duftet wie frische Wäsche.

Acht Tage will ich in der Eifel wandern. Gestern bin ich gestartet, bin mit dem Zug bis Koblenz und dann mit dem Bus nach Prüm gefahren. Bei meiner Ankunft am späten Nachmittag begrüßte mich Nieselregen. Tatendurstig trieb es mich dennoch hinaus in die Landschaft. Ich schulterte den Rucksack, schlüpfte unter den Regenponcho und schritt drauflos. Das leichte Tröpfeln verwandelte sich bald in einen heftigen Landregen, der Boden weichte auf, und die Wiesen wurden zu Seen. Die Abenddämmerung senkte sich über das Land, und ich hatte noch immer keinen trockenen Platz für mein Zelt gefunden. Im Dörfchen mit dem seltsamen Namen »Tafel« war kein Mensch auf den regennassen Straßen zu sehen, vergeblich suchte ich nach einem Gasthaus zum Übernachten. Es blieb mir nichts anderes übrig, als weiterzuwandern. Es regnete noch immer, als ich am Waldrand ein winziges Holzhäuschen entdeckte. Die Tür ließ sich öffnen. Innen reihten sich Bienenkästen aneinander. Vorsichtig legte ich mein Ohr an die Kästen. Stille, kein Laut, kein Summen. Dabei schlafen Bienen im Winter nicht, sondern regulieren durch Flügelschlagen die Temperatur im Kasten, ernähren sich vom gesammelten Vorrat und warten auf den Frühling.

Im Raum war es trocken und warm. Auf dem schmalen Gang zwischen den Kästen breitete ich Matte und Schlafsack aus. Ich war mir sicher, dass keine Biene und kein Imker und auch sonst niemand mich in dieser regnerischen Nacht stören würde. Und so schlief ich tief und fest.

Als das Morgenlicht durch ein Fensterchen scheint, wache ich auf. In Minutenschnelle packe ich meinen Rucksack, blicke mich noch einmal im Raum um. Keine Spur bleibt zurück, niemand wird feststellen können, dass mir das Bienenhaus für eine Nacht als Notquartier gedient hat. Sorgfältig schließe ich die Tür hinter mir.

Das Trillern der Girlitze aus den hohen Baumkronen begleitet meine Schritte. Ab und zu lugt die Sonne durch ein Wolkenfenster, und die Regenpfützen versickern langsam im Boden.

Der Wanderweg führt mich entlang einer Pappelallee nach Niedermehlen, das in einer von Wäldern umgebenen Talmulde liegt. Ein dünnes Bächlein, der Mehlenbach, plätschert durch den Talgrund. Eine Singdrossel schmettert ihre Strophen, sonst herrscht Feiertagsruhe. Inmitten geduckter Bauernhäuser hat sich jemand eine Villa mit viel Glas und herrschaftlichem Säuleneingang bauen lassen. Das protzige Haus wirkt fremd und störend in der bäuerlichen Umgebung.

Hinter dem Dorf führt der Wanderpfad eine Anhöhe hinauf. Oben erwartet mich eine Überraschung: Ein Wald aus Wacholderbäumen bedeckt die Hochfläche, ein Märchenwald! Die vom Wind zerzausten Bäume ähneln Tierfiguren, geduckte Wacholderbüsche sehen aus wie Hutzelweibchen, dazwischen umgestürzte uralte Stämme mit aufgeplatzter Rinde und von Moosen bewachsen. Dann wieder Bäume, die schmal und dünn wie Fontänen in den Himmel ragen.

Wacholder gehört als Zypressengewächs eigentlich zur mediterranen Flora, kann aber in klimatisch günstigen Gebieten auf trockenen Böden auch in Deutschland gedeihen, wobei der Baum äußerst langsam wächst. 50 Jahre kann es dauern, bis ein Stamm armdick geworden ist. Früher war die trockene und nährstoffarme Eifel vielerorts mit Wacholder und Heidekraut bewachsen. Schafhaltung begünstigte diese Pflanzen, denn die Tiere fraßen die ausgekeimten Laubbäume, die sonst dem langsam wachsenden Wacholder das Licht genommen hätten. Heute gibt es hier kaum noch Schafhaltung, Laubbäume überwucherten mit der Zeit den Wacholder, und Fichten wurden angepflanzt. Der Wacholderwald bei Niedermehlen würde nicht mehr existieren, wäre er nicht unter Schutz gestellt worden. Naturschutzmitarbeiter entfernen ständig Laubbäume, deren Samen vom Wind herangeweht wurden. Das hier ist also kein natürlicher Wald, sondern ein Biotop aus Menschenhand, doch vermittelt er mir eine Vorstellung von der melancholischen Schönheit der früheren Wacholder-Heidelandschaft der Eifel.

Als ich durch den sich anschließenden Hochwald mit säulenartigen Fichtenstämmen wandere, brechen Sonnenstrahlen durchs Geäst und zaubern Lichtbahnen in den düsteren Wald. Ringeltauben balzen. Wie lautes Händeklatschen klingt es, wenn sie aufsteigen und die Flügel zusammenschlagen. Tannenmeisen zwitschern mit ihren feinen Stimmen in den Wipfeln. Buchfinken und Rotkehlchen werben mit ihrem Gesang um Weibchen und zeigen den Rivalen an, dass dieser Platz bereits besetzt ist.

Der nächste Ort trägt den ungewöhnlichen Namen »Sellerich«. Ich begegne weder Mensch noch Tier, als wären alle Einwohner samt ihren Haustieren im Osterurlaub.

In der Ferne erblicke ich mein nächstes Ziel, einen blauschwarzen Höhenzug. Es ist die Schnee-Eifel, auch Schneifel genannt, mit dem 697 Meter hohen Schwarzen Mann, der höchsten Erhebung der Eifel. Ehemals gab es in dieser düsteren, geheimnisvollen Gegend ausgedehnte Hochmoore, um die sich zahlreiche Sagen und Legenden ranken. Doch im 19. Jahrhundert wurde die ursprüngliche Landschaft durch den Aufforstungseifer preußischer Forstwissenschaftler vernichtet. Mit der Parole: »Pflanzt Fichten – sie sind der zukünftige Reichtum!« wurden Moore entwässert und die Bäume in Reih und Glied gesetzt.

Der Wanderweg über den Kamm der Schnee-Eifel führt durch Wald und an Feldern vorbei, ohne Ortschaften zu berühren. Je länger ich unterwegs bin, umso wacher und aufnahmefähiger werden meine Sinne. Schritt für Schritt nehme ich die Umwelt deutlicher wahr. In einer Feldfurche entdecke ich einen Hasen. Tief duckt er sich auf den Boden, verharrt bewegungslos. Die langen Löffel schmiegen sich an das erdbraune Fell, und ohne zu zwinkern beobachtet er mich mit seinen runden Hasenaugen. Vorsichtig schleiche ich mich vorbei, damit er nicht aufspringen und flüchten muss.

Während die Dörfer, durch die ich wandere, wie verlassen wirken, sind Wiesen, Felder und Wälder voller Leben. Goldammern picken am Waldrand nach Nahrung, und das helle Lachen eines Grünspechtes hallt herüber. An den Haselsträuchern und den Weiden blühen silbern die Kätzchen, und der Seidelbast leuchtet lilaflammend. Die Stämme einiger Bäume sind dicht mit Flechten umrankt. Als ich genau hinschaue, entdecke ich winzige Fruchtkörper, die wie hellgrüne Trompetchen aus den Flechten herausragen. Die Rinde eines Baumes ist mit Schleimpilzen bedeckt. Sie haben eine ungewöhnliche Farbe, sind leuchtend orange. Es riecht nach Pilzen, nach feuchter Erde und moderndem Laub.

Graue Regenwolken hängen am nächsten Morgen über den Hügelkuppen, und es tröpfelt so gleichmäßig, als wolle es lange nicht aufhören. Der Regen ist warm und weich. Auch Regenwetter kann schön sein. Die Farben der Landschaft zerfließen wie bei einem Aquarell, und Geräusche dringen nur gedämpft durch den sanft rinnenden Wasservorhang.

Mittags suche ich Zuflucht auf einem Hochsitz, unter dessen Dach ich im Trockenen meinen Proviant auspacken und essen kann. Von hoch oben blicke ich auf einen Kahlschlag, der mit Jungfichten bepflanzt ist, aber noch genug Licht und Lebensraum bietet für Ginster, Heidekraut, Weidenröschen und Fingerhut. Dort, wo wieder der Wald beginnt, wachsen mannshohe Adlerfarne.

Im strömenden Regen gehe ich weiter und freue mich über die vielfältige Landschaft: Wälder, Wiesen und Äcker erstrecken sich sanft gewellt bis zum Horizont. Darin eingebettet erspähe ich die Dächer von Neuenstein. Ich weiche vom Wanderweg ab, will auf die Ortschaft zugehen und stehe plötzlich vor einer tiefen Kluft. Am steilen Abhang rutsche ich auf den feuchten vorjährigen Buchenblättern aus und lande unsanft im Talgrund neben einem Bach, den ich durchwaten muss. Das Wasser ist kälter, als ich erwartet hatte. Auf der anderen Seite geht es ebenso steil wieder hinauf. Dann folge ich einem Pfad, der zur Ortschaft führt. Auch Neuenstein wirkt wie verlassen, nur ein kläffender Schäferhund begleitet mich durchs Dorf.

Weiter wandere ich durch Wälder und Felder. Es beginnt zu dämmern, und ich schaue mich nach einem geeigneten Platz für mein Zelt um. Es regnet noch immer, der Boden ist mit Wasser vollgesogen, doch ich habe Glück. Für müde Wanderer ist im Wald ein überdeckter Rastplatz angelegt worden, gerade groß genug, dass ich zwischen den Sitzbänken mein Zelt im Trockenen aufstellen kann. Im Schlafsack liegend, schaue ich nach draußen. Das langsam schwindende Licht zaubert warme Farbtönungen hervor. Die Kronen der noch blätterlosen Buchen leuchten rosenholzfarben, die Zweige der Sträucher glänzen rostbraun, und der feuchte Erdboden schimmert hellbraun. Im Vordergrund des braun getönten Bildes murmelt ein Wiesenbach. Er ist von Büschen umrahmt, an denen perlende Regentropfen glitzern. Märchenhaft verwunschen erscheint mir die Natur. Vor dem Einschlafen denke ich darüber nach, wie eigenartig es doch ist, durch eine bewohnte Landschaft zu wandern und niemandem zu begegnen, als lägen die Menschen in tiefem Dornröschenschlaf. Na klar, wer wandert auch bei Schlechtwetter durch die Eifel? Jeder bleibt zu Hause und genießt die österlichen Feiertage in der warmen Stube bei gutem Essen.

Am nächsten Morgen, dem Ostersonntag, leuchtet der blaue Himmel über mir! Die Landschaft wirkt bei strahlendem Licht plastisch, modelliert wie ein Relief. Auf der Karte sehe ich, dass sich in der Nähe meines Übernachtungsplatzes ein ehemaliger Vulkan befindet, der Goldberg. Ich folge einem Wiesenpfad, der sich auf eine Anhöhe hinaufschlängelt. Oben bietet sich mir ein überraschender Anblick, als wäre ich in eine andere Zeit versetzt worden. Ich sehe ein Stoppelfeld, das seit der Ernte im letzten Sommer noch nicht umgepflügt wurde. Im Licht der Sonne glänzen die Halme leuchtend gelb, und mittendrin der Goldberg, ein braunschwarzer Lavakegel – der erloschene Vulkan! Deutlich sind die Asche- und Bimssteinschichten zu erkennen.

Stürmischer Wind fegt über seine Flanken, die von Baggern aufgerissen wurden. Die Vulkane der Eifel werden nach und nach von Baufirmen abgetragen und dienen als Material für den Straßen- und Häuserbau. Ich finde es schade, denn sie sind Denkmäler aus einer lange vergangenen Epoche, als die Eifel noch jung und eruptiv war. Es war die Zeit, als die afrikanische auf die europäische Platte traf und durch die Wucht des Aufpralls im Süden die Alpen von gewaltigen Erdkräften emporgedrückt wurden. Im Gebiet der heutigen Eifel, sowie der anderen heutigen Mittelgebirge, befand sich lange vor der Alpenauffaltung das Variskische Gebirge. Ursprünglich war es höher als heute der Himalaja, die Geologen vermuten eine Höhe von mindestens 12 000 Meter. Aber die Kräfte der Erosion hatten dieses mächtige Gebirge weitgehend abgetragen und ziemlich eingeebnet.

Als dann durch die Alpenbildung gewaltige Spannungen auftraten, riss die Erdkruste auf, und glühendes Magma aus dem Erdinneren drängte an die Oberfläche. Das war vor etwa 10 000 Jahren gegen Ende der letzten Eiszeit, als hier schon Menschen lebten und Zeugen der Vulkanausbrüche wurden. Als Beweis dienen steinzeitliche Siedlungen und zahlreiche Feuerstellen, die von Lava verschüttet wurden. Bei Ausgrabungen fanden die Archäologen allerdings keine Reste von Menschen. Vermutlich haben die Steinzeitmenschen, durch Erdbeben gewarnt, die Gebiete rechtzeitig verlassen. Auch Wildtiere brachten sich in Sicherheit, denn tierische Opfer wurden ebenfalls nicht gefunden.

Ich hebe einen Stein auf. Er ist leicht und porös wie Schlacke und hat eine warme rotbraune Farbe, als wäre das Vulkanfeuer in ihm eingeschlossen. Ein anderer Stein, tiefschwarz und mit dicken Wülsten überzogen, erinnert mich an ein Stück verbrannten Kuchenteig. Der von den Maschinen angeschnittene Goldberg ist etwa 50 Meter hoch und schwarz-rotbraun gebändert. Das Gestein sieht aus, als hätten die Eruptionen, die diesen Berg schufen, erst kürzlich stattgefunden.

Mich beeindruckt diese feuergebrannte, aus dem Erdinneren emporgeschleuderte Welt aus Asche, Schlacke, Lava und Gesteinsbrocken. Schräge Sonnenstrahlen treffen auf den verwüsteten Vulkankegel. Es ist ein eigenartiges Gefühl, so weit in die Jahrtausende zurückschauen zu können. Ich spüre inmitten dieser verwunschenen Einsamkeit ein tiefes Bedauern, dass die Vergangenheit als Straßenschotter missbraucht wird. Nicht mehr lange, dann wird der Goldberg restlos abgetragen und verschwunden sein.

Von Stadtkyll bis Gerolstein folge ich den mäandrierenden Windungen der Kyll. Eine bizarre Felswand, der Rest eines Korallenriffs, ragt über Gerolstein in die Höhe. Millionen Jahre bevor die Eifelvulkane rotglühende Lava spuckten, hatte sich hier ein Meer ausgebreitet. Versteinerungen künden von einer artenreichen Tierwelt.

In der Nähe des als Treffpunkt für Mineraliensammler bekannten Kur- und Urlaubsortes Gerolstein liegt die Kasselburg. Sie war noch im 18. Jahrhundert bewohnt, heute lockt ein Falkenhof mit Wolfsgehege die Besucher an. Europäische Greifvögel und Eulen kann man hier besichtigen und den Falknern bei der Abrichtung ihrer Vögel zuschauen. Mein Pech – es ist Ruhetag.

Von Gerolstein fahre ich mit dem Bus nach Daun. Da ein Wanderweg fehlt, folge ich der Landstraße Richtung Schalkenmehren, die ziemlich steil bergauf geht. Ich werde von Autoabgasen eingenebelt, doch am Scheitelpunkt der Straße belohnt mich der Blick auf das Schalkenmehrener Maar. Ein Regenbogen spannt sich über die kreisrunde Wasserfläche.

Maare sind keine Kraterseen, wie man vielleicht vermuten könnte. Sie sind entstanden, als die Vulkane bereits erloschen waren. Im Erdinneren bildeten sich riesige Gasblasen. Von Gestein umschlossen, konnten sie sich nicht ausdehnen. Der Druck wuchs, bis eine Blase nach der anderen explodierte. Gas, Asche, Steine wurden herausgeschleudert und rissen tiefe Löcher. So geschehen vor 9000 Jahren. Später füllten sich die Einsturztrichter mit Regen- und Grundwasser.

Die Katastrophe, die damals die Erde erschütterte, schuf ein eindrucksvolles Szenarium.

Mitten im Wald steht auf dem Mäuseberg der elf Meter hohe Dronketurm, der nach dem Gründer des Eifelvereins benannt wurde. Der Aufstieg lohnt sich. Von oben blicke ich auf drei Maare. Durch die Zweige der Bäume schimmert das Gemündener Maar, links davon, von Buschwerk halb verdeckt, sehe ich das Weinfelder Maar, auch Totenmaar genannt, und weiter entfernt das größte von allen, das Schalkenmehrener Maar, auf das ich vorher schon einen Blick werfen konnte. Weit dehnt sich das Land unter mir aus, in dem die drei kreisrunden Seen ruhen. Bewaldete Kuppen wechseln ab mit geschwungenen Tälern, abgerundeten Hügeln, dazwischen ein vielgestaltiges Muster aus erdbraunen Feldern und grünen Wiesen. In der Ferne, in zartem Blau, begrenzt der Hunsrück den Horizont. Eine Amsel flötet ihr sehnsuchtsvolles Lied. Über den Feldern balzen Kiebitze, in der Luft tanzen sie auf und nieder.

Zwischen Ginsterbuschen baue ich mein Zelt auf. Als die Sonne untergeht, steige ich noch einmal auf die Plattform des Dronketurms, schaue zu, wie sich die Dunkelheit langsam über das Land legt und das Blau der Maare sich nachtschwarz färbt.

Die Nacht ist unruhig. Von Windböen und Regen wird mein Zelt gebeutelt. Ich höre fernes Donnergrollen, und Wetterleuchten erhellt das Zeltinnere. Am Morgen verhüllt Nebel das Land. Unsichtbare Lerchen jubilieren in der Luft; vermutlich fliegen sie über der Dunstschicht im Licht der Sonne. Erst langsam hebt sich der Nebel.

Zum Frühstücken setze ich mich an den Rand des Totenmaares. Das meerblaue Wasser, geschmückt von silbrig schimmernden Kräuselwellen, liegt etwa 30 Meter unter mir und wird von steilen Felswänden umschlossen. Das Totenmaar ist 51 Meter tief und nährstoffarm. In seinem sauberen Wasser können kaum Algen und Wasserpflanzen gedeihen, auch Fische finden keine Nahrung. Zwei Stockenten flattern auf und werfen dunkle Schatten.

In der Nähe des Ufers steht die restaurierte Weinfelder Kirche, blässlich ruht ihr Spiegelbild im Wasser. Die Kirche gehörte zu einem seit Langem verschwundenen Dorf. Es heißt, die Einwohner seien durch Krieg und Pest umgekommen. Die Weinfelder Kirche wurde auf den Grundmauern einer römischen Villa erbaut. Einer Legende nach soll der römische Statthalter Pilatus, der Jesus zum Tod am Kreuz verurteilt hat, während seiner letzten Lebensjahre in dieser Villa gewohnt haben.

In Richtung Süden folge ich dem Lauf der Lieser. Zunächst ein kleiner, sich schlängelnder Wiesenbach, schneidet er sich bald tiefer in das Terrain hinein. Ich wandere oberhalb der Steilhänge, dann senkt sich der Wanderpfad wieder zum Wasser hinab. Der Waldboden ist mit Frühlingsboten geschmückt: Buschwindröschen, Lungenkraut, Veilchen, Scharbockskraut, und an sonnigen Stellen leuchten die gelben Blüten des Huflattichs neben den violetten Blütenkelchen der Kuhschellen. Der Tag ist sonnenwarm. Mit einem Mal ist der Frühling da. Die Vögel, von Licht und Wärme angeregt, schmettern ihre Lieder.

Am nächsten Morgen liegt Nebel über dem Liesertal und zaubert eine geheimnisvolle Stimmung herbei. Auf einer Waldlichtung, ebenfalls von Nebelschleiern umspielt, entdecke ich zwei Rehe. Langsam ziehen sie äsend durch das taunasse Gras. Am Berghang ragen drei Burgruinen über die Baumwipfel hinaus: die Geißenburg, die Ober- und die Niederburg. Dann, auf einem Hügel liegend, taucht hinter dem Wald der Ort Manderscheid auf. Mein Weg führt mich südwestlich an Manderscheid vorbei zum Mosenberg und dem Windsborner Maar, das diesmal kein Maar, sondern ein echter Kratersee ist.

Der aus schwarzen Schlacken bestehende Vulkankegel des Mosenbergs erhebt sich 517 Meter über das Gelände. Früher beherrschte er mit seiner düsteren Kahlheit die Landschaft der Südeifel, heute sind seine markanten Formen von Wald verdeckt. Als der Mosenberg-Vulkan bereits erkaltet war, kam es vor 9000 Jahren nur 300 Meter entfernt zum Ausbruch des Windsborn-Vulkans. Die vulkanische Kraft war aber zu schwach, sodass nur ein kleiner Kegel entstanden ist. Der Ringwall aus Schlacke blieb erhalten und umgibt heute noch den Kratersee, der allmählich zuwächst. Er war schon einmal verlandet, wurde aber durch die Gewinnung von Torf wieder freigelegt und füllte sich erneut mit Regenwasser.

Ich sitze auf dem Lavawall. Die Farben des Sees spiegeln das Himmelslicht und die vorübereilenden Wolken. Ein Roter Milan kreist hoch oben, vom nahen Dorf Bettenfeld klingen die Abendglocken herüber. Die Luft wird kühler, schwerer, geheimnisvoller. Der Vogelchor verliert einen nach dem anderen seine Solisten, bis nur noch Amsel und Singdrossel zu vernehmen sind. Dann verstummen auch sie. Der See hat eine tiefdunkle Farbe angenommen. Auf seiner glatten Oberfläche spiegeln sich noch dunkler die Silhouetten der Bäume. Das letzte Nachglühen der Sonne wirft einen rostroten Schimmer über den blauschwarzen Nachthimmel.

FRANKREICH
Mit Esel Chocolat auf dem Pilgerweg

Vor Jahrzehnten wanderte ich auf dem spanischen Jakobsweg. Damals war er nur wenigen Menschen bekannt, und es war nicht abzusehen, wie sehr er in Mode kommen würde. Da ich seither mit vielen Pilgern in Kontakt stehe und Erfahrungen austausche, wurde der Wunsch immer stärker, wieder einmal auf dem Jakobsweg unterwegs zu sein. Im Jahr 2002 war es dann so weit. Diesmal entschied ich mich für einen Wegabschnitt durch Frankreich. Als Begleiter wählte ich einen Esel, der mit seinem liebenswerten Eigensinn die Pilgerreise für mich zu einem besonderen Erlebnis werden ließ.

Es ist Liebe auf den ersten Blick. Als ich in seine dunklen Augen sehe, weiß ich – er ist der Richtige! Sein Name ist Chocolat, denn sein Fell ist schwarz wie bittere Schokolade. Mir gefällt einfach alles an ihm, nicht nur die Augen, auch die kräftigen Knie und die starken Hufe. Esel Chocolat wird mich auf dem Pilgerweg durch Frankreich von Le Puy bis zu den Pyrenäen begleiten.

»Santiago! Auf nach Santiago!« Das war der Ruf der Pilger im Mittelalter. Im Nordwesten Spaniens, am Rande unseres Kontinents, soll in der Provinz Galicien im Jahr 812 das Grab des heiligen Jakob gefunden worden sein. Jakob, Jakobus oder Santiago, wie er in Spanien genannt wird, war einer der zwölf Apostel von Jesus. In der Kathedrale von Santiago de Compostela werden seine Gebeine noch heute verehrt. Niemand weiß, wie viele Menschen in den vergangenen Jahrhunderten auf dem Jakobsweg gepilgert sind, einige Millionen waren es sicher. Sie kamen aus ganz Europa, von Irland bis Russland, von Schweden bis Portugal. Im Mittelalter gab es ein länderübergreifendes weitmaschiges Wegenetz mit dem einen Ziel: Santiago de Compostela. Hier, am Ende des langen Pilgerweges, lag der Ort der Erlösung. Kranke erhofften sich Heilung, Sünder rechneten mit Ablass, Gläubige versprachen sich Reinigung und Seelenheil.

Inzwischen ist Pilgern modern geworden, und der religiöse Aspekt steht bei den meisten Wanderern nicht mehr im Vordergrund. Nicht nur in Spanien, auch in den anderen Ländern werden die alten Pfade nach Santiago de Compostela wiederentdeckt. In Frankreich gibt es gleich vier Jakobswege. Der bekannteste, den auch ich gewählt habe, beginnt in Le Puy, dem ehemaligen *Podium*, wie der Ort auf Lateinisch ursprünglich hieß. Davon abgeleitet wird der Weg *Via Podiensis* genannt. Er führt etwa 700 Kilometer über das Zentralmassiv bis zu den Pyrenäen und gilt als die landschaftlich schönste, aber wegen der steilen Auf- und Abstiege auch als die schwierigste Route. Würde mein Esel den Strapazen eines so weiten Weges gewachsen sein?

Gefunden habe ich meinen Begleiter auf einem Bauerngehöft in der Nähe der Ardèche-Schlucht. Zuvor war ich bei einem Dutzend Eselzüchter gewesen, doch keiner hatte einen Esel gehabt, wie ich ihn suchte. Als ich dann Chocolat sah, hatte es gleich zwischen uns gefunkt. Zur Probe war ich mit ihm durch die Felsenwildnis gewandert, die der Fluss Ardèche in die Landschaft geschnitten hat, und sofort spürte ich: Mein Esel war mit Begeisterung dabei. Kaum hatte ich ihn gesattelt und das Gepäck aufgebunden, tänzelte er umher und wartete ungeduldig, bis es losging. Unternehmungslustig stürmte er die steilen Pfade bergauf, wobei ich aufpassen musste, dass er sich nicht dickköpfig durch jede Engstelle hindurchzwängte. Ob das Gepäck dabei aufgespießt, zerrissen und zerfetzt würde, kümmerte ihn nicht. War der Weg gut passierbar, hielt ich das Ende der Führungsleine locker in der Hand und ging zwei Meter vor ihm her. Waren jedoch Felsen und Bäume im Weg, griff ich ins Halfter und drückte ihn kräftig in die von mir gewünschte Richtung. Schon bei diesen ersten Probewanderungen wurde ich belehrt: Einen Esel zu führen ist kein bequemer Spaziergang, bei dem man vor sich hin träumen kann.

Die etwa 100 Kilometer bis zum Ausgangspunkt unserer Pilgerreise fährt mich der Züchter mit seinem Wagen, Chocolat wird im Anhänger transportiert. Auf einer Hochfläche über der Stadt Le Puy bekomme ich die Erlaubnis eines Bauern, auf seiner Wiese mein Zelt aufzustellen, um ein paar Tage zu bleiben, damit Chocolat sich an mich und die fremde Umgebung gewöhnt. Zudem will ich in der Stadt – Le Puy ist ein berühmtes Zentrum der Marienverehrung – die Kathedrale besuchen, in der die Schwarze Madonna, ein Holzschnittwerk aus dem Mittelalter, zu besichtigen ist.

Während ich meine Sachen ordne, weidet Chocolat in der Nähe. Immer wieder kommt er heran, um zu prüfen, ob ich noch da bin, und lässt sich seinen dicken Kopf und das samtweiche Maul streicheln. Der Esel genießt meine Berührung, steht still, entspannt sich und drückt seinen Körper gegen den meinen. In der fremden Umgebung bin ich für ihn das einzig Vertraute, obwohl er mich erst seit drei Tagen kennt. Er lässt mich spüren, dass er mir zugeneigt ist.

Am nächsten Morgen lasse ich Chocolat auf der umzäunten Weide allein zurück. Christian Fabre, der Landwirt, dem die Wiese gehört, muss an dem Tag nach Le Puy und nimmt mich in seinem Landrover mit. In vielen Kehren führt die Straße talwärts, dann liegt die Stadt vor mir, weit größer, als ich sie mir vorgestellt habe. Eingerahmt von bizarren Vulkankegeln, füllt sie den Talkessel aus. Die sie umgebenden Reste aus früher Erdgeschichte verleihen Le Puy ein mystisches Aussehen und vermischen sich in meiner Vorstellung mit der langen Tradition des Pilgerwegs. Hier sammelten sich die Menschen, die von weit entfernten Heimatgemeinden kamen, beteten und schöpften Atem, bevor sie wieder aufbrachen zur kräftezehrenden Überquerung des Massif Central.

Bei meinem Gang durch die verwinkelten Gassen der Altstadt folge ich dem Zeichen der Muschel, das mich zur Kathedrale Notre-Dame führt. Die Fassade mit der schmückenden Anordnung von rötlichem, weißem und schwarzem Gestein fasziniert mich. Die rhythmische Gliederung durch Rundbögen und Blendarkaden verleiht dem mächtigen Bauwerk seine Leichtigkeit.

Die Schwarze Madonna, der man die Kathedrale geweiht hat, ist eine kleine Statue aus Ebenholz. Die berühmte *Vierge noire* soll König Ludwig VII. von seinem Kreuzzug aus Ägypten mitgebracht haben. Die Gnadenmadonna hat ein tiefschwarzes Gesicht, auf dem Kopf trägt sie eine Krone. Durch eine Öffnung im golddurchwirkten Silberkleid lugt der Kopf eines schwarzen Kindes hervor – das Jesuskind. Die Marienstatue ist eine wertvolle Kopie; das Original wurde während der Wirren der Revolution im Jahr 1794 öffentlich verbrannt.

Nachdem Chocolat und ich uns drei Tage lang aneinander und an die fremde Umgebung gewöhnt haben, geht es los. Es ist Mai. Die Luft ist frühlingsfrisch, die Farben leuchten. An der Führungsleine trottet Chocolat neben mir dahin. Sein Kopf ist auf Höhe meiner Schulter. Ab und zu schaue ich fragend in seine dunklen Augen: »Wie geht es dir, mein Freund? Genießt du das Unterwegssein auch so sehr wie ich?« An den Bewegungen seiner Pupillen erkenne ich, dass er mich ebenfalls anblickt, aber den Ausdruck seiner Augen weiß ich noch nicht zu deuten.

Der Pfad, gesäumt von hüfthoch aufgeschichteten Steinen, schlängelt sich durch saftige Wiesen, auf denen Himmelschlüssel und Vergissmeinnicht wachsen. Lerchen steigen in den Frühlingshimmel, ein Kuckuck ruft von fern. Goldammern picken am Wegrand, ein Grünspecht lässt sein spöttisches Lachen erschallen. Steinschmätzer flattern uns voraus, landen auf den Steinmauern und wippen mit ihren langen Schwänzen, schwarz-weiß aufblitzende Signale.

Im Dorf Ramourouscle sprudelt köstliches Quellwasser aus dem Brunnen. Ich lasse das kühle Nass über Hände und Arme rinnen, benetze mein erhitztes Gesicht und fülle die Wasserflaschen. Meinem Esel darf ich jetzt noch nichts zu saufen geben. Sein Besitzer hatte mir geraten, ihn immer erst am Abend zu tränken. Niemals am Morgen vor dem Abmarsch und auch nicht unterwegs, das würde nur schaden, ihn müde und schlaff machen. Esel trinken erstaunlich wenig, denn ihr Organismus ist an wüstenartige Gegenden angepasst.

An Pilgerherbergen und Wanderunterkünften ist kein Mangel, aber nur selten steht für Chocolat eine Weide zur Verfügung. Deshalb übernachten wir meist im Freien. Ich schlafe im Zelt, und Chocolat legt sich wie ein Wachhund davor. In Frankreich ist es gar nicht so einfach, einen Platz zum Zelten zu finden, da Wiesen und Wälder meist als Privatbesitz eingezäunt sind.

Die vulkanische Bergkette Monts du Devès erhebt sich dunkel aus dem Wiesengrund, bewaldet mit Kiefern, Fichten und Laubbäumen. Inmitten dieses Bergwaldes liegt der kreisrunde Lac de l'Œuf. Wie die Maare der Eifel ist dieser See ein Implosionskrater. Da er bereits zu einem Hochmoor verlandet ist, kann ich nicht direkt neben dem See zelten. Unseren Übernachtungsplatz finden Chocolat und ich auf einer ebenen Fläche zwischen Kiefern, mit freier Sicht ins Tal und doch geschützt vor neugierigen Blicken. Durch die Bäume leuchtet die Abendsonne, in den Lichtstrahlen tanzen Mückenschwärme. Ein Kuckuck ruft unermüdlich, von einer fernen Weide bimmeln Kuhglocken herüber. Dann senkt sich die Dämmerung über die Erde. Es wird seltsam still. Gespenstisch wehen bleiche Bartflechten an knorrigem Kieferngeäst. Dieser Wald wäre die ideale Kulisse für den Auftritt von Zwergen, Trollen und Feen. Aber nichts rührt sich, nicht einmal Reh, Hase oder Fuchs zeigen sich.

In den ersten Tagen unterhalte ich mich mit Chocolat auf Französisch, aber er lernt schnell Deutsch. Bald reagiert er auf: »Komm zu mir! Los geht's! Halt! Weiter!« Oft werden wir von Pilgern überholt, die schneller vorankommen. Ein Eselschritt ist kürzer als der eines Wanderers, und mein Begleiter braucht auch lange Pausen, um seinen Magen zu füllen. Das stört mich zuerst, doch dann erkenne ich, dass Chocolat mir ein kostbares Geschenk macht: die Langsamkeit. Er zwingt mich zur Muße, sodass ich die Umwelt mit allen Sinnen besser wahrnehmen kann.

Chocolats Besitzer hatte so nebenbei gesagt: »Il aime les cheveaux – er liebt Pferde.« Bei dieser Bemerkung hatte ich mir nichts weiter gedacht, wusste ich doch, dass Esel meistens Pferde mögen und man sie deshalb gemeinsam auf einer Weide halten kann. Erst unterwegs begreife ich, was gemeint war. Chocolat mag Pferde nicht nur, er liebt sie regelrecht, will sich mit den Stuten paaren und hat wahrscheinlich schon zahlreiche Maultiere gezeugt. Wenn wir an Weiden mit Pferdestuten vorbeikommen, versetzt ihr Geruch und ihr aufreizendes Gebaren meinen Esel immer wieder von Neuem in Ekstase.

Im Eilschritt marschieren wir auf ein Dorf zu. Chocolat ist an diesem Tag besonders gut in Form, kaum kann ich Schritt mit ihm halten. Noch ein letzter sanfter Anstieg, dann sind wir da, freue ich mich. Bevor wir aber aus der bewaldeten Senke ins freie Gelände kommen, trompetet mein Esel plötzlich kräftig aus vollen Lungen und will sich gar nicht mehr beruhigen. Er schreit fordernd und lustvoll, seine Muskeln spannen sich, der Nacken wird steif. Gerade noch gelingt es mir, sein Halfter fest zu packen und ihn am Davongaloppieren zu hindern. »Chocolat! Halt! *Arrête!* Was ist denn los? Warten etwa feurige Stuten auf dich?«, frage ich im Scherz und ahne nicht, wie recht ich habe.

Da tauchen sie auch schon auf. Eine Herde rassiger Pferde stürmt hell wiehernd auf uns zu. Der Trommelwirbel ihrer Hufe ist mitreißend, und für Chocolat gibt es kein Halten mehr. Ich aber starre angstvoll auf den Stacheldraht und weiß, ich darf nicht loslassen. Mit aller Kraft klammere ich mich ans Halfter. Trotz Gepäck auf dem Rücken galoppiert der Esel und schleift mich mit sich. Er schnaubt, ich keuche. Als wäre er vom Teufel geritten, prescht er auf dem Schotterweg vorwärts. Neben uns, hinter dem Stacheldraht, sprengen die Stuten wiehernd über die Wiese. Es ist höllisch! Nicht loslassen! Nur nicht loslassen, hämmert es in meinem Kopf. Mit letzter Kraft drücke ich meinen Esel gegen eine Kiesaufschüttung am Wegrand und kann seine Raserei endlich bändigen.

Das Zeichen der Muschel markiert den Weg und weist auf bedeutsame Etappenziele hin, wie in Saint-Privat-d'Allier. Diesmal ist es eine romanische Kirche aus dem 12. Jahrhundert. Besonders beeindruckt mich die meisterliche Ausführung der Kuppel. Lavagestein, passgenau behauen und fein verfugt, wölbt sich in einem vollendeten Rund.

Weiter geht es ziemlich steil bergauf auf einem schmalen Steig. Es ist drückend schwül. Ich keuche ein wenig, aber Chocolat lässt sich keine Schwäche anmerken. Unermüdlich stöckelt er weiter. Seine Hufe klappern auf dem steinigen Untergrund. Spät am Nachmittag erreichen wir den Bergkamm. Oben auf einer Felsspitze thronte einst die Burg Rochegude. Nur noch der Turm und die dem heiligen Jakob geweihte Kapelle sind vorhanden. Als wäre es mit dem

Fels verwachsen, erhebt sich das Jakobskirchlein kühn über dem Abgrund. Das Dach ist mit Steinplatten belegt, die aussehen wie der Schuppenpanzer einer Echse. Vom anstrengenden Aufstieg will ich mich ausruhen und setze mich an die Kirchenmauer. Als ich meinen Rücken anlehne, spüre ich die Wärme, die die sonnenbeschienenen Steine gespeichert haben. Unter mir schlängelt sich der Fluss Allier durch eine tiefe Schlucht. Dort hinunter müssen wir am nächsten Tag und auf der anderen Bergseite wieder hinauf auf das Plateau der Granitlandschaft Margeride.

Der Himmel ist klar, als ich am Morgen meinen Kopf aus dem Zelt strecke und Chocolat mir lauthals seinen Morgengruß entgegentrompetet. Das macht er jeden Morgen, sobald er mich erblickt. Die Schlucht, in die wir hinabsteigen müssen, ist voller Nebel, der nach oben steigt. Schon wehen zarte Schleier um Turm und Gemäuer. Im warmen Sonnenlicht verschwindet der Nebel, und wir beginnen mit dem Abstieg. Chocolat folgt mir vertrauensvoll. Steil führt der Pfad durch den Bergwald hinab, wird von senkrecht abfallenden Felswänden und wild überwachsenen Abhängen begrenzt. Erschrocken erkenne ich, dass der Weg für einen Esel viel zu gefährlich ist. Aber nun ist es zu spät, es gibt kein Zurück mehr! Nirgendwo entdecke ich eine Stelle, die breit genug wäre, um zu wenden. Links und rechts Abgrund, dazwischen der schmale Steg. Für einen wander- und bergerfahrenen Menschen kein Problem, wohl aber für Chocolat. Zurück können wir nicht, nur eine Richtung ist möglich – nach unten! Aber wie? Mein Esel rutscht auf der matschigen Lehmerde und stolpert über Wurzeln. Höllenängste durchleide ich bei der Vorstellung, er könnte sich die Beine brechen. Mit aller Kraft presse ich mich von vorn gegen ihn, um ihn zu bremsen, denn er stürmt in halsbrecherischem Tempo bergab, und Hindernisse will er gar überspringen.

Dann eine Felswand, die drei Meter in die Tiefe reicht! Ein seitliches Umgehen ist ausgeschlossen. Wir müssen diesen Felsen hinab, oder wir stecken hier für alle Zeiten fest. Für Wanderer sind Eisenbügel im Fels verankert, über die man leicht hinuntersteigen kann, doch die sind völlig ungeeignet für die Hufe eines Esels. Ich positioniere mich vor Chocolat und taste mich rückwärts Zentimeter um Zentimeter nach unten, presse dabei beide Hände frontal gegen Chocolats Brust. Ein Albtraum! Ich befürchte, mein Esel könnte sich überschlagen und mich unter sich begraben. Aber wir schaffen es! Wie durch ein Wunder überwinden wir unbeschadet das Hindernis. Mir zittern die Knie, und ich schwöre mir, dass ich in Zukunft ähnliche Abstiege meide, lieber vom Pilgerweg abweiche und weite Umwege in Kauf nehme, um mich und meinen Esel nicht wieder in so eine Gefahr zu bringen.

Chocolat drängelt weiter, er will den schlimmen Steilhang hinter sich bringen, der nun in einen Saumpfad mündet. Wir treten aus dem schattigen Bergwald heraus und sehen den Fluss im Sonnenlicht glitzern. Welche Erleichterung!

Tagelang hat es geregnet, und der Boden ist aufgeweicht. Ich will Chocolat an einer sumpfigen Stelle vorbeiführen, doch trotzig stakst er mitten hinein in den Morast und versinkt samt Gepäck. Schon steckt er bis zum Bauch im Schlick. Vor Schreck bin ich wie gelähmt. Bevor ich einen klaren Gedanken fassen kann, sammelt mein Esel seine Kräfte und befreit sich mit ein, zwei, drei Sprüngen aus dem Sumpfloch. Von den Hufen bis zu den Ohren ist er mit Schlamm bedeckt, doch ihn scheint das nicht zu kümmern. In seinen Augen ist keine Angst.

Vor Wasser aber fürchtet er sich. Ein wasserscheuer Esel ist ziemlich ärgerlich, wenn oft Bäche durchquert werden müssen. Chocolat weigert sich entschieden, über schmale Brückenstege zu gehen, sie könnten ja unter seinem Gewicht zusammenbrechen. Beim Fluss Virlange gibt es keine Brücke, aber eine Furt. Das Wasser ist nicht tief, reicht mir nur bis zu den Knien. »Chocolat, das schaffst du leicht!«, spreche ich ihm Mut zu. Er probiert es erst gar nicht. Nicht einen Huf setzt er ins Wasser. Bockbeinig steht er am Ufer und starrt auf das vom Wind gekräuselte Gewässer. Ich zeige ihm, dass es ungefährlich ist, wate vor ihm durch die etwa 20 Meter breite Furt, hin und her, erfolglos. Nein, mein Esel ist nicht störrisch, er hat Angst. Das Flüsschen Virlange kommt aus einem Moor und ist dunkelbraun gefärbt. Chocolat kann nicht erkennen, wie tief das Wasser ist oder ob sich ein gefährliches Tier darin versteckt, vielleicht ein Krokodil. Ich versuche, ihm klarzumachen, dass wir nicht in Ägypten sind und es in Frankreich keine gefährlichen Tiere gibt, auch keine Wasserschlangen, aber Esel sind vorsichtige Tiere und riskieren nicht gern ihr Leben. Ich locke ihn mit einem Baguette. Trockenem Weißbrot kann er sonst nicht widerstehen, doch die Angst vor dem trügerischen Wasser ist größer als der Appetit auf die Leckerei. Was soll ich nur tun? Die Pilgerherberge Domaine du Sauvage, in der ich uns für eine Nacht angemeldet habe, liegt nur zwei Kilometer entfernt, aber auf der anderen Seite des Flusses. Es gibt nur einen Ausweg: am Flussufer unter freiem Himmel übernachten und dann die Tagesetappe zurückwandern bis zur nächsten Ortschaft, wo die Landstraße den Fluss auf einer breiten Brücke aus Stein überquert. Erst am nächsten Nachmittag erreichen wir die Herberge.

Nicht selten teilen wir unsere Übernachtungsplätze mit Kühen, die mitsamt ihren Kälbern frei weiden. Wieder einmal haben wir unser Lager auf einer Wiese am Waldrand in der Nähe eines Flusses aufgeschlagen. In der Stille höre ich von fern sein Rauschen. Der blaue

Himmel schimmert durch die dunkelgrünen Nadeln der Kiefern. Die Abendluft ist klar und frisch. Chocolat hat seinen Magen mit saftigen Gräsern gefüllt, hat sich mit Vergnügen auf dem Boden gewälzt und ruht nun in der Wiese, nahe bei mir. Ich bin immer wieder erfreut, wenn er meine Nähe sucht. Seine langen Ohren spielen unaufhörlich nach allen Seiten, fangen von überall Töne ein, sensible Schalltrichter, denen nicht das geringste Geräusch entgeht. Mit ihm bin ich vor Überraschungen sicher. Auf einmal dreht er beide Ohren in eine Richtung, lauscht konzentriert. Sein Körper spannt sich wie eine Stahlfeder. Er springt auf, den Kopf nach vorn gestreckt, die Ohren vorgeklappt. Was er vernimmt, scheint ihm Angst zu machen. Schnell läuft er auf mich zu, drückt sich an mich, ich lege meine Arme um seinen Hals. Eng aneinandergepresst warten wir atemlos, was da auf uns zukommt.

Bevor ich sie hören kann, sehe ich sie, denn sie nähern sich leise, zu leise für meine weniger empfindlichen Ohren. Es sind Kühe! Die Leitkuh voraus, ein Tier mit haselnussbraunem Fell und spitzen, schwungvoll gebogenen Hörnern. Kein Zweig knackt unter ihren Klauen. Elefanten bewegen sich so, kommt es mir in den Sinn. Prüfend zieht die Anführerin die Luft durch ihre breiten Nasenlöcher. Der Geruch eines Menschen muss ihr vertraut sein, aber Eselgeruch wird sie nicht allzu häufig wittern. Sich ihrer Kraft bewusst, kommt sie näher, hinter ihr drängt die Herde nach, Mutterkühe mit ihren Kälbern. Das sind keine durch Stallhaltung abgestumpften Tiere, sie haben sich einen Teil ihrer Wildheit bewahrt. So mögen schon die Urrinder durch Wälder gezogen sein, bevor sie von Menschen gezähmt und zu Haustieren gemacht wurden.

Chocolat liebt Pferde, doch vor Kühen fürchtet er sich. Er zittert am ganzen Körper und möchte davonrennen. Ich muss die Leitkuh daran hindern, ihre Herde mitten durch unser Lager zur Tränke an den Fluss zu führen. Zudem würden sie das Futter für ihn niedertrampeln und überall ihre Fladen hinterlassen. Ich darf mich nicht länger besinnen. Ich ergreife den Pilgerstock, schlage wild gegen die Bäume, schreie laut und stelle mich der Leitkuh entgegen. Kann ich sie zur Umkehr bewegen, dann folgen ihr auch die anderen.

Sie hat keine Angst vor mir. Sie weiß, dass sie mich leicht über den Haufen rennen oder mich mit ihren Hörnern aufspießen könnte. Aber sie hat Erfahrung mit Menschen und entschließt sich klug zum Rückzug. Chocolat zittert noch immer. Wieso nur hat er solche Angst vor Kühen? Was hat er Schlimmes mit ihnen erlebt? Kühe sind meist harmlos, und doch können sie auch töten. Ich fühle mich mutig wie eine Löwenmutter, die ihr Baby siegreich gegen eine gefährliche Büffelherde verteidigt hat.

Am nächsten Morgen trieft alles vom Tau. Zelt, Überdach, Sattel und Satteldecke sind nass, als hätte es geregnet. Durch die Nähe zum Fluss hat sich so viel Feuchtigkeit niedergeschlagen. Das Tal ist mit Dunst gefüllt, und aus dem Nebel tauchen die Kühe wieder auf. Die schweren Körper dampfen in der Luft. Sie sind so nah, dass ich ihren Atem riechen kann, der aufdringlich meine Nase kitzelt. Die kluge Leitkuh von gestern ist nicht dabei, es muss eine andere Gruppe sein. Sie lassen sich nicht daran hindern, in gewohnter Richtung auf ihre Weide zu ziehen, senken die Hörner, und ich befürchte, dass sie nicht zögern werden, uns anzugreifen. Fluchtartig verlasse ich mit meinem Esel unseren Lagerplatz.

Der Nebel löst sich bald auf, das frühlingsfrische Laub der Buchenwälder leuchtet im Sonnenlicht. Üppige Wiesen sind gesprenkelt mit braunen Kühen. Am Wegrand blühen roter Fingerhut und blaue Stiefmütterchen. Was für ein Genuss, durch diese farbensatte Landschaft zu wandern. Am liebsten würde ich singen. Sobald ich aber eine Melodie anstimme, bleibt Chocolat erschrocken stehen. Man hat mir schon immer gesagt, ich könne nicht singen, aber dass es so schlimm ist, habe ich nicht geahnt.

Der Pfad hinunter nach Conques ist feucht, der Wald dunkel, und die Bäume sind dicht mit Efeu bewachsen. Wie ein grüner Vorhang hängen Luftwurzeln und Kletterpflanzen von Ästen und Zweigen. Nur selten höre ich einen Vogellaut. Für Chocolat ist der steile Abstieg auf lockerem Geröll schwierig. Seine Augen wandern hin und her, sondieren lange den Boden, aber wenn er dann seine Hufe aufsetzt, stehen sie fest und sicher.

Zwischen dem Blätterdach unter uns tauchen zuerst die spitzen Helme von drei Kirchtürmen auf. Der Pfad fällt weiter steil bergab. Allmählich schälen sich aus dem Grün die Mauern eines Kirchenschiffs und die Dächer von Häusern heraus. An die Flanke des tiefen Waldtals gepresst, liegt das Städtchen Conques mit seiner alten Abteikirche vor uns. Enge Gassen, mit braunen Flusskieseln gepflastert, führen in den heiligen Ort hinein. Die Häuser aus unverputzten Feldsteinen vermitteln noch heute die Atmosphäre einer mittelalterlichen Stadt. Die Art meiner Fortbewegung zu Fuß und mit Esel verstärkt das Gefühl, der Vergangenheit zu begegnen.

Nach einer Straßenbiegung öffnet sich unvermittelt ein Platz – und ich stehe vor dem Portal der Abteikirche. Mir stockt der Atem. Im Tympanon, dem Bogenfeld über dem Eingang, fesselt mich ein Bilderwerk, plastisch und figurenreich, wie ich keines zuvor gesehen habe. Der Eindruck ist überwältigend.

Etwa 120 Figuren sind abgebildet und veranschaulichen christliche Weltvorstellung und Heilsgeschichte, mittelalterliche Moral und den unerschütterlichen Glauben, dass gute Taten belohnt und böse bestraft werden. Die heilige Fides oder Sainte Foy, deren Reliquie hier verehrt wird, war erst zwölf Jahre alt, als sie sterben musste.

Gallien, das heutige Frankreich, war damals von den Römern besetzt. Wer an den Christengott glaubte, wurde von Kaiser Diokletian gnadenlos verfolgt. Fides, die Tochter einer wohlhabenden gallo-römischen Familie, widersetzte sich und ließ sich taufen. Ihr Schicksal erfüllte sich schnell. Zum Tode verurteilt, sollte sie wie der heilige Laurentius den Feuertod auf dem Rost sterben. Weil die Flammen sie verschonten und zur Seite wichen, schlug ihr der Henker mit dem Schwert den Kopf ab. Ihre Seele verwandelte sich in eine weiße Taube und stieg hinauf in den Himmel. So geschehen im Jahr 303.

40 Tage dauert unsere Pilgerreise bis zu den Pyrenäen. In Saint-Jean-Pied-de-Port bin ich einst zu meiner ersten Pilgerwanderung durch Spanien aufgebrochen, diesmal ist der Ort unser Endziel. Ich telefoniere mit dem Eselzüchter. Georges kommt mit Auto und Anhänger und fährt uns zurück. Chocolat scheint sofort zu wissen, dass er wieder zu Hause ist. Mit einem Sprung verlässt er den Transporter und begrüßt freudig seinen Eselfreund Pedro. Sie berühren sich sanft mit den Mäulern, legen die Hälse aneinander und stehen einen Moment ganz still. Dann macht Chocolat einen Luftsprung und galoppiert davon, Pedro setzt hinterher. Ausgelassen tollen sie über die Wiese.

Ich verspüre den heftigen Wunsch, meinen Esel zum letzten Mal zu umarmen, und rufe seinen Namen. Chocolat bleibt stehen, blickt zu mir herüber, unterbricht sein Spiel und verabschiedet sich mit einem kräftigen I-AAH-AHH. Meine Hand umschließt fest die kleine Glocke, die er auf unserer Pilgerwanderung um den Hals getragen hat und die ich als Erinnerung mit nach Hause nehme.

SPANIEN
Wilde Berge in Andalusien

Nur wer wandert, kann die verzaubernde Schönheit Spaniens intensiv und mit allen Sinnen wahrnehmen. Bei zahlreichen Reisen habe ich das Land, das so groß ist wie Deutschland, Österreich und die Schweiz zusammen, in allen Himmelsrichtungen durchstreift. Jede Provinz hat ihre eigenen Besonderheiten. Magisch angezogen hat mich immer wieder Andalusien mit seiner von den Arabern beeinflussten Kultur und Baukunst. Im Jahr 1982 bestieg ich den 3482 Meter hohen Mulhacén und überquerte anschließend den Gebirgskamm der Sierra Nevada, besuchte die weißen Dörfer am Südhang des Gebirges, der Alpujarras. Im Jahr 2015 war ich wieder in Andalusien, um im Naturpark Sierras de Cazorla, Segura y las Villas dem Verlauf des Flusses Guadalquivir zu folgen.

Als der Sultan spürte, dass er bald sterben würde, musste ihm seine Gemahlin versprechen, seinen Leichnam nicht in eine dunkle Gruft zu senken. Sie sollte seinen Sarg hinauftragen lassen in luftige Höhen, zu Sonne und Licht, auf den höchsten Berg seines Reiches. So geschah es, und als man ihn dort niederlegte, begann ein Donnern und Dröhnen, die Erde bebte und brach auf. Entsetzt stellten die Sargträger ihre Last ab und rannten zurück ins Tal. Der Berg wölbte sich auf und wuchs und wuchs, bis er den toten Sultan ganz in sich aufgenommen hatte. So blieb er für immer dort oben, eingeschlossen im Berg.

Den Berg gibt es tatsächlich. Es ist der Mulhacén, der zweithöchste Gipfel Spaniens. Mit seinem lang gestreckten Rücken und den Felsabstürzen im Nordwesten erinnert er wahrhaftig an einen

Sarkophag, an einen aus schwarzem Stein geformten Sarg. Er krönt die Sierra Nevada, das »Schneegebirge« – obwohl in Südspanien gelegen, trägt das Gebirge im Winter eine weiße Haube.

Von Norden, an Guadix und Calahorra vorbei, habe ich mich der Sierra Nevada genähert, deren Bergkette wie eine geschlossene Mauer vor mir aufragt. Ich lasse mich von den landschaftlichen Gegebenheiten führen, denn eine Wanderkarte gab es nicht. In den Geschäften, wo ich nach Karten fragte, wurde mir gesagt, in diesem wilden Bergland sei Wandern unmöglich. Es gebe keine Wege, nur vom südlichen Berghang, der die Bezeichnung Alpujarras trägt, könnte ich zum Gipfel des Mulhacén gelangen. Aber ich will ihn nun mal von Norden kommend überschreiten, um zu den Terrassenfeldern und den weißen Dörfern im Süden abzusteigen. Mich interessiert der Kontrast zwischen lebensfeindlichem Hochgebirge und fruchtbarem Land, wo Mandelbäume, Feigen und Aprikosen gedeihen.

Lange kann ich mich nach dem Río Genil richten, der mich immer weiter und höher ins Gebirge bringt. Der Genil entspringt in der Laguna de la Mosca, einem Bergsee unterhalb der senkrechten Felswand des »Sarkophags«. Drohend und unbezwingbar steigt die Wand des Mulhacén vor mir auf. Glitzernde Wasserfäden fallen über die schwarze Felsbarriere hinab in den See, der wie ein türkisblau schimmerndes Juwel in der Bergeinsamkeit liegt. Ich freue mich, dass ich es bis zum See geschafft habe. Beim Blick auf das Leben spendende Wasser erscheinen mir die schroffen Berge weniger abweisend.

Die Wanderung hat bis zum Abend gedauert. Ich breite meinen Schlafsack auf den Steinen aus. Morgen werde ich entscheiden, ob ich den Aufstieg in die Felsregion wagen will. Vorsichtig nähern sich in der Dämmerung Ziegen, um ihren Durst zu stillen. Ein weißer

Bock mit prächtigen Hörnern führt die Herde an. Die Tiere bewegen sich behutsam, kaum ein Geräusch ist zu vernehmen. In der Nacht senkt sich die Kälte wie ein tödliches Wesen auf das am Tag von der Sonne aufgeheizte Gestein. Nacht für Nacht wird es in Tausende Scherben zerbrochen.

Das Licht des neuen Tages enthüllt eine fremdartige Welt, starr und schweigend. Kein Vogellaut, nichts. Nur Stille. Im harten Sonnenlicht glänzen die Felsen in tiefem Schwarz. Nie sah ich ein Gebirge, das lebensfeindlicher war. Es weist mich zurück. Ich würde gern umkehren, nach der eiskalten Nacht auf hartem Gestein bin ich demoralisiert. Nirgendwo deutet sich ein Pfad an, selbst die Ziegen sind nicht höher hinaufgestiegen. Soll ich es wirklich wagen? Meine innere Stimme rät mir: Versuch es, sonst wirst du nie wissen, ob es möglich gewesen wäre.

Noch bevor ich einen Entschluss gefasst habe, kommt ein kleiner Vogel angeschwirrt, eine Alpenbraunelle. Etwas größer als ein Sperling, mit rötlichen Federn an der Seite und weiß-schwarz gefleckter Kehle, wippt sie aufgeregt mit den Schwanzfedern, tunkt den Schnabel ins Wasser, trinkt und lässt dann, wie zum Dank, ein fröhliches Gezwitscher erklingen. Der kleine Vogel mit seinem Gesang macht mir Mut. Es ist wie ein Zeichen, dass ich es wagen soll. Zögernd und unsicher beginne ich den Aufstieg in die Felsregion. Es ist, als würde ich den Bereich des Lebendigen verlassen, als wäre da eine magische Linie, welche, einmal überschritten, die Rückkehr versperrt.

Zaudernd steige ich über lose Platten und Geröll immer höher. Da ist kein fester, felsiger Untergrund, nur locker aufliegendes, zerbrochenes Gestein. Mein Herz schlägt heftig, und mir zittern die Knie. Doch allmählich werde ich ruhiger und gewöhne mich an den seltsam zerborstenen schwarzbraunen Berg. Und dann bin ich oben, stehe auf dem 3482 Meter hohen Gipfel. Die Luft ist dünn in dieser

Höhe, ein harter Wind bläst mir ins Gesicht. Da bemerke ich in der zersplitterten Steinwelt doch noch Zeichen von Leben – Bergblumen, himmelblau, violett und rot. Als ich mich hinabbeuge, blinkt und glitzert es im Gestein. Ich sehe prächtige Kristalle, eingeschlossen im Fels. Hatte sich der Sultan nicht einen solchen Ort gewünscht? Ein Grabmal, verziert mit Blumen und Edelsteinen, überstrahlt vom Licht der Sonne, weit über der Nichtigkeit des Menschenlebens im Tal?

Vom Gipfel des Mulhacén wende ich mich nach Süden, überschreite den schmalen Grat des Gebirgskammes. Ich wundere mich, wie einfach das möglich ist, ohne klettern zu müssen. Ich hatte, so wie sich das Gebirge zu Beginn meines Aufstiegs zeigte, mit wilden Felswänden und Schluchten gerechnet. Für mich ist es sehr spannend, in einem mir unbekannten Gebiet unterwegs zu sein und nicht im Voraus zu wissen, was mich erwarten wird. Das Erleben ist eindringlicher und intensiver als eine Bergwanderung auf markierten Wegen und mit Wanderkarten.

Von oben habe ich einen grandiosen Blick hinunter auf den Berghang und weit hinaus zum Meer. Die Sonne beleuchtet eine dunkle Wolkenwand, vor der sich das Mittelmeer silbern bis zum Horizont kräuselt. Hellgrüner Schimmer liegt wie ein Weichzeichner über den Steilhängen der Alpujarras, wo weiße Dörfer sich aneinanderreihen wie Perlen auf einer Schnur.

Die Bergwelt Andalusiens war jahrtausendelang von der übrigen Welt weitgehend isoliert. Noch Anfang des 20. Jahrhunderts gab es keine Straßen, und man konnte nur zu Fuß, mit Maultieren oder Pferden über steile Gebirgspfade zu den Dörfern gelangen. Dennoch lebten schon während der Steinzeit Menschen in dem Gebiet, wie man durch Funde in den zahlreichen Höhlen festgestellt hat. Erste

Siedlungen der Iberer reichen 4000 Jahre zurück. Mehrmals veränderte sich die Bevölkerung, wurde von eingewanderten Völkern besiegt, vertrieben und umgebracht. Im 15. Jahrhundert, nach dem Sieg der Reconquista, mussten die Araber, nachdem sie über 700 Jahre lang in Spanien gelebt hatten, Andalusien verlassen. Der spanische Herrscher Philipp II. ließ Neusiedler vor allem aus den spanischen Nordprovinzen wie Galicien, Navarra und Asturien anwerben, die in die verlassenen Häuser einzogen und deren Nachkommen heute den Hauptteil der Bevölkerung in den Bergdörfern ausmachen. Aber die Erinnerung an die Araber lebt fort in geheimnisvollen Sagen und beeindruckenden Bauwerken wie der Mezquita in Córdoba und der Alhambra, nur drei Kilometer von Granada entfernt.

Auch der Name des längsten Flusses Andalusiens stammt von den Arabern. Sie nannten ihn *wadi al kabir*, großes Tal. Daraus wurde sprachlich verändert Guadalquivir, zu dessen Quelle im Naturpark Sierras de Cazorla, Segura y las Villas mich eine Reise einige Jahre später führt. Seit 1985 steht diese Region unter Naturschutz und wurde wegen ihres Wildreichtums und der Artenvielfalt von der UNESCO zum Biosphärenreservat erklärt.

Als Ausgangspunkt für meine Wanderung im Naturpark, 33 Jahre nach meiner Besteigung des Mulhacén, wähle ich einen einfachen Berggasthof. Das rustikale Gehöft liegt auf 1100 Meter Höhe und schmiegt sich an einen Hang der Sierra de Cazorla mitten im Nationalpark, der mit rund 200 000 Hektar der größte Spaniens ist. Von der Terrasse aus beobachte ich den Sonnenuntergang hinter der gegenüberliegenden Bergkette. Schnell wird es merklich kühler. Trotz der südlichen Lage sinkt jetzt im September die Temperatur auf dieser Höhe unter zehn Grad. Ich beginne zu frösteln, kann mich aber noch nicht vom Anblick der glitzernden Sterne lösen, die am dunklen Himmel aufgetaucht sind. Lautlos huscht ein Schatten nur wenige Schritte entfernt an mir vorbei. Da – er verharrt, hebt sich schemenhaft gegen den Nachthimmel ab. Anhand von Körperform und Haltung erkenne ich, dass es ein Fuchs ist.

»Un zorro!«, rufe ich überrascht.

»Der kommt jeden Abend«, sagt Valentina, die den Berggasthof betreibt.

»Habt ihr ihn aufgezogen? Hat er deshalb keine Angst?«, will ich wissen, denn eigentlich sind Füchse scheu und vermeiden es, dem Menschen zu nahe zu kommen.

»Nein, er ist einfach eines Tages aufgetaucht und hat gemerkt, dass ihm von uns keine Gefahr droht. Neugierig, wie Füchse nun mal sind, hat er sich immer näher herangeschlichen«, erklärt mir die Gastwirtin. »Nun spaziert er jeden Abend über die Terrasse und schaut, ob er etwas Fressbares findet.«

»Aha, ihr habt ihn angefüttert, dann ist es kein Wunder«, werfe ich ein.

»Nicht wirklich, aber es bleiben halt ab und zu ein paar Krümel unter den Tischen liegen«, meint Valentina. Und ihr Mann Alejandro fügt hinzu: »Früher, bevor wir den Zaun gezogen haben, kam auch Rotwild bis zum Haus, obwohl wir ihnen rein gar nichts gegeben haben.«

Wie auf ein Stichwort hin schallt aus dem Wald ein markerschütterndes Röhren.

»Ist denn schon die Brunftzeit der Hirsche, so früh im September?«, wundere ich mich.

»In den Bergen ist es jetzt schon kälter als in den Niederungen. Also markieren die Hirsche ihr Territorium mit ihrem röhrenden Brunftgeschrei«, erklärt Alejandro, der in den Bergen aufgewachsen ist. Da er in seiner Freizeit Tiere beobachtet und ein leidenschaftlicher Naturfotograf ist, erfahre ich von ihm noch mehr Wissenswertes.

»In den Wäldern hier leben Rot- und Damwild, Mufflons und Wildschweine und in den Felsregionen Steinböcke. Auch die Vogelwelt ist ungewöhnlich artenreich, da gibt es Adler, Blaulestern, den Häherkuckuck, Schmutz-, Bart- und Gänsegeier.«

Am nächsten Morgen stehe ich früh auf. Ich will die Quelle des Guadalquivir besuchen, eine Tageswanderung vom Berggasthof entfernt. Gerade geht die Sonne auf und schickt ihre Strahlen über die Gebirgskette, die sich als bläuliche Silhouette gegen den Himmel abhebt. Es ist kalt. Ich schlüpfe in den wattierten Anorak und folge einem der zahlreichen von der Parkverwaltung angelegten und markierten Wanderwege. Er führt mich durch ein wildes, schroffes Gebirge mit tief eingeschnittenem Tal, senkrechten Felswänden und wild wuchernden Wäldern. Der Pfad jedoch ist breit und bequem, auch wenn es steil bergauf geht.

Vom Aufstieg ist mir heiß geworden, die Sonne scheint inzwischen warm herab. Links blicke ich hinab in eine tiefe Schlucht, und rechts steigt der dicht mit Bäumen bewachsene Berghang in die Höhe. Das Holz der Mischwälder wurde früher zum Bau der spanischen Flotte, der Armada, verwendet. Noch immer gibt es mächtige Schwarzkiefern, 100-jährige Lärchen, Ahorne, Steineichen, Ebereschen, Stechpalmen und Wacholder. Sogar Eiben, die 2000 Jahre alt sein sollen, hat man entdeckt und einen Wanderweg, der zu ihnen führt, angelegt.

Ich mache Rast auf einem Stein am Wegrand und hole meine Brotzeit aus dem Rucksack. Plötzlich lässt mich ein Rascheln im Unterholz am Berghang aufhorchen. Irgendetwas schnüffelt und grunzt. Was mag das sein? Gespannt hefte ich meinen Blick auf das Gebüsch. Da bewegt sich etwas Dunkles, schiebt seinen schwarzen Körper aus dem Dickicht – ein Wildschwein. Na so etwas, am helllichten Tag! Und nicht nur eines. Die Bache wird von Frischlingen umringt, acht winzige Schweinchen mit gelben Längsstreifen wuseln herum. Unglaublich! Ohne sich an meiner Gegenwart zu stören, wühlt die Wildschweinfamilie im feuchten Laub am Wegrand. Noch nie habe ich erlebt, dass die scheuen Schwarzkittel keine Angst vor Menschen haben. Ob es daran liegt, dass sie im Nationalpark nicht gejagt werden?

Die Kleinen sind erst wenige Wochen alt, das zeigt ihr gestreiftes Babyfell. Die Bache muss den ersten Wurf verloren und zum zweiten Mal Nachwuchs zur Welt gebracht haben, denn normalerweise wirft ein Wildschwein zwischen Januar und März seine Jungen. Dann wären die Frischlinge jetzt bereits ein halbes Jahr alt, hätten keine Streifen mehr, würden aber immer noch die Fürsorge der Mutter benötigen, und sie hätte daher keine neuen Jungen in die Welt gesetzt. Überhaupt ist es sehr seltsam, kurz vor Winterbeginn Frischlinge zu werfen. Ein Rätsel, das ich nicht lösen kann.

Die Wildschweinfamilie zieht sich in den Wald zurück, und ich steige weiter bergan. Schließlich, auf 1340 Meter Höhe, steht am Weg ein Schild und weist zur Quelle des Guadalquivir. Nur wenige Schritte entfernt geht es ein paar in den Felsen geschlagene Stufen hinab. Wasser sickert aus einem Felseinschnitt und rinnt als dünner Faden in die dunkelschattige Schlucht. Ein unspektakulärer Ort. Bei jedem Fluss, den ich bisher erkundet habe, hatte ich besondere Erwartungen an seinen Ursprung, stellte ich mir wildromantische Szenerien vor. Ist doch die Quelle eines Flusses gewissermaßen der Ort seiner Geburt, und der sollte eindrucksvoll aussehen. Der Guadalquivir dagegen beginnt seinen Lauf eher unscheinbar. Die Spanier scheinen jedoch anderer Meinung zu sein und kommen, um die

Quelle zu bewundern, denn ich bin nicht die einzige Besucherin. Da man auch mit Fahrzeugen auf einem Forstweg zum Ursprung des Guadalquivir gelangen kann, sind eine Menge Leute da, Eltern mit Kindern, Ausflügler im Rentenalter, eine Familie mit Baby. Der Vater klettert mit dem Winzling im Arm für ein Erinnerungsfoto den Felshang hinauf. Die Menschen sind trotz der spärlichen Quelle beeindruckt, denn sie wissen, hier beginnt ein mächtiger Strom, der von Ost nach West durch Südspanien fließt und sich am Ende in den Atlantik ergießt.

Eine Hürde stellt sich dem noch schmalen, dennoch tief in die Felsen eingeschnittenen Guadalquivir schon nach zehn Kilometern entgegen. Dort wird er in einem Stausee, dem Embalse del Utrero, zum ersten Mal aufgefangen. Im weiteren Lauf nimmt er Bergbäche und den Nebenfluss Río Borosa auf, dann – immer noch im Nationalpark – wird sein Wasser erneut in einem zwölf Kilometer langen Stausee gesammelt, dem Embalse del Tranco. Welch ein eindrucksvoller Anblick, wie der türkisblaue See von Kalkfelsen und bewaldeten Bergen eingerahmt wird. Außerhalb des Nationalparks vergrößert sich der Fluss, wird gemächlich breit, windet sich entlang der Olivenhaine, durchfließt die malerischen Städte Córdoba und Sevilla, denen er einen ganz besonderen Charakter verleiht, bevor er im Golf von Cádiz ins Meer mündet.

FLÜSSE

Lebensadern

ÄGYPTEN
DEUTSCHLAND
RUMÄNIEN
PANAMA
ÖSTERREICH

ÄGYPTEN
Mit Esel Aton entlang des Nil

Im Jahr 2009 reiste ich ein halbes Jahr durch Ägypten, folgte dem Nil auf einer Strecke von etwa 1000 Kilometern von Abu Simbel bis zu seiner Mündung ins Mittelmeer bei Alexandria. Durch einen glücklichen Zufall kam ich »auf den Esel«. Mit meinem Gefährten Aton wanderte ich von Assuan bis Luxor und erlebte dabei ein Ägypten, dessen Landschaft, Kultur und Bevölkerung mich begeisterte.

Der Bülbül flötet in den Mangobäumen. Im Schatten einer Palme steht noch immer der graue Esel. Sein ständiger Begleiter, der Silberreiher, ist ihm treu geblieben, denn in seiner Nähe lassen sich gut Fliegen fangen, die wiederum von duftenden Eseläpfeln angelockt worden. Von meinem Ausflug nach Abu Simbel bin ich zurückgekehrt zu meinem nubischen Haus, das ich für einige Wochen mieten konnte. Es liegt auf der Insel Elephantine, mitten im Nil gegenüber der Stadt Assuan. Noch einmal lasse ich mich bezaubern von der paradiesisch anmutenden Stimmung der Insel, wo die Bäche sprudelnd dahineilen, die Luft im Schatten der hohen Bäume angenehm kühl ist und die Sonne gefiltert durch die Baumkronen fällt. Ich tauche ein in die Stille und genieße die liebenswürdige Freundlichkeit der Menschen, die mir offen und zugleich zurückhaltend begegnen und mir das Gefühl vermitteln, ein Teil ihrer Gemeinschaft zu sein.

Ich hatte vor, mit einer Feluke auf dem Nil von Assuan bis Luxor zu segeln, aber es kommt anders. Das verdanke ich dem Besuch auf einem Viehmarkt, zu dem mich meine nubischen Nachbarn ermutigt haben.

Es ist früh am Morgen, die Sonne geht gerade auf. Der Staub tanzt wie Goldflitter und taucht die Szene in ein märchenhaftes Licht. Jede Menge Tiere sind auf dem Markt versammelt: Wasserbüffel, Kühe, Kamele, Schafe und Ziegen. Doch es herrscht kein Gewimmel, kein Gedränge, kein Lärm, alle verharren in Ruhe. Die Männer stehen unbeweglich neben ihren Tieren, andere sitzen am Boden, trinken Tee, essen Fladenbrot und rauchen Wasserpfeife. Wie ein Gemälde wirkt der Anblick auf mich. Die Männer mit ihren wettergegerbten, hageren Gesichtern, bodenlangen Djalabijas – dem traditionellen langen Gewand der Ägypter –, um den Kopf geschlungenen Tüchern und zu Turbanen gewundenen Schals könnten aus den Geschichten von Tausendundeiner Nacht stammen.

Die Sonne steigt höher, schnell wird es brütend heiß auf dem schattenlosen Platz. Decken und Planen werden zum Schutz aufgespannt. Ziellos schlendere ich über den Markt, als vom hinteren Teil des Platzes anfeuernde Rufe herüberdringen. Staub wirbelt auf. Neugierig gehe ich nachschauen und gelange zum Eselmarkt. Mir gefallen die Langohren, und seit ich mit meinem Esel Chocolat auf dem Jakobsweg durch Frankreich gepilgert bin, habe ich eine besondere Zuneigung zu ihnen. Unwillkürlich begutachte ich einen Esel nach dem anderen, es mögen etwa 20 sein. Manche sind alt, erschreckend mager, mit Rippen, die sich deutlich abzeichnen, knochig und abgearbeitet, andere dagegen jung, ungestüm und kaum zu bändigen. Neben den verschiedenen Brauntönen gibt es graue, schwarze und auch gescheckte Tiere, einige haben ein cremefarbenes oder sogar weißes Fell. Mir fällt ein schneeweißer Esel auf, den ich wegen seiner ungewöhnlich blauen Augen interessiert betrachte. Schon umringt mich eine Gruppe Männer. »Wollen Sie ihn kaufen?«

»La!«, verneine ich so entschieden wie möglich.

Ägyptische Händler geben so schnell nicht auf. Sie preisen das Tier mit verführerischen Worten, und ehe ich mich versehe, haben mich starke Arme hochgehoben und auf den ungesattelten Eselrücken gesetzt, nicht einmal eine Decke liegt auf.

»Jalla! Jalla! Jalla!« Ein Schlag mit der flachen Hand auf das runde Hinterteil des Tiers. Erschrocken macht der Esel einen Satz und galoppiert wild drauflos. Ich halte mich krampfhaft an der Mähne fest, will nicht herunterfallen und mich blamieren. Als der Weiße endlich stehen bleibt, gleite ich erleichtert von seinem Rücken.

Erwartungsvolle Gesichter.

»Kaufen Sie, Madam! Einen Besseren finden Sie nicht! Er ist stark! Auf ihm können Sie den ganzen Tag reiten. Für Sie extra billig. Kostet fast nichts, nur 1000 ägyptische Pfund. Sehr guter Preis!«

Kein Ägypter würde umgerechnet 100 Euro für einen Esel bezahlen, ich müsste den Preis also wenigstens auf die Hälfte runterhandeln. Was aber mache ich mit einem Esel, auch wenn er noch so schön ist? Ich zögere. »Schneeflocke« – dieser Name fiel mir spontan ein – gefällt mir sehr. Doch ich muss vernünftig sein. Was soll ich mit einem Esel auf einem Segelboot?

Da sehe ich ein graues Tier, das mir bekannt vorkommt. Es hat den gleichen Blick wie der Esel, der Tag um Tag unter der Palme neben dem Haus, in dem ich auf der Nilinsel Elephantine wohne, steht. Seine Ohren sind schwarz umrandet, die Beine haben hell-dunkle Streifen, der Kopf sitzt stolz erhoben auf einem kräftigen, anmutig geschwungenen Hals. So eine Ähnlichkeit!

Jemand zupft mich am Ärmel, ich drehe mich um und erkenne meinen Nachbarn Abd Abdalla.

»Sabah al-cher, Madam!«

»Sabah al-nur, Mister! Ist das der Esel, der immer vor meinem Haus steht?«

»Aiwa!«, bestätigt Abd Abdalla. Doch niemand wolle ihn kaufen, leider. Er werde ihn wohl zum Schlachter bringen müssen.

»Wie viel zahlt Ihnen denn der Metzger?«

»Höchstens 100, wenn ich Glück habe 200 Pfund.«

Kaum 20 Euro! Was für ein mickriger Preis für ein Eselleben. Jeden Morgen habe ich ihn begrüßt und gekrault. Er tut mir leid. Irgendwie muss ich verhindern, dass er getötet wird. Es scheint, der Esel hat mich am Geruch und an der Stimme erkannt. Trotz des einschneidenden Stricks um den Hals und der zusammengebundenen Vorderbeine nähert er sich mir, reibt seinen Kopf an meiner Hüfte. Ich kraule ihm den Nacken, und er blickt mich dankbar an.

Plötzlich höre ich mich sagen: »Ich kaufe ihn.«

»Tamam! Für 800 Pfund können Sie ihn haben.«

»Was? Eben haben Sie doch 200 Pfund gesagt.«

»Sie sind nicht der Metzger.«

»400 Pfund«, versuche ich einen Kompromiss.

Bald darauf habe ich einen Esel für 500 Pfund, was 50 Euro entspricht. Ich nenne ihn Aton, die Bezeichnung für eine altägyptische Gottheit, die als Sonnenscheibe mit Strahlenkranz dargestellt wurde. Unter der Herrschaft von Pharao Echnaton, dem Ehemann der schönen Nofretete, wurde Aton zum obersten göttlichen Wesen erhoben und schließlich zum alleinigen Gott erklärt.

Inzwischen habe ich einen neuen Plan geschmiedet, denn ein Segelboot wäre kein guter Platz für einen Esel. Mit meinem tierischen Begleiter will ich nun dem Nil entlang seines Ufers folgen. Bis ich meine Wanderung beginnen kann, wartet Aton im Stall von Schneider Machmud, einem Bekannten meiner Nachbarn von Elephantine, der für den Esel Tragetaschen aus festem Leinen näht und für mich eine Djalabija.

Als alles fertig ist, mache ich mit Aton zuerst eine Probewanderung, um meine Ausrüstung und die neuen Tragetaschen zu testen, vor allem aber, um zu prüfen, ob mein Esel mir auch willig folgen wird. Ich führe ihn einen schmalen Pfad entlang, beidseits versperren grüne Wände aus Zuckerrohr die Sicht. Es ist schwül und stickig. Insekten schwirren durch die Luft. Sie werden von meinem schweißnassen Gesicht angelockt und lassen sich auf den Händen nieder. Alle anderen Körperteile sind glücklicherweise von stichfestem Stoff bedeckt. Endlich verlassen wir den grünen Tunnel und gelangen zu Auberginenfeldern. Ein Bauer, die Hacke geschultert, kommt uns entgegen. Mit meiner bis zu den Knöcheln reichenden Djalabija, die langen Haare unter dem Turban versteckt, ähnle ich aus der Ferne einem Einheimischen. Der Alte scheint jedoch nicht weiter überrascht zu sein, als er in mir beim Näherkommen die Ausländerin erkennt.

»Die Fremden haben doch die verrücktesten Ideen, das sind wir inzwischen gewöhnt«, meint er lakonisch.

Bald haben Aton und ich den durch Bewässerung fruchtbaren Ackerstreifen durchquert und erreichen eine mit Steinen übersäte Wüste. Im Dunst der Ferne zeichnen sich senkrechte Felswände ab. Wir gehen auf sie zu. Als sie aber nach einer Stunde immer noch weit entfernt sind, kehren wir in weitem Bogen zum Nilufer zurück. Es ist schon später Nachmittag. Die Frauen im Dorf sitzen vor ihren Haustüren, und ich grüße sie im Vorbeigehen. Sie blicken mir und meinem Esel erstaunt und ein wenig belustigt hinterher. Eine Schar Enten watschelt uns in der schmalen Gasse voraus. Hühner picken ein paar verstreute Körner auf, eine magere Katze huscht in einen Hauseingang, Hunde liegen dösend in den wärmenden Strahlen der Abendsonne.

Am nächsten Tag beginnt unsere abenteuerliche Wanderung entlang des Nil von Assuan nach Luxor. Die Kinder meiner Gastfamilie begleiten Aton und mich noch ein Stück des Wegs. Ich meide die Dörfer am Nilufer, denn ich will nicht zu viel Aufmerksamkeit auf mich ziehen; womöglich würde mich jemand an die Militärposten verraten. Touristen dürfen sich nämlich nur unter Aufsicht im Land bewegen. Wer in einem Fahrzeug reist, auch wenn er einen Wagen mit einheimischem Fahrer gemietet hat, kann erst losfahren, wenn eine Kolonne gebildet ist, die von Militärfahrzeugen an der Spitze und am Ende begleitet wird. Zum Schutz der Gäste vor Terroranschlägen, heißt es. Deshalb habe ich es tunlichst vermieden, eine Erlaubnis für meine Wanderung bei der Militärpolizei einzuholen. Sie wäre mir gewiss nicht erteilt worden.

Mit Aton wandere ich an der Grenze zwischen dem fruchtbaren Land und der Wüste entlang. In den Tragetaschen habe ich Lebensmittel verstaut, zwei Kanister sind mit Wasser gefüllt. Ich schreite zügig aus, und Aton folgt mir ohne zu zögern. Seit der gestrigen Probewanderung sind wir ein eingeschworenes Team. Der Wüstenwind weht angenehm frisch, doch mittags brennt die Sonne herab, nirgendwo ein Baum, der Schatten spenden würde. Also marschieren wir weiter.

Am frühen Nachmittag gelangen wir an einen idyllischen Ort. Vier schlanke Eukalyptusbäume bilden ein schattiges Pflanzendach, und buschig gewachsene, niedrige Palmen bieten Sichtschutz. Ich nehme Aton die Satteltaschen ab. Noch bevor ich nach der Bürste greifen kann, um ihn trocken zu reiben, hat er sich auf den Boden geworfen und wälzt sich genüsslich im Sand. Es sieht komisch aus, wie er seine Beine in die Luft streckt, sich einmal nach links, dann wieder nach rechts wirft, dazu wohlig grunzende Laute ausstößt. Schließlich steht er auf, schüttelt sich den Staub aus dem Fell und beginnt, zwischen den Bäumen Gras zu zupfen. Zur Sicherheit binde ich ihn an eine 15 Meter lange Leine, damit er nicht in Panik davongaloppiert, falls ihn etwas Unvorhergesehenes erschreckt. Ich stelle einen Topf auf den Kocher und bereite mir einen gut gewürzten Gemüseeintopf.

Eine traumhafte Ruhe umgibt mich. Außer dem Wind, der die schmalen, harten Eukalyptusblätter leise raschelnd bewegt, ist kein anderes Geräusch zu hören. Kein Vogel zwitschert, kein Tier streift hier am Rand der Wüste entlang. Nachdem ich gegessen habe, setze ich mich mit einem Becher dampfendem Tee neben Aton und sehe ihm beim Fressen zu. Ich spüre eine innige Verbundenheit mit meinem Tier, eine tiefe Vertrautheit, als wären wir schon seit Langem zusammen und könnten für immer gemeinsam durch die Welt ziehen.

Am nächsten Morgen weckt mich Atons Iah-Geschrei. Verschlafen krieche ich aus dem Zelt. Ein erster heller Schimmer überzieht den Himmel. Kein Mensch ist zu sehen, alles scheint in Ordnung zu sein. Mein Esel hat sich wohl nur gelangweilt. Seine Anwesenheit verschafft mir subjektive Sicherheit. Würde mich jemand überfallen, könnte er mich zwar nicht verteidigen, wie es ein Hund tun würde, dennoch fühle ich mich in seiner Gesellschaft geschützter, als wenn ich allein wäre.

Jeden Morgen und Abend bürste ich sein Fell, kratze seine Hufe aus, entferne die Steinchen. Das hat sicherlich noch nie jemand für ihn getan. Es geht ihm sichtlich gut. Sein Fell glänzt, seine Augen blicken wach und neugierig in die Gegend, die Ohren spielen und fangen Geräusche aus allen Richtungen ein.

Nach drei Tagen erreichen wir Kom Ombo. Umgeben von einer Schleife des Nil liegt der Tempel auf einem Hügel und hebt sich markant gegen den Himmel ab. Erst aus der Nähe erkennt man die Spuren der Zerstörung. Das Eingangsportal, der große Pylon, ist nicht mehr vorhanden, stattdessen gelangt man durch einen Seiteneingang in die Anlage.

In Kom Ombo wurden zwei Gottheiten verehrt. Zum einen der falkenköpfige Horus in seiner Erscheinung als Sonnenfalke Haroeris. Er versinnbildlicht den Tag und begleitet die Sonne auf ihrer Wanderung. Sein Gegenstück ist der krokodilköpfige Sobek, ein Furcht einflößendes Wesen, das die dunkle Seite des Tags, also die Nacht, verkörpert. Das Krokodil, das durch den Schlamm kriecht, gilt als Symbol für den Ursprung des Lebens. Sobek geleitet die Sonne durch die Wasser der Unterwelt bis zum morgendlichen Neubeginn, dann übernimmt wieder Haroeris die Herrschaft. Sobek und Haroeris sind demnach beide Sonnengottheiten, die sich gegenseitig ergänzen und als polare Kräfte zusammengehören wie Tag und Nacht, Hell und Dunkel.

Kom Ombo ist ein Doppeltempel und beiden Göttern gleichwertig geweiht, keiner wird bevorzugt. In der linken Hälfte wird der Falkengott verehrt, die rechte gehört Sobek. Alles ist doppelt vorhanden wie bei einem Spiegelbild: zwei Höfe, zwei Säulenhallen, zwei Sanktuarien, sogar zwei Pylonen gab es. Wandreliefs der äußeren Mauer an der Nordostseite zeigen chirurgische Instrumente, mit denen die Ärzte im Pharaonenreich Operationen ausführten. Dann gibt es noch die Darstellung von vier geflügelten Wesen, den Kindern des Horus. Sie verkörpern die vier Winde und zugleich die vier Himmelsrichtungen. Ihre Symbole sind die gleichen, die später im Christentum den vier Evangelisten zugeordnet wurden: Löwe, Stier, Adler und Mensch.

Zu Ehren von Sobek hielten die Priester Krokodile in einem Wasserbecken. Starb ein Tier, wurde es einbalsamiert. Einige dieser Tiermumien sind im Tempel der Kuhgöttin Hathor ausgestellt. Das kleine Hathor-Heiligtum in der Nähe des großen Tempels ist durch ein Tor zu erreichen. Hathor war mit Horus vermählt und ist die Mutter der vier Windkinder.

In der Gegend von Kom Ombo sind Hunderttausende vertriebene Nubier angesiedelt worden, die dem Assuan-Staudamm weichen mussten.

»Wir haben eine Handvoll Heimaterde mitgenommen. Am traurigsten aber war der Abschied von den Gräbern«, erzählt mir Jagub, der in einem Zuckerrohrfeld arbeitet und gerade eine Pause macht. »Wir küssten die Türen und Mauern unserer Häuser, bevor sie im Wasser untergingen.«

»Hat die Regierung nicht neue Häuser bauen lassen?«, frage ich.

»Das schon. Sie sind sogar schöner und größer mit vielen Räumen, nicht wie unsere alten Lehmhäuser, die meist nur einen Raum hatten. Aber sie stehen zu dicht beieinander. Da ist kein Platz dazwischen. Früher lebte jede Familie für sich mit ihren eigenen Feldern ringsum, und die nächsten Nachbarn waren einige Hundert Meter entfernt. Jetzt hocken wir aufeinander und müssen uns sehr anstrengen, damit wir gut miteinander auskommen und nicht dauernd streiten. Die Frauen liegen sich oft in den Haaren, und dann ist das Geschrei groß.«

Jagubs Pause ist beendet, die anderen Arbeiter sind schon zurück in die übermannshohen Zuckerrohrfelder gegangen. Der Vorarbeiter schaut ungeduldig zu uns herüber, aber Jagub muss noch etwas loswerden: »Früher konnten wir uns die Arbeit selbst einteilen, jeder hat sein eigenes kleines Stück Land bestellt. Hier arbeiten wir alle zusammen auf diesen riesigen Feldern für die Zuckerrohrfirma. Sie gibt uns Geld und Arbeit, aber sie regelt alles. Keiner kann mehr über sich selbst bestimmen.«

Der Vorarbeiter ruft nun energisch nach Jagub, wir verabschieden uns, mein Esel und ich ziehen weiter. Wir müssen die Schienen der Kleinbahnen überqueren. Ein Netz von Gleisen wurde angelegt, um das Zuckerrohr in die Fabriken zu transportieren, wo es in weißen Zucker verwandelt wird.

Die Gegend ist dicht besiedelt und von unzähligen Bewässerungskanälen durchzogen. Weit dehnt sich das fruchtbare Tal in die Wüste aus. Manchmal fliegen schwarz-weiße Steinschmätzer vor uns her, lassen sich auf einem Stein nieder und wippen mit ihren langen Schwanzfedern. Haubenlerchen und kleine braune Tauben picken am Boden. Blaugrün schillernd ziehen Bienenfresser ihre rasante Flugbahn in den wolkenlos blauen Himmel.

In Sichtweite eines Gehöfts finde ich einen schattigen Platz für unsere Mittagsrast. Kaum habe ich Aton vom Gepäck befreit, kommen Leute und bringen mir eine Matte zum Sitzen. Der Mann und seine Frau, der Sohn, die drei erwachsenen Töchter und die Großmutter – die ganze Familie setzt sich zu mir ins Gras. Sie dringen in mich, doch bei ihnen zu bleiben, wenigstens eine Nacht. Soll ich annehmen? Schließlich will ich ja nicht nur Altertümer bestaunen, sondern auch sehen, wie die Menschen hier leben. Ich unterhalte mich mit ihnen auf Arabisch, das ich im Jemen gelernt habe, doch ich muss mich konzentrieren, ihren Dialekt zu verstehen.

Plötzlich höre ich ein Geräusch. Schnell drehe ich mich um und glaube, meinen Augen nicht zu trauen: Die Töchter haben hinter meinem Rücken die Tragetaschen geöffnet. Die eine zerrt die Kochutensilien heraus, die andere inspiziert mein Waschzeug, und die dritte trägt einen meiner Kanister ins Haus. Empört schreie ich auf. Die Mutter meint begütigend: »Keine Sorge, wir nehmen dir nichts weg.«

Vom Gegenteil überzeugt, stopfe ich hastig meine Sachen in die Taschen und belade Aton wieder damit. Ein Kanister fehlt.

»Du hast zwei, und wir haben keinen«, sagt der Mann.

Ein Kanister fasst 20 Liter, das reicht nicht für mich und Aton, wenn ich, wie geplant, eine längere Wüstenstrecke durchqueren will (siehe dazu auch »Wege durch das Sandmeer«).

Also bestehe ich darauf, dass ich den Kanister wiederhaben muss. Das Mädchen kommt zurück und überreicht mir lächelnd den entwendeten Kanister. Ihr Lächeln ist keineswegs schuldbewusst, ganz und gar nicht. Sie blickt mir offen in die Augen, als wäre ich im Unrecht. Alle sind ruhig geblieben. Die Einzige, die laut geworden ist, die sich aufgeregt hat, bin ich. Mir wird klar: Sie wollten mich nicht bestehlen, sondern mit mir teilen. Wer hat, der gibt den anderen, das ist afrikanische Denkweise, sind doch die meisten Bewohner hier im Süden Ägyptens nubischen Ursprungs. So überleben sie durch gegenseitiges Teilen und Helfen innerhalb ihrer Gemeinschaft. Ich muss ihnen rücksichtslos und geizig erscheinen, doch sie verzeihen mir großmütig. Fröhlich lächelnd winken sie zum Abschied.

Aton ist verärgert, weil ich ihn von der saftigen Weide wegführe. Auch ich bin hungrig geblieben. Lange müssen wir uns gedulden, denn unser Pfad führt stundenlang durch Zuckerrohrfelder. Endlich gelangen wir zu einem verfallenen, von Bäumen beschatteten Steinhaus. Die Gegend wirkt einsam und eignet sich für unser Nachtlager. Auch für Aton ist genug Nahrung vorhanden. Nachdem ich gekocht und gegessen habe, schlafe ich müde ein.

In der Früh, es ist noch dunkel, weckt mich der Ruf des Muezzins. Im Schein der Taschenlampe sehe ich, dass es erst fünf Uhr ist. In der Nähe muss eine Ortschaft mit einer Moschee sein, deren Lautsprecher bis zum Anschlag aufgedreht ist. Weithin hallt der Ruf »Allahu akbar!« Da wacht jeder auf, ob nah oder fern. Erst eine halbe Stunde später wird es hell. Aton beschäftigt sich mit Fressen, während ich die Ausrüstung zusammenpacke, dann frühstücke auch ich. Der Tee vom Vorabend ist in der Thermoskanne warm geblieben, so verliere ich keine Zeit mit Kochen.

Gerade habe ich meinen Esel beladen, da kommt eine Familie mit zwei Töchtern in einem Eselfuhrwerk daher. Die Frau trägt ein rotes Kleid, ein seidenes Kopftuch betont ihr zartes Gesicht. Der Mann erklärt mir, dass ich auf seinem Grundstück übernachtet habe, und verlangt eine Bezahlung, die aber sehr niedrig ist. Der Frau und den beiden Kindern schenke ich Kleinigkeiten, die ich auf dem Markt gekauft habe. Zum Abschied überreicht mir der Mann einen Stock, damit ich den *humar* antreiben kann, wie er mir erklärt. Er kann nicht ahnen, dass mich mit Aton eine Freundschaft verbindet und mein Esel ohne zu zögern mit mir geht. Antreiben muss ich ihn nie und schon gleich gar nicht mit einem Stock. Um den Mann nicht zu beleidigen, bedanke ich mich, »*alf schukran*«, und benutze den Stock als Wanderstab.

Zwischen Edfu und Esna ist der fruchtbare Landstreifen schmal, die Wüste reicht fast bis an den Nil heran. Jedes Fleckchen Erde ist bepflanzt, und Bauerngehöfte reihen sich aneinander. Um kein Aufsehen zu erregen, wandern Aton und ich weiter am Wüstenrand entlang und nähern uns nur am Abend vorsichtig dem Uferbereich. An einem der Bewässerungskanäle tränke ich meinen Esel, lasse ihn ein paar Maulvoll frisches Gras zupfen, bevor wir wieder im Ödland verschwinden, wo ich unser Nachtlager aufbaue. Aton wird gestriegelt und geputzt, bekommt reichlich Heu und Hirse, das ich für ihn auf dem Markt gekauft habe. Sobald er satt ist, nähert er sich mir, stupst mich auffordernd an, bis ich ihn streichle und kraule. Ich freue mich über seine Anhänglichkeit.

Mein Aton ist geduldig und sanftmütig, er hat Ausdauer, und er vertraut mir. Deshalb plagt mich eine große Sorge: Was mache ich nur mit ihm am Ende unserer Wanderschaft? Sein Besitzer Abd Abdalla will ihn nicht zurück, nicht einmal geschenkt. Er hat gedroht, falls ich den *humar* zurückbringe, wird er ihn an den Schlachter verkaufen.

Warum nur werden Esel so lieblos behandelt? Bei meinen Reisen, nicht allein in Ägypten, auch in Spanien, Griechenland und im Jemen habe ich grausame Szenen erleben müssen. Klapperdürre Tiere, nur noch Haut und Knochen, bedeckt mit Narben und Wunden und mit schweren Lasten auf dem Rücken werden mit Stockschlägen traktiert. Dabei sind Esel geradezu prädestiniert für eine Freundschaft mit dem Menschen. Sie sind nicht nur zäh, genügsam und anspruchslos, sie haben auch ein sanftes Wesen, sind anhänglich und intelligent. Haben sie Vertrauen gefasst, suchen sie, ähnlich wie ein Hund, von selbst den Kontakt. Auch die äußere Erscheinung, die samtigen Augen, der dicke Kopf, ihre flauschigen, langen Ohren, müssten sie eher zum Liebling der Menschen bestimmen. Warum beschert ihnen stattdessen das Schicksal oftmals so viel Leid? Vielleicht weil Esel die Haustiere der Armen sind. Durch die niedere Stellung ihrer Besitzer wird dem Esel ebenfalls nur geringe Achtung entgegengebracht. Auch in den Fabeln und Märchen verkörpert der Esel in der Regel den Einfältigen, der sich überschätzt und dafür bitter bezahlen muss. Mir ist nur eine einzige Geschichte bekannt, in der ein Esel eine Rolle spielen darf, die seiner Intelligenz und seinem mutigen Wesen entspricht: »Die Bremer Stadtmusikanten«. Darin ist es der Esel, der Hund, Katze und Hahn ermutigt, sich nicht einfach mit ihrem elendigen Schicksal abzufinden. Mutig führt er seine Freunde aus einer ausweglosen Situation heraus, schlägt mit ihnen sogar eine Räuberbande in die Flucht und verhilft ihnen zu einem neuen Leben.

Am westlichen Nilufer mitten in der Altstadt von Esna steht der Rest eines einst eindrucksvollen Tempels, der dem Gott Chnum, dem Widderköpfigen, geweiht ist. Er war der letzte Tempel, der in ptolemäisch-römischer Zeit in Ägypten gebaut wurde. Nur eine Säulenhalle ist erhalten geblieben; sie wurde ausgegraben und liegt neun Meter tiefer als die Stadt, die den Tempel umgibt. 24 Säulen, jede 13 Meter hoch, tragen das Dach des Saals. Oben schließen die Säulen mit wunderschönen, unterschiedlich gestalteten Kapitellen ab. Sie zeigen den Höhepunkt der altägyptischen Steinmetzkunst, die sich hier zur Vollkommenheit gesteigert hat.

Ein Prozessionsweg verband einst den Tempel mit dem Fluss.

An der antiken Landestelle legen heutzutage Kreuzfahrtschiffe an, und entlang des Weges reihen sich Verkaufsbuden, an denen die Reisenden zwangsweise vorbeimüssen, denn es ist der einzige Zugang vom Flussufer zum Tempel. Bei jedem Schiff hoffen die Händler auf ihre Chance und überschreien sich gegenseitig. Angeboten werden Souvenirs, ich aber benötige Lebensmittel und frage mich zum Gemüsemarkt durch.

Die Kinder lassen sich von meiner arabischen Kleidung nicht täuschen und folgen mir wie der Schweif einem Kometen. Unentwegt schreien sie: »Give money! Give money!«

Bei anderen Gelegenheiten hatte es die Kinder stets überrascht und sie verstummen lassen, wenn ich sie auf Arabisch ansprach, nicht so in Esna. Sie achten gar nicht darauf, was ich sage. Wie eine Schallplatte mit Riss brüllen sie ihren Spruch. Es ist ihre erprobte Methode, die genervten Touristen zum Herausrücken von ein paar Münzen zu bewegen.

Von Esna sind es nur noch ungefähr 50 Kilometer bis Luxor, unserem Ziel. Wieder umgehen wir weiträumig das besiedelte Land. Das harte Granitgestein ist inzwischen von Kalksteinfelsen abgelöst worden. In dem weicheren Material konnte sich der Nil weiter ausbreiten, ungefähr zehn Kilometer dehnt sich das Tal in die Breite.

Seit unserem Aufbruch in Assuan ist ein Monat vergangen. Mein Aton lässt sich nicht die geringste Ermüdung anmerken. Seine Sinne sind hellwach, neugierig blickt er in die Welt, seine Ohren spielen in alle Richtungen, seine Nüstern nehmen ferne Gerüche wahr.

Mittags brennt die Sonne erbarmungslos herab, und ich steuere eine Baumgruppe am Rand eines Weizenfeldes an, um im Schatten zu rasten. Ein Mann mit einem Eselfuhrwerk, das mit Luzerne beladen ist, kommt vorbei. Neugierig hält er an, fragt nach meinem Woher und Wohin. Auf meine Bitte, mir etwas Luzerne für meinen Esel zu verkaufen, reicht er mir zwei Bündel herab, weigert sich aber, Geld anzunehmen.

»Hadija! – Geschenk!«, sagt er lächelnd und fährt davon.

Nachdem wir eine sonnenverbrannte Hochebene überquert haben, liegt der Nil wieder vor mir. An das gegenüberliegende Ufer schmiegt sich eine große Stadt, Luxor, das antike Theben. Diesen Namen haben ihr die Griechen gegeben, denn in der pharaonischen Zeit ließ die blühende Metropole mit über einer Million Einwohner Waset. 500 Jahre lang herrschten hier die Pharaonen des Neuen Reiches über Ägypten, dann fiel die Macht an das in der Nähe von Kairo gelegene Memphis zurück, das im Alten Reich schon einmal Residenzstadt gewesen war.

Am Westufer, wo ich mich mit Aton noch immer befinde, liegt die Stadt der Toten. Hinter den Feldern, am Fuße der steilen Kalksteinfelsen, wurden die Pharaonen, ihre Gemahlinnen und Kinder begraben. Auch für hohe Beamte und Würdenträger hatte man Gräber in die Felsen geschlagen. Nicht einfach nur Gräber, sondern prachtvolle Säle von atemberaubender Schönheit, einst bis zum Rand gefüllt mit ungeheuren Schätzen, geschmückt mit Wandmalereien in leuchtenden Farben und mit geheimnisvollen Texten.

Jahrtausende früher, im Alten Reich, wurden die Pharaonen in Pyramiden bestattet. Immer höher und größer wurden sie gebaut, denn sie symbolisierten das Streben nach dem himmlischen Jenseits. Doch der Glaube änderte sich im Laufe der Jahrhunderte. Die Toten reisten im Neuen Reich nicht mehr in den Himmel, sondern in die Unterwelt. Deshalb wurden sie in der Tiefe beerdigt, in Felsgräbern, geheim und verborgen, für keinen Sterblichen sichtbar. Die Ägypter glaubten damals, die Sonne tauche jede Nacht hinunter in die Unterwelt, und die Könige hofften, sich im Tod mit diesem Sonnenlauf zu verbinden. Mit dem Sonnengott Re wollten sie durch die untere Welt reisen und mit ihm am nächsten Morgen wiederauferstehen. In der Vorstellung der Ägypter waren die Gräber keine Stätten des Todes, sondern der Beginn des erneuerten Lebens und der Fortdauer in Ewigkeit. Deshalb füllte man die Grabstätten mit allem, was der Verstorbene in seinem neuen Leben benötigen würde.

Die Paläste der Unterwelt liegen in öden Tälern zwischen steil aufragenden, zerklüfteten Felsen, deren höchste Erhebung eine pyramidenförmige Bergspitze ist. Die Eingänge hatte man sorgsam verschlossen und versiegelt, trotzdem waren schon im Altertum fast alle Gräber geöffnet und ausgeraubt worden. Für die Archäologen blieb dennoch genügend Material für ihre Forschungsarbeit, und für Reisende ist West-Theben, die Totenstadt, einer der größten Anziehungspunkte Ägyptens.

Ich habe mich für mehrere Tage im Al-Gurna einquartiert. Das Gästehaus liegt in einem Palmenhain, und auch für meinen Esel gibt es dort einen schattigen Platz. Der Innenhof, von dem die mit einheimischem Kunsthandwerk dekorierten Zimmer abgehen, ist traditionell mit Lehmziegeln gepflastert.

Früh am Morgen, als es noch kühl ist, mache ich mich auf den Weg zum Tal der Königinnen im südlichsten Winkel der Bergeinsamkeit. Von Deir el-Medina, wo früher die Handwerker lebten, die die Gräber ausschachteten und dekorierten, führt der Pfad einen steilen, trockenen Hügel hinauf. Dort gabelt sich der Weg, wobei der linke in ein schmales Tal mit wuchtigen Felsbrocken führt, das sich nach einer Wegstunde in das Hochtal der Königinnen öffnet. Ein romantischer Name für eine wüste Einöde. Kein Strauch, kein Grashalm weit und breit, überall nur von der Sonne aufgeheiztes Gestein.

In alter Zeit legten Grabbauer jeden Tag diesen Weg von ihrem Wohnort zum Arbeitsplatz zurück, denn es waren keine Sklaven, die die Grabstätten anlegten, sondern geachtete Handwerker.

Das schönste Grab ist das von Nefertari, der Gemahlin von Ramses II. Die Grabstätte entdeckten Archäologen im Jahr 1904, doch Plünderer waren ihnen um Jahrtausende zuvorgekommen. Das Grab war leer geräumt, nur das Wanddekor ist noch immer erstaunlich gut erhalten und schmückt diesen prächtigen unterirdischen Palast. Die Treppe führt in die Vorhalle, von der ich weitere Stufen hinab in die Tiefe steige. Anbauten, Nebensäle, Kammern, Treppenkorridore und Pfeilerhallen reihen sich aneinander, eine verwirrende Vielfalt von Räumen. Alle Pfeiler, Decken, Wände sind bunt dekoriert mit Farben, die strahlen und leuchten, als wären sie gerade erst aufgetragen worden. Der Bilderreichtum, dieser atemberaubende Farbenrausch überwältigt mich. Nefertari, die »Schönste der Schönen«, an allen Wänden ist sie zu sehen. Da steht sie, sitzt, spaziert umher in ihrem weißen, fließenden Gewand, in Gesellschaft der Götter und Göttinnen.

Meine Reise mit Aton ist hier zu Ende. Weiterzuwandern ist unmöglich, denn das Gebiet nördlich von Luxor wird vom Militär streng kontrolliert. Bei einer freundlichen Bauernfamilie findet mein treuer

Begleiter eine neue Heimat. Fatima, die sich über mein Geschenk freut, lädt mich zum Tee ein. Im schattigen Innenhof hocken wir auf kleinen Schemeln. »Aton hat das Kommando über meine beiden Eselinnen übernommen«, erzählt Fatima. »Da wird er sich bestimmt nicht langweilen, und Sie können beruhigt weiterziehen.«

Ich folge dem Fluss auf einer Feluke, und nach dem Besuch von Kairo und den Pyramiden endet meine Reise in Alexandria, wo sich der Nil ins Mittelmeer ergießt. Nun hat er das Ende seines langen Laufs erreicht. 1500 Kilometer ist er durch Ägypten geflossen und hat dem Land Fruchtbarkeit geschenkt. Ich lausche dem Wellenschlag, rieche das Salz und die Algen des Meeres und blicke dorthin, wo Wasser und Himmel sich finden.

DEUTSCHLAND
Naturparadies Taubergießen

Gibt es in Deutschland noch Wildnis? Nicht wirklich. Dennoch – mit Naturschutzgebieten und Nationalparks wird bedrohten Pflanzen und Tieren ein gewisser Raum zum Überleben geboten, zum Beispiel in der oberrheinischen Flussauenlandschaft Taubergießen. Wer würde einen Dschungel am deutschen Rhein vermuten? Natürlich habe ich dort keinen tropischen Urwald vorgefunden, aber doch ein wildes Auwaldgebiet, wie es sie früher an allen großen Flüssen Europas gab.

Über dem Wasser flitzen Libellen umher, entfalten ihre schillernde Pracht. Am Rande eines Weihers bewundere ich die Flugkünstler. Sie beherrschen alle Techniken, ob Rüttelflug auf der Stelle oder den pfeilschnellen Geradeausflug mit rasanten Kurven und Wendemanövern. Dabei bewahren sie dank ihrer übergroßen Facettenaugen trotz der Schnelligkeit stets den Überblick.

Seit dem frühen Morgen bin ich in der Flusslandschaft Taubergießen unterwegs und kann mich nicht sattsehen an der Vielfalt der Tiere und der blühenden Pflanzen. Auf den verzweigten Gewässern schwimmen weiße Blumen, üppig bedecken sie die Wasserfläche. Es ist der Flutende Hahnenfuß, der den Rhein in einen Blütenteppich verwandelt. Blaue Schwertlilien und gelbe Teichrosen, Igelkolben und Pfeilkraut machen das Bild noch bunter. Am Ufer wachsen die Schwanenblume mit rosa gefärbten Blütenblättern, der purpurrote Blutweiderich und das weiße Mädesüß.

Taubergießen ist das letzte kleine Gebiet, das von dem ehemaligen wilden Auwald der Oberrheinischen Tiefebene übrig geblieben ist. Die Region wurde 1979 unter Naturschutz gestellt und misst in der Nord-Süd-Ausdehnung knapp 14 Kilometer, in der größten Breite drei Kilometer, insgesamt also nicht mehr als 39 Quadratkilometer. Die Artenvielfalt auf dieser verhältnismäßig kleinen Fläche überrascht und begeistert mich.

Eingeschlossen zwischen Vogesen und Schwarzwald, liegt das Naturparadies zwischen Offenburg und Freiburg. Neben Wald und Grünland bieten ein Adergeflecht von vielfach verzweigten Wasserläufen, dazu Tümpel, Seen, Altwasser, Morast, Sümpfe und Verlandungsmulden einen abwechslungsreichen Lebensraum für viele selten gewordene Tiere und Pflanzen.

Einst suchte sich der Rhein seinen Weg dort, wo ihm der geringste Widerstand entgegengesetzt wurde. Unter dem Einfluss immer wiederkehrender Hochwasser wechselte das Flusssystem ständig seinen Lauf. Neue Wasserstraßen entstanden, Altarme blieben zurück, eine Wasserwildnis mit Sümpfen, Bächen und Überflutungsseen entstand.

Diese wilde Naturlandschaft gibt es nicht mehr. Der Rhein wurde in ein von Betonmauern gesichertes Flussbett gezwungen, hohe Dämme verhindern die alljährlichen Überschwemmungen und beendeten das wechselvolle Spiel des Flusses. Die Interessen von uns Menschen bekamen Vorrang über die Natur. Die Bevölkerung wuchs, siedelte näher am Fluss, die Landwirtschaft benötigte immer größere Flächen für Weiden und Ackerbau. Mehr durch Zufall als aus menschlicher Einsicht blieb ein kleines Stück Wildnis erhalten – Taubergießen. Es ist ein Relikt aus einer Zeit, in der die Menschen noch nicht die Herrschaft über die Erde errungen hatten.

Nur wenige Meter beträgt die Sicht im grünen Urwald. Ineinander verflochtene Zweige und Äste, Sträucher, Kräuter und Ranken erschweren mir das Vorankommen. Entwurzelte Bäume mit bemoosten Stämmen versperren den Weg. Die elastischen Triebe der Waldrebe winden sich bis in die höchsten Baumkronen hinauf. Ich entdecke Bäume, deren Stämme von dieser lianenartigen Clematis vollständig umhüllt sind. An anderen wieder rankt sich Efeu empor, der im Gegensatz zur landläufigen Meinung die Bäumen weder »erwürgt« noch ihnen den Saft raubt. Mit seinen Haftwurzeln befestigt er sich lediglich an der Rinde, dringt nicht in den Baum ein.

Farne und Brombeeren bedecken den Waldboden, umgestürzte Bäume sind geschmückt mit prachtvollen Baumpilzen. Aus dem verfilzten Neben- und Übereinander des Pflanzendschungels aus Elsbeere, Rotem Hartriegel, Liguster, Wolligem Schneeball und Weißdorn tönen die Stimmen zahlreicher Vögel. Wie gut, dass ich einige der Gesänge unterscheiden kann, denn zu Gesicht bekomme ich kaum einen der Interpreten. Aber so weiß ich, dass im Dickicht Mönchs- und Gartengrasmücke, Fitis, Zilpzalp, Buchfink, Rotkehlchen und Nachtigall ideale Brutbedingungen finden.

Der Duft von Pilzen und feuchter Erde umgibt mich und ruft Erinnerungen an Kindertage wach, als ich mit Eltern und Geschwistern die Wälder meiner Heimat im Osten Deutschlands auf Pilzsuche durchstreifte. An den Wochenenden war es in meiner Familie Tradition gewesen, gemeinsam »in die Pilze zu gehen«.

Vom wilden Auwald gelange ich an die von Schilf umgürteten Gewässer. Geheimnisvolle Geräusche dringen an mein Ohr. Es plätschert und gluckert, rauscht und raunt, sirrt, wispert und knistert. Ich kann mir gut vorstellen, dass diese seltsamen Töne die Ursache für manche Sage waren, die von Wassergeistern, Nixen, Seejungfrauen und Sirenen handelte.

Zwischen schwankenden Halmen hat ein Rohrsängerpaar sein Nest gebaut. Das braun befiederte Männchen klammert sich mit seinen Krallen an einen Schilfstängel und schmettert sein Lied. Unglaublich, wie viel Stimmgewalt dieser kleine Drosselrohrsänger hat. Seine Verwandten, die ähnlich unscheinbar gefärbten und noch kleineren Teich- und Sumpfrohrsänger, haben im Schilf ebenfalls das geeignete Biotop gefunden. Der Schilfgürtel ist undurchdringlich. Ein schmaler Pfad führt am Ufer entlang und gewährt mir nur von außen einen Blick auf das Schilfdickicht. Ein grüner Fleck an einem Halm lässt mich genauer hinschauen. Tatsächlich, es ist ein Laubfrosch. Hellgrün, wie lackiert, leuchtet die Haut des etwa fünf Zentimeter großen Frosches. Mithilfe seiner Saugnäpfe an den Zehen ist er am dünnen Rohr emporgeklettert, selbst höchste Baumkronen erklimmen die Kletterkünstler. Erst in der Dämmerung lassen die Laubfrösche ihre Stimmen erschallen, werben mit hellen Tönen um die Weibchen.

Zwei blutrote Heidelibellen steigen in die Luft und starten ihren Hochzeitsflug. Sie umschwirren einander, bis es dem Männchen gelingt, mit seinen Hinterleibszangen, den Cercien, das Weibchen knapp hinter dem Kopf zu packen. So aneinandergekettet tanzen sie auf und nieder. Das Männchen steuert einen Halm an, klammert sich fest, und das Weibchen biegt seinen roten Leib unter den des Männchens, sodass sie einen Ring formen, ein »Paarungsrad«. Dabei nimmt das Weibchen aus der Samentasche des Männchens dessen Samen zur Befruchtung der Eier auf. Das Paar öffnet den Ring wieder, doch die männliche Libelle hält die Partnerin noch immer fest und fliegt mit ihr zum Teich, wo sie ihre Eier ablegen wird. Immer wieder tippt sie ihren Hinterleib ins Wasser und entlässt dabei ein Ei nach dem anderen. Aus den Eiern entwickeln sich Larven, die bis zur Verwandlung in ein fliegendes Insekt im Wasser leben. Libellen führen ein Doppelleben. Auf dem Grund eines Gewässers verbringen sie den ersten Lebensabschnitt, bis sie sich in die Luft erheben können.

In der stillen Bucht eines Altarms des Rheins haben Haubentaucher ihr schwimmendes Nest zwischen Wasserpflanzen befestigt. Männchen und Weibchen brüten und betreuen gemeinsam den Nachwuchs. Für menschliche Augen sind die Geschlechter nicht zu unterscheiden. Ihren Balztanz, mit dem sie sich in Brutstimmung bringen, haben sie schon absolviert. Dabei vollführen sie verschiedene Figuren, wobei sie ihre schwarzen Federhauben fächerförmig auffalten und in die Höhe stellen. Auch die rotbraunen Federn an beiden Kopfseiten, den »Backenbart«, spreizen sie ab. Dann wenden sie die grotesk vergrößerten Köpfe ruckartig nach links und rechts, tauchen die Schnäbel ins Wasser, schauen nach hinten oder strecken ihre Hälse lang übers Wasser. Zu Beginn machen die Partner unterschiedliche Bewegungen, doch nach und nach synchronisieren sie sich, bis alle Figuren gleich ablaufen. Die Haubentaucherküken sind Nestflüchter, folgen also den Eltern bald aufs Wasser. Wenn das eine oder andere Kleine müde wird, klettert es den Eltern auf den Rücken und fährt dort sitzend wie auf einem Boot mit.

Ein mir bislang unbekannter Vogelruf lässt mich aufmerken. Suchend schaue ich umher. Da wieder – ein lang gezogener Pfeifton, »Siühh«, dem ein leise zwitschernder Gesang folgt. Und dann sehe ich ihn, einen etwa zehn Zentimeter kleinen Vogel mit schwarzer Stirn, grauem Kopf und auffallend schwarzen Augenstreifen, sodass es aussieht, als würde der Vogel eine Maske tragen. Der Rücken ist rotbraun, Bauch und Brust sind cremefarben. Aufgeregt blicke ich durchs Fernglas – kein Zweifel, es ist eine Beutelmeise. In Deutschland ist sie sehr selten; ich hatte bisher erst zwei Mal das Glück, diese besonderen Vögel zu beobachten.

Zwischen dünnen Zweigen dicht über dem Wasser hängt ihr birnenförmiges Nest. Zunächst hat das Männchen ein korbartiges Gerüst geflochten, und nachdem es durch eifriges Singen ein Weibchen erobert hat, vollenden beide gemeinsam den Rohbau. Mit wolligen Samenkapseln von Pappeln und Weiden, Spinnweben und Gräsern wird das Nest ausgepolstert, nur oben bleibt ein winziges Einschlupfloch. So allseitig weich und dicht umschlossen, bietet es den Meisenkindern einen idealen Schutz vor Regen und Sonnenhitze. Das Weibchen kümmert sich allein um das Brutgeschäft und die Aufzucht der Jungen. Das Männchen beginnt derweil mit dem Bau einer zweiten Kinderstube und hofft auf ein neues paarungswilliges Weibchen.

Ein langer Tag neigt sich dem Ende. Rot glühend versinkt die Sonne hinter dem Schilf, wirft einen rötlichen Schimmer aufs Wasser. Vor mir liegt ein weiter Rückweg zu meiner Unterkunft. Um mich nicht zu verirren, hole ich die Taschenlampe aus dem Rucksack. In ihrem Lichtkegel sehe ich eine Bisamratte durch das nachtdunkle Wasser schwimmen. Ursprünglich in Nordamerika beheimatet, sind diese Nager trotz ihres Namens keine Ratten, sondern gehören zur Familie der Wühlmäuse. Leise plätschernd taucht die Bisamratte ab, und nur Wellengekräusel zeigt, wo sie verschwunden ist.

Aus der Tiefe eines Tümpels dringen gedämpfte Töne aus dem Wasser, als wäre da unten eine versunkene Glocke, deren Klöppel von der Strömung hin- und herbewegt wird. »Glock, glock, glock«, tönt es schwach, kaum hörbar durch die Nacht. Eine zweite Glockenstimme ertönt zum Duett. Ich lausche eine Weile, dann fällt mir ein, wann ich diese Klänge schon einmal gehört habe – bei einer Exkursion während meiner Studienzeit. Und nun weiß ich auch wieder, welche Tiere sie hervorzaubern. Es sind Knoblauchkröten, die mich mit diesem nächtlichen Konzert erfreuen.

RUMÄNIEN
Am Delta des blauen Flusses

Den Plan, die Donau von der Quelle bis zur Mündung kennenzulernen, hegte ich schon seit einigen Jahren. Doch es dauerte seine Zeit, bis er so weit gereift war, dass ich ihn verwirklichen konnte. Endlich, im Sommer 2014, sah ich, wie die blaue Donau sich mit dem Schwarzen Meer mischte. Ursprünglich wollte ich mit Paddelboot oder Kajak auf dem Fluss fahren, doch diese Idee verwarf ich bald. Auf dem Strom dahingleitend, bekäme ich nur wenig von der Umgebung mit. Ich wollte erfahren, wie der Fluss das Land und seine Bewohner prägt, wollte die Dörfer und Städte an seinem Ufer sehen, die Wiesen, Wälder und Moore auf der Suche nach Pflanzen und Tieren durchstreifen. So entschloss ich mich zu einer Kombination von Wandern und Fahrradfahren, indem ich lange Strecken mit dem Rad zurücklegte und dazwischen immer wieder zu Fuß unterwegs war.

Die am Morgen noch kühle Luft erfrischt mich. Bald erreiche ich den Lacul Hazarlâc, einen großen, von Donauwasser gespeisten Binnensee. Umgeben von Feldern und Wiesen liegt er in der Ebene und schimmert im Morgenlicht. Das glatte Wasser spiegelt den blauen Himmel wider. Danach führt mein Weg durch eine baumlose Landschaft. Links das weite Tal der Donau, die sich vielfach verästelt und mit ihren Nebenarmen kleine Inseln umfließt, rechts erheben sich Hügel. Es sind Sanddünen, in grauer Vorzeit vom Wind verweht. Dann muss ich in den Ausläufern des Mäcin-Gebirges wieder kräftig in die Pedale treten. Es ist ein uraltes Bergland, das vor 300 Millionen Jahren entstand und im Laufe der Zeit von der Erosion abgetragen wurde. Der höchste Berg, der Tutuiatul, ist nur noch 467 Meter hoch, wirkt aber mächtiger, da das Land ringsum flach und eben ist.

An einem Rastplatz erregt eine Vogelstimme meine Aufmerksamkeit. »Tzäck! Tzäck! Tzäck!« Ein scharfer Ruf, dann folgt ein Gesang, den ich aus der Mongolei kenne und hier nicht vermutet hätte. Ich schaue umher, und da sehe ich ihn, den Nonnensteinschmätzer. Auffällig schwarz-weiß gefärbt hockt er auf einem Stein, lässt wippend und knicksend seine Schwanzfedern aufblitzen. Das Verbreitungsgebiet dieses Vogels liegt weit im Osten, in Asien; wahrscheinlich ist hier in den Mäcin-Bergen sein westlichstes Vorkommen. Glücksgefühle durchströmen mich, als ich den seltenen Steinschmätzer beobachte und mich an meine Erlebnisse in der Mongolei erinnere.

Immer noch hält die Donau ihren Nordkurs. Ihr folgend, führt meine Route an der Stadt Mäcin vorbei zu den beiden bedeutenden Hafenstädten Bräila und Galaţi, die unter Ceauşescus Herrschaft zu Industriestandorten ausgebaut wurden. Bei Galaţi mündet der 953 Kilometer lange Fluss Pruth in die Donau, dessen Zustrom an frischem Wasser ihr einen kräftigen Schwung gibt. Endlich lässt sie von ihrer Nordrichtung ab und wendet sich in einer scharfen Biegung nach Osten dem Schwarzen Meer zu.

Bei Tulcea, der letzten Stadt auf dem Festland, spaltet sich die Donau in drei Arme. Der nördliche heißt Chilia, ist 116 Kilometer lang, zergliedert sich in 40 Minimündungen und transportiert zwei Drittel des Donauwassers. Weil der Chilia-Arm im Grenzgebiet zur Ukraine und zu Moldawien liegt, würde ich für diese Gegend ein Visum benötigen, das schwierig zu bekommen ist. Der mittlere Arm ist 63 Kilometer lang und fließt beim Küstenort Sulina ins Meer. Er wurde begradigt, kanalisiert und zur Schifffahrtsstraße ausgebaggert. Von Tulcea aus kann man entweder auf einem Tragflügelboot mit hohem Tempo zur Mündung rasen, mit Außenbordern einen vierstündigen

Ausflug oder mit dem Fährschiff einen Tagestrip ans Meer machen. Entlang des Kanals beginnt sich allmählich eine touristische Infrastruktur zu entwickeln.

Ich entscheide mich für den südlichen Arm, den Sfântu Gheorghe, den St.-Georgs-Arm. Er ist 109 Kilometer lang und windet sich an Seen, Inseln, sogar an Eichenwäldern vorbei durchs Schilf. In Tulcea habe ich mir im Büro des Nationalparks eine Besuchserlaubnis für eine Woche Aufenthalt im Biosphärenreservat besorgt. Die Stadt hat sich mit Hotels, Restaurants, Cafés, Informationsbüros und einer Anzahl Museen, wie dem Archäologischen, Ethnographischen und Naturkundlichen Museum, auf Touristen eingestellt. Fast alle Donaukreuzfahrtschiffe enden im Hafen von Tulcea, wo eine breite Promenade mit Terrassencafés am Ufer entlangführt. Lastkähne und zu Hausbooten umfunktionierte Schiffe, Katamarane und Motorboote liegen am Kai.

Die Donau, zu einem mächtigen Gewässer angeschwollen, hat auf ihrem Weg durch Deutschland, Österreich, die Slowakei, Ungarn, Kroatien, Serbien, Bulgarien und Rumänien das Wasser der zufließenden Ströme gesammelt, hat von Lech, Isar, Inn, Altmühl, Naab, Regen, Drau, Save, Theiß und zuletzt Pruth gewaltigen Zustrom erhalten, sodass sie die drei Arme, in die sie sich jetzt aufteilt, üppig mit Wasser versorgen kann.

Als Ausgangspunkt für meine Erkundungen wähle ich das Dorf Murighiol, etwa 50 Kilometer südöstlich von Tulcea, das mit dem Fahrrad auf einer gut ausgebauten Straße problemlos erreichbar ist. Mein »Basislager« schlage ich in der Pension »Morena« auf, die so recht nach meinem Geschmack ist: ein Holzhaus mit Schilfdach, von einem parkähnlichen Garten umgeben. Die Pension liegt an einem See, und der St.-Georgs-Arm fließt in der Nähe vorbei, also beste Voraussetzungen für Tagesausflüge, Vogelbeobachtungen und Wanderungen. Der Ort ist nach dem See benannt. »Murighiol« ist aus dem Türkischen abgeleitet und bedeutet »Violetter See«, denn der See an dem die Ortschaft liegt, wird durch Algen rötlich gefärbt.

Auf der Dorfstraße spaziere ich am Nachmittag nach meiner Ankunft durch die ehemalige Fischersiedlung und verschaffe mir einen ersten Eindruck. Die einstöckigen Häuser sind trotz einfacher Bauweise liebevoll mit Zierelementen versehen. Die Eingänge haben einen Vorbau aus Säulen und Bögen, die Giebel sind kunstvoll geschnitzt und die Fassaden in leuchtenden Farben türkis, rot, blau, gelb, grün getüncht. Jedes Häuschen ist von einem Garten umgeben, wo neben Blumen auch Gemüse gedeiht. Am späten Nachmittag sitzen die Bewohner auf Bänken vor ihren Häusern, arbeiten im Garten oder halten mit den Nachbarn einen Plausch. Es ist ein gemütlicher Ort. Gänse watscheln über die Straße, Hühner scharren gackernd in der Erde, und Störche haben ihre Nester auf Strommasten gebaut. Die Hunde scheinen einen gemeinsamen Vorfahren zu haben. Es sind kleine Kerle, die spaßig aussehen mit ihren krummen Beinen, der kurzen Schnauze und dem Ringelschwanz.

Die Einwohner von Murighiol sind auf Touristen vorbereitet, aber noch fehlen diese in der erhofften großen Anzahl. Schilder weisen auf Ferienhäuser hin. Am Ende der Ortschaft, mit Blick auf den schilfumrandeten See, entsteht ein riesiges Urlaubsdomizil. Der Rohbau des mehrstöckigen, wuchtigen Kastens ist schon fertig. Ob sich die Investition je lohnen wird? Woher nur sollen so viele zahlende Gäste kommen? Tafeln informieren, dass mit EU-Geld gebaut wurde; diese abgelegene Gegend soll einen Entwicklungsschub bekommen. Wahrscheinlich ist die EU auch für die übermäßige Anzahl Papierkörbe entlang der Dorfstraße verantwortlich. Im Abstand von nur 20 Metern reihen sie sich aneinander – alle leer. Wie sollten sie sich auch füllen? Die Dorfbewohner sind es noch nicht gewöhnt, Müll zu produzieren.

Es gibt ein Lebensmittelgeschäft, mehrere Cafés und ein Postamt. Ich kaufe ein paar Karten und stelle mich an dem einzigen vorhandenen Schalter an. Es geht schnell, denn hier arbeiten drei Personen Hand in Hand. Eine Frau nimmt die Karten entgegen, gibt sie an eine am Tisch sitzende Frau weiter, die pappt die Briefmarken darauf, ein Mann rechnet den Betrag aus, sagt ihn der ersten Frau am Schalter, und sie kassiert. Wirklich effektiv. Nichts dagegen zu sagen, drei Menschen haben Arbeit und Einkommen.

Das labyrinthische Feuchtgebiet spare ich mir für später auf und wandere am nächsten Tag Richtung Südwesten in die Beştepe, eine ebenfalls aus dem Türkischen stammende Bezeichnung, die »Fünf Hügel« bedeutet. Die Berge sind nur einige Hundert Meter hoch, ragen aber wirkungsvoll aus der flachen Deltalandschaft heraus und sind der letzte Rest eines uralten Gebirges. Ein Schäfer mit seiner Herde zieht durch das Ödland, wo kaum etwas wächst außer dürren Gräsern und Disteln. Flötenähnliche Töne lassen mich aufhorchen. Das Tirilieren hat nicht etwa der Hirte mit einer Flöte erzeugt, der Urheber des sehnsuchtsvollen Gesanges ist der Triel, eine Vogelart, der ich bei meinen Reisen in Ägypten begegnet bin.

Schritt um Schritt pirsche ich mich an. Noch kann ich ihn nirgendwo entdecken, obwohl der Triel mit 40 Zentimetern nicht gerade klein ist. Doch mit seinem sandfarbenen Gefieder ist er in der steinigen Landschaft gut getarnt. Plötzlich hüpft er auf und flitzt auf langen Beinen davon. Kurz danach verharrt er, duckt sich wieder, und sofort verschmilzt er optisch mit dem Untergrund. Der Triel ähnelt ein wenig dem Brachvogel, nur hat der einen dünnen, gebogenen Schnabel, der Triel hingegen einen kurzen, kräftigen. In dem auffallend dicken und runden Kopf leuchten schwefelgelbe Augen mit stechend schwarzen Pupillen. Die Augen sind ungewöhnlich groß. Die braucht der nachtaktive Vogel auch, damit er im Dunkeln gut sehen kann.

Wenig später beobachte ich einen Schwarm kleiner Vögel. Es sind Brachschwalben. Anders als ihr Name vermuten lässt, sind sie nicht mit Schwalben verwandt, sondern mit Regenpfeifern, Trielen und Rennvögeln. Ihr Flugbild mit dem tief gegabelten Schwanz und den geschwungenen Flügeln erinnert allerdings an Schwalben. Kennzeichnend an den unscheinbar braun gefärbten Vögeln ist ihre rahmgelbe Kehle, die von einem schwarzen Band umrandet ist. Für mich ist es aufregend, Brachschwalben, die ich nur von Bildern kannte, leibhaftig in der Natur zu erleben.

Von den Beştepe-Gipfeln kann ich weit über das Delta blicken mit seinem schier endlosen Schilfteppich, der vermischt ist mit Weidengehölz. Vor der grünen Fläche schlängelt sich wie ein silbriges Band der St.-Georgs-Arm. Während ich den Anblick genieße, durchflutet mich ein starkes Glücksgefühl. Erst in diesem Augenblick begreife ich, dass es mir gelungen ist, meine Idee zu verwirklichen, dass ich es geschafft habe, der Donau bis zur Mündung zu folgen. Ich denke zurück an mein Tief, als ich bei Ruse über die Friedensbrücke von Bulgarien nach Rumänien gewechselt bin, als ich aufgeben und statt ans Delta nach Bukarest und mit dem Zug nach Hause fahren wollte. Was bin ich froh, dass ich mich anders entschieden habe und meine Reise einen beglückenden Abschluss gefunden hat.

Auf dem Rückweg zur Unterkunft besuche ich die wenige Kilometer südlich von Murighiol liegende frühchristliche Basilika Halmyris aus der römisch-byzantinischen Epoche unter Kaiser Konstantin im 4. Jahrhundert. Von der Kirche sind nur Mauern, Gewölbe und Eingangstor erhalten. Bereits im 6. Jahrhundert wurde sie zerstört. Archäologen haben bei Ausgrabungen Thermen entdeckt, denn noch früher war Halmyris eine römische Militärbasis, bewachte das östlichste Ende des römischen Limes und war zugleich Versorgungsstation für die römische Flotte.

Auf der Mauer sonnt sich eine Schlange, olivbraun mit dunklen Flecken, die dem Zickzackband einer Otter ähneln. Deshalb wird die harmlose Schlingnatter oft mit ihr verwechselt und getötet. Die Natter mit der stattlichen Länge von fast einem Meter hat in dem antiken Mauerwerk einen sicheren Zufluchtsort gefunden. Ihre Größe lässt darauf schließen, dass sie schon einige Jahre zählt. Unbeweglich liegt sie in der Sonne und döst. Doch der Schein trügt. Ich zucke zusammen, als sie pfeilschnell davonschießt. Sie packt eine Eidechse, die gerade eine Fliege geschnappt hat, und windet ihre Körperschlingen um das Opfer. Schlingnattern töten nach Art der Anakondas, Boas und Pythons. Kopf voran würgt sie die erstickte Eidechse hinunter. Mit einer deutlich sichtbaren Ausbuchtung am schlanken Schlangenkörper nimmt sie ihren Platz auf der Mauer wieder ein und gibt sich der Verdauung hin. Plötzlich ein Flügelrauschen, ein Schatten. Schon stößt ein Greifvogel, einem Bussard ähnlich, aber mit größerer Flügelspannweite, aus dem Himmel herab. Der Schlangenadler packt die Beute mit tödlichem Griff und trägt sie in seinen Fängen davon.

Ich bin wie benommen von dem Naturdrama. Es geschah so schnell, dass ich kaum folgen konnte. Fast wirkt es wie ein Witz: Eidechse frisst Fliege, Schlange frisst Eidechse, Raubvogel frisst Schlange. So geht es zu in der Natur, ein Lebewesen lebt vom anderen. In einem so kurzen Zeitraum die Abfolge zu beobachten, macht mich schwindelig. Ich schaue hoch zum Himmel, der Schlangenadler ist nicht mehr zu sehen. Statt seiner fliegen purpurbraune Sichler einer hinter dem anderen Richtung Delta. Bald werde ich ihnen folgen. Ich bin schon sehr gespannt auf das Erleben der Deltawildnis.

Ein paar Tage später hat Fischer Mihail Zeit für einen Ausflug mit seinem Kahn. Leichter Dunst liegt über dem St.-Georgs-Arm. Die Sonne schickt erste Strahlen über den Horizont. Wie auf ein Signal schwillt der vielstimmige Vogelchor an. Kraftvoll taucht Mihail die Ruder ins Wasser, der grüne Vorhang öffnet sich. Er ist nicht einfach grün, sondern schillert in unzähligen Nuancen, die sich im Wasser spiegeln. Silber- und Goldflitter schwirren in der verwunschenen Wasserwelt umher. Es sind Libellen, Fliegen, Falter, Mücken – vor allem Mücken –, die mit ihrem Sirren die Luft vibrieren lassen. Unentwirrbar scheint der Wasserdschungel, ein Labyrinth aus Seitenarmen, Rinnsalen, Seen, Sandbänken und Inseln. Schwimmende Schilfmatten machen es schwierig zu unterscheiden, was Fluss ist, was Land. Knorrige Bäume mitten im Wasser recken kahle Äste in die Luft wie verzauberte Sumpfgeister, die um Erlösung flehen. Weiden und Erlen neigen sich übers Ufer, greifen mit ihren Wurzeln ins Wasser, bilden dort ein grottenartiges Gitter, zwischen dem es smaragdgrün und tintenblau schimmert. Vegetation rankt und windet sich aneinander empor. Röhricht versperrt immer wieder die Sicht. Rote und weiße Seerosen, dazu dottergelbe Teichrosen breiten ihre glänzenden, wie lackiert wirkenden Blätter aus. Darauf hocken Frösche und lauern auf Beute. Meisterlich hoch springen sie nach Insekten. Ein Kormoran, schwarz wie die Nacht, breitet seine Flügel aus und lässt das Gefieder in der Sonne trocknen. Bewegungslos ähnelt er in dieser Haltung einem Kreuz, geschnitzt aus Ebenholz.

Das Ende ihrer Reise ist nah, und die Donau zelebriert dieses Ende mit ungestümer Lebenskraft, mit einem Überfluss an Pflanzen und Tieren, einer ungeheuren Vielfalt. Sie entwirft noch einmal eine überbordende Szenerie, bevor sie sich ins Meer ergießt, ein sich ständig wandelndes und sich veränderndes Schauspiel.

Sacht gleitet unser Boot dahin, teilt das grün und himmelblau leuchtende, von der Sonne mit glitzernden Reflexen verzierte Wasser. Leise plätschern Wellen an die Bordwand. Es riecht nach Minze, nach moderndern Pflanzen, nach Fisch, Schilf und Blüten, nach einem

Bukett der unterschiedlichsten Stoffe, die die Donau unterwegs aufgelesen hat und in sich trägt.

Schon längst habe ich in diesem Gewirr von Wasseradern die Orientierung verloren. Allein in einem Boot würde ich mich hoffnungslos verirren. Das Delta ist doppelt so groß wie das Saarland und wächst ständig weiter, denn der Fluss schwemmt Geröll, Erde, Sand und Schlamm an und lagert die Sedimente an der Mündung ab, sodass sich die Donau immer mehr ins Meer hinausschiebt.

Mihail rudert vorsichtig, um die Wasserpflanzen nicht zu verletzen. Hinter unserem Boot schließt sich der Seerosenteppich wieder. Starr steht ein Rallenreiher zwischen knorrigen Wurzeln am Ufer. Ein blauer Blitz schießt übers Wasser, hockt sich auf einen schräg über den Fluss ragenden Ast – ein Eisvogel. Mihail hält mit Rudern inne, in seine Augen tritt ein Leuchten. »*Pescăruş albastru*«, flüstert er.

Nicht ohne Grund wird der Eisvogel als »fliegender Edelstein« bezeichnet, ist er doch einer der farbenprächtigsten Vögel außerhalb der Tropen. Still hockt er da und lässt uns Zeit, ihn zu bewundern. Das schillernde Blau der Oberseite steht in schönem Kontrast zur rostroten Färbung des Bauches. Auf einmal stößt der Vogel senkrecht ins Wasser. Mit einem Fischchen im Schnabel taucht er auf, schwingt sich mit wenigen Flügelschlägen zurück zum Ast und verschlingt seine Beute. Ein durchdringend pfeifender Ton, »Tiiht!«, dann kurz und scharf »Tit, tit, tit«, und schon schießt er davon, wobei das türkisfarbene Gefieder vom Nacken über den Rücken bis zum Schwanz aufleuchtet.

Auf dem moosgrünen Fluss lassen wir uns treiben, vorbei an zahlreichen Rallenreihern, die bewegungslos am Ufer stehen. Auch die anderen Reiherarten zeigen sich: weiße Silber- und Seidenreiher, düster gefärbte Nachtreiher, Graureiher und die größten von allen, die Purpurreiher. Über uns rütteln Flussseeschwalben, die sich ab und an ins Wasser stürzen, um einen Fisch zu erbeuten. Eine Würfelnatter schlängelt sich durchs Wasser auf der Suche nach Fröschen.

Mihail hat versprochen, mich mit seinem Boot zu den versteckten Seen zu bringen, wo Pelikane brüten. Durch einen schmalen Durchschlupf gelangen wir in den Uzlina-See. Mit dem Fernglas erkenne ich Brandgänse, Löffler, Säbelschnäbler, Stelzenläufer. Mit heftigem Flügelrauschen erhebt sich eine Schar Schwäne und verschwindet hinter dem Schilf. Auch die anderen Vögel werden unruhig. Als wir zum Himmel schauen, kreist dort ein Seeadler, schwebt auf seinen breiten Flügeln in der Luft. Er kann wohl keine geeignete Beute entdecken und dreht bald ab.

Ein warmer Wind streicht durchs Schilf, die Halme wiegen sich hin und her. Am Ufer schütteln Pappeln rauschend ihre Blätter. Auf der Suche nach Pelikanen dringen wir weiter ins Delta vor. Es gibt hier zwei Arten, den Rosa- und den Krauskopfpelikan, die sich sehr ähnlich sind. Am besten kann man sie im Flug unterscheiden; der Krauskopfpelikan hat weiße Flügel, der Rosapelikan schwarz-weiße. Mit ihren dehnbaren Kehlsäcken schöpfen sie Fische aus dem Wasser heraus. Die mächtigen Vögel, die größer als Schwäne sind, brüten in Europa nur an der Küste des Schwarzen Meeres und an der Donaumündung. Die Brutzeit ist jetzt im Juli so gut wie abgeschlossen, berichtet Mihail. Vielleicht aber haben wir Glück und finden noch ein paar Nachzügler. Pelikane brüten in Kolonien am Boden in sumpfigen Gebieten, im Röhricht und auf Inseln.

Durch eine Wand aus Schilf, die sich hinter uns wieder schließt, erreichen wir einen versteckten See – und da sind sie, die großen weißen Vögel mit ihren mächtigen Schnäbeln. Unverkennbar! An dem orangeroten Kehlsack kann ich sie als Krauskopfpelikane identifizieren. Vielleicht 100 Exemplare mögen es sein. Zwischen den weißen sehe ich ein paar graue Tiere; es sind junge Pelikane, die gerade lernen, selbst Fische zu fangen. Wie bei Schwänen durchlaufen die Nachkommen im ersten Lebensjahr die Phase des »hässlichen Entleins«.

An meinem letzten Tag im Delta fährt mich Mihail in einem Boot mit Außenbordmotor bis zum Meer. Vor mir erstreckt sich die Weite des unermesslichen Horizonts. Die Donau verläuft sich, fließt mit ihrem Wasser hinein in das viel Größere, verliert sich in der schieren Unendlichkeit des Meeres. Auf einem fast 3000 Kilometer langen Weg von ihrem Ursprung im Schwarzwald durch zehn Länder, die sie teilt und doch auch verbindet, hat sie sich gewandelt und verändert, hat die Landschaften an ihren Ufern geprägt und gestaltet. Nun verschwindet sie, gibt sich fließend dem Meer hin. Aber nicht ohne Widerstand. Noch immer kämpft sie, schwemmt Sedimente an, baut die Barriere weiter hinaus ins Meer.

Mihail hat den Motor ausgestellt. Wir schaukeln auf den Wellen, von denen ich nicht genau weiß, ob sie schon Meer oder noch Donau sind. Ich tauche die Hand ins Wasser, die Tropfen schmecken brackig.

Kaum kann ich glauben, dass meine Reise zu Ende ist und ich mich von meinem Fluss verabschieden muss. Immer ist es traurig, wenn etwas vorbei ist, aber gleichzeitig eröffnen sich neue Räume.

In breiter Formation fliegen majestätische Vögel am Himmel. An den schwarz-weißen Schwingen erkenne ich: Diesmal sind es Rosapelikane. Ohne einen einzigen Flügelschlag segeln sie dem Horizont entgegen.

PANAMA
Von Ozean zu Ozean

Im Jahr 1985 konnte ich die Leguan-Forschungsstation des Smithsonian Tropical Research Institute in Balboa besuchen, um die dortige Forschungsarbeit kennenzulernen und darüber zu berichten. Diese amerikanische Stiftung widmete sich unter anderem der Erforschung und Auswilderung des Grünen Leguans. Während meines Aufenthalts unternahm ich in meiner Freizeit neben Ausflügen zur Erkundung des Landes und seiner Natur auch eine 80 Kilometer lange Wanderung entlang des Panamakanals vom Atlantik bis zum Pazifik. Damals, 14 Jahre vor der Übergabe an Panama, besaßen die USA noch die Hoheit über die Kanalzone.

Ein lang gezogener Pfiff ertönt. Quietschend und kreischend setzen sich die Räder in Bewegung. Mit Getöse rattern und rumpeln sie über die Schienen, wobei die Waggons hin und her schwanken, wie Kähne auf den Meereswellen.

Am Atlantik will ich mit meiner Wanderung beginnen. Da passt es gut, dass es von Balboa, wo ich in der Forschungsstation wohne, eine Bahnverbindung nach Colón zur Atlantikküste gibt, die ziemlich genau am Kanal entlangführt. In letzter Minute hatte ich den Zug erreicht, nun schaue ich mich um.

Das Abteil mit seinen polsterlosen Holzsitzen wirkt altertümlich, fast als würden die Waggons noch aus der Zeit stammen, als die Strecke gebaut wurde. Nun ja, ganz so alt werden sie wohl nicht sein, denn die Eisenbahnverbindung wurde 1855, also lange vor dem Kanalbau, eingerichtet. Fünf Jahre lang hatte die amerikanische Firma, die Kansas Southern Industries, an der Strecke über den Isthmus gebaut, nachdem sie die Transitrechte von Kolumbien erworben hatte. Damals gab es den Staat Panama noch nicht, und das Gebiet war eine kolumbianische Provinz. Die Eisenbahnstrecke war mit acht Millionen Dollar die teuerste, die bis dahin je installiert worden war, aber nicht nur in finanzieller Hinsicht. Es wird geschätzt, dass 12 000 Arbeiter beim Bau den Tod fanden, die meisten durch Krankheiten wie Malaria, Gelbfieber und Cholera. Die finanziellen Aufwendungen amortisierten sich bald, und die für den Bau gegründete Aktiengesellschaft konnte satte Gewinne einstecken. Denn in Kalifornien war Gold entdeckt worden. Der Goldrausch lockte vor allem Glückssucher von der amerikanischen Ostküste in Massen an.

Sie alle benutzten den Zug, um an dieser schmalsten Stelle des Kontinents an die Westküste zu gelangen, statt mit dem Schiff den ungleich längeren und gefährlicheren Weg um Kap Hoorn zu nehmen. Damals müssen die Waggons mit Passagieren vollgestopft gewesen sein, jetzt sind es nur wenig Mitreisende: Kanalarbeiter und Angestellte, Geschäftsleute und Händler, denn Colón ist eine Freihandelszone, dort können Waren zollfrei eingekauft werden. Mir fällt ein junger Mann auf, der wie ich mit dem Rucksack unterwegs ist, was uns sofort miteinander ins Gespräch bringt. Chris stammt aus Kanada und ist seit drei Monaten auf Weltreise. Im Hafen von Colón will er auf einem Schiff anheuern, mit diesem durch den Kanal fahren und so die kolossalen Schleusenanlagen erleben.

»Aber die Durchfahrt dauert doch ewig. Die Schiffe müssen lange warten, bis sie die Schleusen passieren können. Hoffentlich wird es dir dabei nicht zu langweilig«, gebe ich zu bedenken.

»Na ja, ein oder zwei Tage wird es schon dauern. Ich finde es spannend, die ingenieurtechnische Anlage ganz aus der Nähe zu sehen und in der Schleuse 30 Meter über den Meeresspiegel gehoben zu werden, wegen der Berge, und dann wieder abwärts zum Pazifik. Ist doch genial! Der Kanal verbindet zwei Ozeane und überquert dabei ein Gebirge. Ist das nicht toll?«, begeistert sich Chris.

Er scheint sich intensiv auf den Panamakanal vorbereitet zu haben und erzählt mir, dass es drei Schleusenanlagen mit insgesamt zwölf Schleusenkammern gibt. Später einmal möchte er Bauingenieur werden und ähnliche Großprojekte planen. Während er mich mit technischen Details füttert, sehe ich beim Blick aus dem Zugfenster auf einen geheimnisvollen Vorhang aus üppiger grüner Vegetation, die sich die Berghänge hinaufzieht, und stelle mir die wilden Tiere vor, die in den tropischen Wäldern leben. Der Urwald dampft, weiße Nebelwolken steigen aus dem Grün empor. Am Morgen, als ich kurz nach Sonnenaufgang zum Bahnhof geeilt war, um die Abfahrt um sieben Uhr nicht zu verpassen, hatte es heftig geregnet.

Es fährt nur ein einziger Zug am Tag, jeweils in beide Richtungen. Die Fahrtzeit für die knapp 80 Kilometer sollte eine Stunde betragen, aber wir halten schon seit geraumer Zeit auf freier Strecke, ohne dass wir erfahren, warum. Die Sonne knallt herab, die Luft im Waggon wird heiß und stickig. Ich gehe hinaus auf die offene Plattform, und als der Zug wieder anrollt, genieße ich den kühlen Fahrtwind. Stockdunkel wird es, als wir durch einen Tunnel fahren, bald danach lassen wir die Berge hinter uns, und die Landschaft öffnet sich.

Vor uns liegt eine sich bis zum Horizont ausdehnende Wasserfläche, der Gatúnsee, der durch einen 2300 Meter langen Damm angestaut wurde. Auf einer Länge von 25 Kilometern durchquert der Zug den See auf einem schmalen Wall. Rechts und links plätschern Wellen, Containerschiffe und Ozeandampfer ziehen auf der linken Seite gemächlich vorüber. Sie fahren in der für die Schiffe ausgebaggerten und betonierten Fahrrinne, dem ehemaligen Bett des Flusses

Río Chagres. Die historische Bahnlinie, die von 1850 bis 1855 gebaut wurde, liegt jetzt am Grund des Sees. Sie war beim Bau des Kanals sehr nützlich, denn mit ihrer Hilfe konnten Material, Maschinen und auch die Arbeiter herangeschafft und vor allem Tonnen von Erdaushub abtransportiert werden. Ohne die schon vorhandene Eisenbahn wäre der Kanal wahrscheinlich nicht an dieser Stelle gebaut worden. Hätte man erst Straßen durch den Urwald schlagen müssen, wäre der Bau wohl zu teuer und zeitaufwendig geworden. Als die künstliche Wasserstraße dann geflutet wurde, erneuerte man den Schienenstrang parallel zum Kanal.

Mit reichlich Verspätung fährt der Zug pfeifend und tutend im Bahnhof von Colón ein. Auf dem Bahnsteig und in den umliegenden Gassen hocken indigene Frauen vom Stamm der Cuna an ihren Verkaufsständen und bieten farbenprächtige Textilbilder an, *molakana* oder kurz *mola*, was Bluse bedeutet. Zwei Stoffbilder als Vorder- und Rückenteil zusammengenäht, gehören unverzichtbar zur traditionellen Tracht der Cuna. Den Touristen verkaufen die Frauen die Stoffe jeweils einzeln. Wenn man sie wie Bilder rahmt, ergeben sie einen dekorativen Wandschmuck. Erst bei genauem Hinsehen erkennt man, dass die Textilien nicht bedruckt sind, sondern aus kunstvollen Applikationen bestehen, wobei geometrische Muster und Figuren ausgeschnitten und aufeinandergenäht werden, manchmal bis zu sieben Lagen übereinander. So entstehen bunte und plastische Bilder. Tierabbildungen sind besonders beliebt, kein Lebewesen, das für zu gering erachtet wird, um dargestellt zu werden. Sogar Moskitos, Fliegen, Wespen und Zecken finden ihren Platz auf den Blusen der Indianerinnen.

Außer uns sind keine Touristen mit dem Zug angekommen, die sich für den Kauf eines Souvenirs interessieren könnten. Im Vorbeigehen werfen wir nur einen kurzen Blick auf die ausgelegten Waren, denn ich habe mir bereits eine stattliche Sammlung an *molas* zugelegt, und Chris will schnell zum Hafen. Ich begleite ihn, denn ich bin neugierig, ob es ihm gelingt, einen Kapitän zu überreden, dass er ihn mitnimmt.

Colón ist entstanden, als die Eisenbahn gebaut wurde, und wuchs rasch. Inzwischen ist es die zweitgrößte Stadt Panamas und bildet eine Enklave innerhalb der amerikanischen Kanalzone, denn schon 1950 übergaben die USA die Stadt an Panama.

Heiß und staubig sind die Straßen, Plastikmüll und Abfall überall. Colón macht auf uns einen verwahrlosten Eindruck. Die Verbrechensrate soll hier besonders hoch sein, habe ich gelesen. Auch auf den zweiten Blick verlockt die Stadt nicht zu einem längeren Aufenthalt.

Die Schiffe, die auf die Einfahrt in den Kanal warten – täglich darf nur eine bestimmte Anzahl passieren –, liegen zu weit draußen im Meer. Chris müsste ein Motorboot mieten, um hinzukommen, aber da zweifelhaft ist, ob er überhaupt mitgenommen wird, scheut er die Ausgabe. Schließlich will er noch ein paar Monate unterwegs sein und muss haushalten. An der ersten Schleusenanlage, der Gatúnschleuse, verspricht er sich bessere Bedingungen, mit den Kapitänen ins Gespräch zu kommen, und schließt sich mir auf meiner Wanderung an. Bis zum Abend wollen wir die Ortschaft Gatún erreichen. Von dort will ich dann in den nächsten Tagen am Kanal entlang zurück nach Balboa wandern.

Ein schmaler Pfad führt an den Schienen entlang, mannshohe Gräser versperren uns die Sicht. Es ist heiß und unangenehm schwül, kein Windhauch schafft Erleichterung. Ein Klima, in dem Moskitos sich wohlfühlen würden, aber die gibt es fast nicht mehr, nachdem die Amerikaner regelmäßig aus Flugzeugen Insektengifte auf die Landschaft regnen lassen. Auch in den Ortschaften werden Sprühwagen eingesetzt. Niemand konnte mir bislang sagen, was für Mittel das sind, ob noch immer DDT verwendet wird. So genau will man es gar nicht wissen, bekam ich als Antwort. Doch wenn das Gift Insekten umbringt, schadet es auf Dauer auch den Menschen. Jetzt aber bin ich heilfroh, nicht von Stechmücken geplagt zu werden.

Müde und verschwitzt erreichen wir die Ortschaft Gatún, eine Ansammlung weniger Häuser. Wir sind spät dran, die Schleusen sind nur bis vier Uhr nachmittags für Besucher geöffnet. So muss Chris bis zum nächsten Tag warten, um ein Schiff zu finden, das ihn mitnimmt. Im Ort gibt es keine Unterkunft, weder Hotels noch Pensionen, rein gar nichts. Zufällig geraten wir bei unserer Suche an Sven, der uns in seine Wohnung einlädt.

»In Gatún leben nur Kanalarbeiter«, klärt er uns auf. »Mit Reisenden wie euch rechnet man nicht, deshalb gibt es auch keine Unterkünfte.« Es sei sein letzter Arbeitstag, erzählt uns der Amerikaner. Sechs Jahre hat er als Elektriker an den Schleusen gearbeitet. Sein Vertrag ist abgelaufen, und er will ihn nicht verlängern. »Ich habe gutes Geld verdient, damit kann ich daheim in Louisiana was Eigenes aufbauen. Mal sehen, was sich machen lässt.«

Wir kochen Reis mit braunen Bohnen, das traditionelle Essen in Panama. Scharf gewürzt schmeckt es prima. Sven kommt ins Erzählen. »Habt ihr schon mal von Richard Halliburton gehört? Er war der erste und, soweit ich weiß, der einzige Mensch, der den Panamakanal durchschwommen hat.«

»Na, so was! Geht das denn?«, will Chris wissen.

»Klar, inklusive aller Schleusen in acht Tagesetappen.«

»Wie hat er es denn angestellt, dass er nicht erwischt wurde?«, frage ich.

»Die Kanalbehörde war einverstanden. Vielleicht, weil er ein berühmter Schriftsteller war. Er wurde behandelt wie ein Schiff und musste eine Gebühr bezahlen, die sich nach dem Gewicht bemisst, also nach dem Schiffsmaß Tonnage. Richard durfte gegen eine Zahlung von 36 Cent seinen Plan verwirklichen.«

»Wie viel müssen denn Containerschiffe bezahlen?«, fragt Chris.

»Wie ich eben sagte, das ist abhängig vom Gewicht. Bei den maximal möglichen 4600 Tonnagen fällt eine Grundgebühr von 340 400 Dollar an, zuzüglich der Nebengebühren für Lotsen, Schlepper, Buchungsgebühr und so weiter.«

Am nächsten Morgen verabschiede ich mich von Sven und Chris, schultere meinen Rucksack und mache mich wieder auf den Weg entlang des Kanals. Noch etwa 50 Kilometer wilder Urwald mit wenigen winzigen Siedlungen liegen vor mir, die ich in zwei bis drei Tagesetappen bewältigen will. Die Sonne steigt höher, die Kühle des Morgens verfliegt bald. Der Wald schwitzt Feuchtigkeit aus. Schwüle Hitze senkt sich auf mich nieder wie ein schweres Tuch. Während ich mich Schritt für Schritt vorwärtskämpfe, denke ich an Vasco Núñez de Balboa.

Der Spanier war wohl der erste Europäer, der 1513 die Landenge überquert hat. Zusammen mit 190 Gefolgsleuten und vielen indigenen Trägern war er auf der Suche nach dem sagenumwobenen El Dorado. Er wollte aber auch beweisen, dass Kolumbus nicht Asien, sondern einen neuen Kontinent entdeckt hatte, was zu der Zeit immer noch nicht sicher war. Als sich der Trupp der Küste näherte, befahl er seinen Begleitern zurückzubleiben, damit er als Erster das »Südmeer«, wie er es nannte, sehen konnte. 24 Tage hatte der strapaziöse Marsch durch den Dschungel gedauert, den 130 seiner Leute nicht überlebten. Wie viele seiner einheimischen Begleiter umkamen, ist nicht überliefert. Im dichten Urwald hatten sie sich immer wieder verirrt, es war ein Marsch ins Ungewisse. Jede Menge Mut und Todesverachtung, aber auch Rücksichtslosigkeit gegenüber den Gefolgsleuten gehörten zu diesem Unterfangen.

Balboa meldete seine Entdeckung dem spanischen König Ferdinand II., und schon damals entstand die Idee, mittels eines Kanals eine Verbindung zwischen Atlantik und Pazifik zu schaffen. Einige Jahre später erteilte Kaiser Karl V. dem Capitán Hernando de la Serna den Auftrag, eine geeignete Stelle für den Durchstich zu finden. Die Unwegsamkeit des Gebiets und fehlende technische Voraussetzungen verhinderten vorerst die Verwirklichung. Erst Alexander von Humboldt, der fünf Jahre lang, von 1799 bis 1804, Lateinamerika erforschte, lenkte das Augenmerk der Öffentlichkeit wieder in Richtung Kanalbau und arbeitete verschiedene Routen aus, wozu auch eine Strecke durch Nicaragua gehörte. Als Johann Wolfgang von Goethe davon erfuhr, prophezeite er hellsichtig, dass es wohl der damals noch »jugendliche Staat« der USA sein werde, dem das Projekt einst gelingen würde.

Den ersten Versuch aber startete eine französische Gesellschaft, die in Paris gegründete Société Civile Internationale du Canal Interocéanique. Präsident war Graf Ferdinand de Lesseps, der Erbauer des Suezkanals, der sich jedoch schwer darin täuschte, dass der Kanal in Panama so einfach zu bauen sei wie der in Ägypten. Wie dort wollte er einen Durchstich von Meer zu Meer bauen, ohne Schleusen verwenden zu müssen. In Panama funktionierte das wegen der felsigen Berge nicht, die nicht bis auf Meereshöhe abgetragen werden konnten. Als Graf de Lesseps seinen Irrtum begriff und den Erbauer des Eiffelturms Gustave Eiffel beauftragte, Schleusen zu konzipieren, war es zu spät. Bei diesem ersten Versuch starben in acht Jahren von 1881 bis 1889 mehr als 22 000 Menschen. Die Sumpflandschaft brütete Schwärme von Moskitos aus, und die Arbeiter wurden mit Malaria und Gelbfieber infiziert. Dass es so viele Tote gab, hätte das Un ternehmen wahrscheinlich nicht gestoppt, denn es verdingten sich immer wieder neue, wegen ihrer Armut verzweifelte und zu allem bereite Menschen. Die Franzosen gaben schließlich, genervt von Planungsmängeln, technischen Schwierigkeiten, Pannen und falschen geologischen Untersuchungen, vor allem aber aus Geldmangel auf. Alle Anleger verloren ihr Geld, was den größten Finanzskandal des 19. Jahrhunderts auslöste.

Rund 20 Jahre später schlug die Stunde der Amerikaner. Für 40 Millionen Dollar verkauften die Franzosen das Projekt an die USA, die einen Großteil der bis dahin geleisteten Baumaßnahmen übernehmen konnten. Doch Kolumbien, dem die Provinz bis 1903 gehörte, ließ sich Zeit mit der Baugenehmigung und forderte immer höhere Geldsummen. Präsident Theodore Roosevelt, dem der Kanalbau eine Herzensangelegenheit war, hatte die Verzögerungstaktik der Kolumbianer satt. Er nahm Kontakt mit Separatisten auf, die einen eigenen Staat gründen wollten, und versicherte ihnen Rückendeckung, wenn sie einen Aufstand gegen ihre Regierung wagen würden. Tatsächlich, als Kolumbien seine Armee gegen die Rebellen mobil machte, entsandte Roosevelt die amerikanische Kriegsflotte vor Kolumbiens Küste. Die Regierung in Kolumbien lenkte ein, denn gegen Amerika zu kämpfen, das getrauten sie sich dann doch nicht. So verdankt Panama den Amerikanern und dem Kanalbau, dass es ein souveräner Staat geworden ist.

An einer Bucht des Gatúnsees raste ich. Knorrige Baumwurzeln ragen ins Wasser, das von den breiten, glänzenden Blättern einer Wasserpflanze dicht bedeckt ist. Rostfarbene Blatthühnchen, die Jacanas, laufen auf dünnen Beinen über den Pflanzenteppich, ohne einzusinken, wobei ihnen ihre extrem langen Zehen gute Dienste leisten. Sie picken nach Insekten und lassen sich von meiner Anwesenheit nicht stören. Bei den Blatthühnchen sind die Geschlechterrollen umgekehrt. Das Männchen brütet die Eier aus und kümmert sich um den Nachwuchs, während das Weibchen auf neue Bräutigamschau geht.

Weit entfernt tuckern Containerschiffe vorüber, sonst ist es ungewöhnlich still. Kein Vogelgesang und kein Zikadensirren. Aus dem ruhig stehenden Wasser steigt schlammiger und leicht fauliger Geruch auf. Wie mag die Gegend ausgesehen haben, als früher hier der Río Chagres floss und Balboa sich durch den Urwald kämpfte?

Der Dschungel war noch immer wild und undurchdringlich, als im 17. Jahrhundert schottische Siedler und Unternehmer hier eine Handelsgesellschaft gründen wollten. Die Idee klang so gut, dass der Initiator William Paterson zahlreiche Anhänger und Geldgeber gewinnen konnte. Jeweils eine Station am Atlantik und eine am Pazifik sollten entstehen, und die Waren wollte man von einer Seite auf die andere transportieren, also eine Art Panamakanal über Land. So könnte man mit dem nur geringen Aufwand von zweimaligem Umladen die Schiffsstrecke um das Kap Hoorn beträchtlich verkürzen. Für das Unternehmen würden stattliche Gewinne herausspringen, verkündete Paterson. Schottland war damals noch ein unabhängiger Staat, besaß aber keine Kolonien wie England, was die Schotten besonders ärgerte. Die Landenge am Golf von Darién sollte ihre erste Kolonie werden. Sie nannten das Gebiet New Caledonia.

Mit fünf Schiffen und 1200 schottischen Kolonisten segelten sie 1698 los, nach einem halben Jahr kehrten 300 Überlebende zurück. Die anderen waren an Tropenkrankheiten gestorben oder verhungert, denn der Urwald ernährt keine Menschen, die sich darin nicht auskennen. Außerdem wollten die Spanier ihr erobertes Gebiet nicht den Schotten überlassen und griffen die Siedlung an. Bevor die Gescheiterten zurückgekehrt waren und Nachricht geben konnten, waren schon die nächsten 2000 Neusiedler unterwegs mit der Erwartung, eine blühende Kolonie vorzufinden. Wie furchtbar muss der Schock gewesen sein, als sie keine Menschenseele vorfanden, stattdessen die Ruinen der zerstörten Ortschaft. Von diesen Auswanderern ist nicht überliefert, ob überhaupt jemand überlebte und zurückkehrte. Die von William Paterson gegründete Bank »Company of Scotland« ging bankrott, alle Anleger verloren ihr Vermögen. Mehr noch, die Hälfte des schottischen Staatsvermögens war investiert worden und nun für immer versunken im moskitoverseuchten Sumpfland. Schottland war pleite, doch England zeigte sich »großzügig« und übernahm 1707 die schottischen Staatsschulden. Dafür musste Schottland seine Unabhängigkeit aufgeben und wurde ein Teil Großbritanniens. Jetzt hatten die Schotten zwar Anteil an den Kolonien Englands, waren aber zu ihrem großen Bedauern kein unabhängiges Land mehr. So nahmen ein weit entferntes Gebiet in Mittelamerika und eine missglückte Idee Einfluss auf das Weltgeschehen.

Nachdem ich mich ausgeruht und meinen Hunger gestillt habe, marschiere ich weiter. Plötzlich eine Bewegung im Blättergewirr. Von meinen Schritten aufgeschreckt, flüchtet ein Tier. Zuerst kann ich nicht erkennen, was es ist. Pfeilschnell schießt es dahin, springt in den See und läuft auf seinen Hinterbeinen über das Wasser, ohne einzusinken. Ein Basilisk, fährt es mir durch den Kopf. Noch nie zuvor ist mir eines dieser Reptilien begegnet. Im Gegensatz zu den Basilisken aus der Sagen- und Mythenwelt, die mit ihren Blicken töten, sind die in der Natur vorkommenden Basilisken harmlose Echsen, verwandt mit Leguanen. Sie können gut klettern und schwimmen, und wenn sie sich in Gefahr glauben, rennen sie jesusgleich übers Wasser, so rasend schnell, dass sie nicht einsinken. Mir tut es leid, das Tier erschreckt zu haben, andererseits freue ich mich, dass ich mich mit eigenen Augen von dieser besonderen Fähigkeit der Basilisken überzeugen konnte.

Von Gatún bis Gamboa führt mich mein Weg stets am Ufer des künstlichen Sees entlang. Die riesigen Bäume des Dschungels spiegeln sich in den Lagunen. Mangroven säumen mit ihren Stelzwurzeln die Ufer. Mitunter, wenn der Uferweg zugewuchert ist, muss ich auf den Instandhaltungspfad neben den Schienen ausweichen. Auf meiner Marschroute, aber in entgegengesetzter Richtung, war früher hier der Río Chagres nach Osten zum Atlantik geflossen. Hernando de la Serna hatte Karl V. nach Europa berichtet, dass der Chagres ein wilder Fluss mit schäumenden Stromschnellen sei, in dem jede Menge Alligatoren lebten. Aber noch vor Serna war der Wasserlauf im Jahr 1502 von Kolumbus entdeckt und beschrieben worden.

Im Ort Frijoles führt mich ein Hinweisschild zu einer historischen Stätte, einer ehemaligen Siedlung der Kanalarbeiter. Von den einfachen Baracken und dem Hospital sind nur noch Mauerreste und Grundsteine zu erkennen, doch in mir steigen Bilder auf von Menschen, die hier schufteten und sich plagten. Auch beim amerikanischen Bauvorhaben starben Menschen an Krankheiten und Unfällen, aber längst nicht so viele wie bei den Franzosen Jahrzehnte zuvor. Deren Opferzahl von 22 000 war nur geschätzt, die Amerikaner jedoch führten genau Buch und zählten 5609 Tote bei insgesamt 75 000 Beschäftigten. Erreicht wurde die Senkung der Todesrate durch ein einfaches Mittel: die Vermeidung offen stehenden Wassers. Sogar die Weihwassergefäße in den Kirchen mussten jeden Tag erneuert werden, damit sich darin keine Mückenlarven entwickelten. Inzwischen kannte man die Überträger von Malaria. Die Franzosen dagegen hatten in Unkenntnis der Zusammenhänge die Bettpfosten in den Arbeiterunterkünften und selbst die Krankenhausbetten in Eimer voll Wasser gestellt, um Ungeziefer fernzuhalten, und dabei das Gegenteil erreicht. So hatten sie Brutstätten für die Anopheles-Mücke geschaffen und die Krankheitsüberträger regelrecht herangezüchtet.

Bei Gamboa endet der künstliche See, denn hier musste ein hoher Bergrücken überwunden werden, der Culebra Cut. Teils geschah dies durch Abtragen, und dort, wo dies nicht möglich war, durchbohrten schwere Maschinen den Fels. Präsident Roosevelt ließ es sich nicht nehmen, bei einem Besuch auf eine der Bohrmaschinen zu steigen und diese eigenhändig in Gang zu setzen.

Nach rund acht Jahren war der Kanal im Jahr 1914 fertiggestellt und sollte feierlich eingeweiht werden. Doch zum Missvergnügen von Theodore Roosevelt nahm kaum jemand Notiz von dem Ereignis, denn der Erste Weltkrieg hatte gerade begonnen und beherrschte die Nachrichten.

Den Abstieg vom Bergland zum Pazifik gewährleisten zwei dicht aufeinanderfolgende Schleusen, die Pedro-Miguel- und die Miraflores-Schleuse. Im Besucherzentrum informiere ich mich über Bau und Funktion der Schleusen und beobachte die Treidelloks. Es sind Zahnradbahnen, deren Aufgabe es ist, die Schiffe zügig durch die Anlage zu ziehen und sie gegen die Strömung zu stabilisieren. Ich warte, bis sich das letzte Schleusentor öffnet und das erste Schiff hinausfährt zum Pazifik. Sein Weg von einem Meer zum anderen hat etwa 15 Stunden gedauert. Unter der Brücke Puente de las Américas, die als filigranes Bauwerk elegant die jetzt fast zwei Kilometer breite Wasserstraße überspannt, tuckert der Dampfer hinaus in den Ozean.

ÖSTERREICH
Der wilde Lech

Das erste Mal gesehen habe ich den Lech, als ich in die Nähe von Landsberg zog. Dort strömt er weißgischtig über ein breites Wehr, und die bunten Häuser der Altstadt spiegeln sich in seinem Wasser. Oft belauschte ich in der Nacht die Balzrufe der Uhus, die am Lechhang südlich von Landsberg brüten, und bei meiner Radtour entlang der Donau sah ich seine Mündung beim kleinen Ort Marxheim, etwa 18 Kilometer östlich von Donauwörth. Ein unspektakulärer Anblick – das braungrüne Wasser des ruhig strömenden Lech mischte sich mit dem fast farbgleichen Donauwasser. Von der wilden Natur des Alpenflusses war an dieser Stelle keine Spur mehr zu entdecken. Das weckte in mir den Wunsch, den Lech dort kennenzulernen, wo er noch ungestüm und lebendig ist – nämlich in seinem Quellgebiet. Im Sommer 2015 verwirklichte ich diese Idee und wanderte durch das Lechtal von der Quelle in Österreich bis nach Füssen.

Dunkelblau schimmernd liegt der See inmitten hoher Berge, die von der Abendsonne in warmes Licht getaucht werden. Leichter Wind kräuselt die Wasserfläche, Kolkraben fliegen über den See, ihr tiefes »Korrk-korrk« ist zu hören, sonst ist es still. Von der Freiburger Hütte, wo ich übernachte, schaue ich hinunter auf den Formarinsee und weit hinaus in das Tal, das der Lech geformt hat. Morgen früh werde ich meine Wanderung beginnen, eine Strecke von 125 Kilometern liegt vor mir, für die ich eine gute Woche eingeplant habe. Wo soll ich beginnen, hatte ich mich gefragt? In Füssen und dem Fluss aufwärts in die Berge folgen oder an seiner Quelle starten? Beides hat seinen Reiz. Würde ich ins Gebirge hineinlaufen, könnte ich mich an dem sich ständig ändernden Blick auf die Berge erfreuen, und die Erwartung auf die Lechquelle würde sich von Tag zu Tag steigern. Ich entschied mich anders, weil ich mich mit dem Lech identifizieren und ihn von seinem Anfang an begleiten wollte. So konnte ich sehen, wie er sich von einem sprudelnden Gebirgsbach in ein immer breiteres Gewässer verwandelte.

Der Lech entspringt in den nach ihm benannten Lechtaler Alpen im österreichischen Bundesland Vorarlberg auf einer Höhe von 1800 Metern und ist mit 256 Kilometern nach Inn und Isar der drittlängste Nebenfluss der Donau in Bayern. Der Wassermenge nach ist er allerdings der zweitgrößte, weil er mehr Wasser mit sich führt als die Isar.

Zwischen den Lechtaler und den Allgäuer Alpen durchquert er Österreich in nordöstlicher Richtung, um dann in Südbayern nach Norden umzuschwenken. Auf diesen ersten 125 Kilometern, die ich an seinen Ufern entlanggehen will, darf er wild und ungestüm sein, doch ab Füssen hat sein freies Leben ein Ende. Mit 24 Staustufen muss er der Energiegewinnung dienen. Seine Gesamtlänge wird unterschiedlich angegeben und schwankt zwischen 248 und 285 Kilometern – wahrscheinlich war man sich nicht einig, ob man die beiden Quellbäche dazurechnen sollte. Das Bayerische Wasserwirtschaftsamt hat schließlich die Lechlänge auf 256 Kilometer festgelegt.

Mein erster Wandertag. Früh bin ich aufgestanden und beobachte von der Terrasse der Berghütte aus den Sonnenaufgang. Die Berge glühen golden und purpurn, glänzen kalkweiß, als die Sonne höher steigt. Ein neuer Tag im August beginnt. Frisch und kühl ist die Luft in fast 2000 Meter Höhe, wo die Freiburger Alpenvereinshütte liegt. Schon 1912 wurde sie errichtet. Auf dem Höhenweg, der die Bergkämme der Lechtaler Alpen überquert, reiht sich eine Hütte an die andere, die in der Frühzeit des Alpinismus nicht von österreichischen, sondern von deutschen Bergvereinen gegründet wurden.

Hoch oben kreisen zwei dunkle Punkte. Mit dem Fernglas kann ich sie an ihren breit gefingerten Schwingen als Steinadler erkennen. In engen Spiralen steigen sie himmelwärts. Früher konnten sie nicht so gefahrlos ihre Kreise ziehen, denn erst nachdem die mächtigen Greife fast ausgerottet waren, verordnete die österreichische Regierung eine ganzjährige Schonzeit.

Auf steinigem Pfad steige ich von der Hütte zum 130 Meter tiefer liegenden Formarinsee hinunter, der aber nicht der Quellsee des Lech ist, wie man manchmal hören kann. Der See entwässert nach Nord-West und bildet gewissermaßen die Wasserscheide zwischen Flüssen, die der Nordsee zustreben, wie der Rhein, und denjenigen, die nach Osten fließen, wie die Donau, die das Lechwasser mit sich führt. Die Quelle des Lech finde ich dann am Hang der Roten Wand, eines nordwestlich des Sees aufragenden Gipfels, der mit seinen 2704 Metern alle anderen Berge überragt. Seinen Namen erhielt der Berg wegen einer breiten, rötlich gefärbten Gesteinsader, die aber nicht von eingelagertem Eisenerz herrührt, sondern von den verkieselten Hüllen der Radiolarien. Diese Strahlentierchen sind Einzeller, die sich mit einem Außenskelett aus Silizium schützen und noch heute als Plankton in den Meeren leben. Vor 150 Millionen Jahren, im Erdzeitalter Jura, bildeten die abgestorbenen Einzeller am Meeresgrund einen rotbraunen Schlamm, der sich unter dem Druck bei der Gebirgsbildung zu Gestein verfestigte.

An der Südflanke der Roten Wand wird also der Lech geboren, doch nicht als eine einzige Quelle. Eine Vielzahl von Rinnsalen entspringen an den Steilhängen und Karen zwischen Geröll und Schotter, die sich zum Formarinbach vereinigen, der zwar den gleichen Namen wie der See trägt, aber sein Wasser nicht daraus bezieht. Was auch gar nicht möglich wäre, denn der Formarinsee liegt 100 Meter tiefer als die Quellen des Formarinbachs.

Steinig und schmal ist der Steig, der dem munter über Kiesel springenden Bach folgt. Die Ufer sind geschmückt mit Glockenblumen, Sumpfherzblatt, Enzian und Aurikel. Bizarr ragen beidseits die Felsgipfel auf und engen das Tal ein. Der Bach schlängelt sich durch Almwiesen, die über der Baumgrenze liegen. Nur ein paar Latschenkiefern können in dieser Höhe gerade noch überleben. Kuhglocken bimmeln. Auf der hoch gelegenen Formarinalpe weiden Rinder, deren untrügliches Gespür sie den giftigen Blauen Eisenhut vermeiden lässt, der massenhaft auf den Wiesen wächst. Nur wenn die Giftpflanze zerkleinert und vermischt mit Gräsern im Heu verfüttert wird, sterben die Kühe daran. Denn so prächtig die über einen Meter hohe Staude mit ihren dunkelblauen, helmartigen Blüten aussieht, so gefährlich ist sie, gilt sie doch als die giftigste Pflanze Europas. Nur zwei Gramm ihrer Wurzel sind für Menschen tödlich, doch auch der Hautkontakt mit Blättern, Blüten, Samen kann Lähmungen und Atemnot hervorrufen. Weil die weidenden Kühe den Eisenhut nicht fressen, kann er sich ungehindert vermehren und färbt, zusammen mit dem Schwalbenwurzenzian, die Almmatten blau. Die Blütezeit der zahlreichen anderen Enzianarten wie Schusternagel, Purpur-, Großblütiger und Gelber Enzian, aus dessen Wurzel der Enzianschnaps gebrannt wird, ist längst vorbei, denn in dieser Höhenlage beginnt im August bereits der Herbst. Zwischen den Gräsern blüht lila die krokusähnliche Herbstzeitlose.

Auf einem hohen Stein thront die Figur eines Steinbocks mit mächtigem Gehörn; die typische Steinbockhaltung ist dem Künstler gut gelungen. Das Denkmal soll an die Wiederansiedlung des Steinwildes im Jahr 1958 erinnern, nachdem die Tiere im gesamten Alpengebiet so gut wie ausgestorben waren. Der Grund für das fast völlige

Verschwinden war die intensive Bejagung. Immer wieder wandert mein Blick suchend über Berghänge und Felswände, doch leider kann ich keine Steinböcke entdecken. Wahrscheinlich kommen die Tiere erst im Winter in tiefere Lagen herab.

Ein Vogel schwirrt im Bachbett von Stein zu Stein und wippt mit rostroten Schwanzfedern. Es ist ein Hausrotschwanz, der entgegen seinem Namen auch weitab von Siedlungen seinen Lebensraum im Hochgebirge hat.

Laute Pfiffe, hell und durchdringend, lassen mich aufhorchen. Sie stammen von Murmeltieren. Mit dem Fernglas entdecke ich die »Mankei«, wie Murmeltiere auch genannt werden, auf den Almen unterhalb der Felswände. Dort liegen sie breit ausgestreckt auf Steinen in der Sonne und lassen sich den dicken Pelz wärmen. Murmeltiere leben immer zu mehreren in Kolonien zusammen. In der am tiefsten gelegenen Schlafkammer ihrer selbst gegrabenen verzweigten Baue, die sie mit getrockneten Gräsern und Blättern ausgepolstert haben, verschlafen sie den Winter, der in den Bergen von Oktober bis April dauert. Während des Winterschlafs, bei dem ihre Körpertemperatur von 36 auf drei Grad Celsius absinkt, knabbern sie nicht an gesammeltem Heu, sondern zehren vom Speck, den sie sich bis zum Herbst angefressen haben.

Mir fallen zwei junge Murmeltiere auf, Jährlinge, die kleiner sind als die Älteren. Schwanzwedelnd laufen sie durch die Kolonie, als wollten sie sich wichtigmachen. Das Auf-und-Nieder-Schlagen mit dem buschigen Schwanz zeigt den Grad ihrer Erregung. Jetzt haben sich die beiden Halbstarken gefunden. Sie nähern sich einander vorsichtig, bis ihre Nasen sich fast berühren, und beschnuppern sich. Sie gehören zur gleichen Kolonie und erkennen sich am Familiengeruch, sind vielleicht sogar Geschwister, die ihre Kampfeslust und Kraft aneinander messen wollen. Wie auf ein geheimes Kommando stellen sie sich Bauch an Bauch auf die Hinterbeine, und schon fallen sie übereinander her, boxen und schlagen wild mit den Vorderpfoten, stemmen sich gegeneinander. Wie Ringkämpfer legen sie sich die Arme um die Schultern und purzeln schließlich ineinander verkeilt den Hang hinab. Obwohl sie wütende Kampfeslaute ausstoßen, sind es nur Spielkämpfe, wenn auch ziemlich wilde, bei denen sie Kraft, Beweglichkeit und Ausdauer üben. So trainieren sie sich, falls es mal zu ernsthaften Auseinandersetzungen mit fremden Artgenossen einer anderen Kolonie kommen sollte.

Der Formarinbach führt schon bald eine stattliche Wassermenge mit sich, obwohl noch kein Seitenbach eingemündet ist. Allein durch die Einsickerungen aus den Wiesen füllt sich das Bachbett. Die Matten sind nach tagelangem Regen üppig grün und feucht. Den Bachwindungen folgend, gelange ich nach etwa fünf Kilometern, für die ich wegen des schwierigen steinigen Pfades und der Beobachtung der Murmeltiere fast zwei Stunden gebraucht habe, zur Mündung des Spullerbachs. Brausend stürzt er aus einer zehn Kilometer langen Schlucht herab und führt etwa gleich viel Wasser mit sich wie der Formarinbach. Er kommt aus dem Spullersee, einem angestauten Gewässer. Schon 1919 wurde der Stausee hoch in den Bergen angelegt.

Wo Formarin- und Spullerbach sich treffen, beginnt offiziell der Lech. Ein Schriftzug aus großen, runden Steinen wurde am linken Ufer ausgelegt. Jadegrün rauscht der Fluss nun mit doppelter Wasserstärke bergab, die Farbe kommt von im Wasser gelösten Mineralien. Der Bach war bisher kristallklar, erst jetzt ist die Wassermenge groß genug, um diese Färbung anzunehmen.

Der Fußweg ist nun breiter, bequemer zu gehen und weniger mit Felsgestein durchsetzt. Immer wieder sehe ich an Bäumen und Steinen ein weißes, wie eine Welle geschwungenes L, das Zeichen für den »Lechweg«. Der Fernwanderweg, der grenzüberschreitend durch Österreich bis nach Füssen in Deutschland führt, wurde 2013 eingeweiht. An die übertrieben vielen Markierungen muss ich mich erst gewöhnen. Auch für eine enorme Anzahl von Bänken wurde gesorgt, sodass man immer wieder bequem rasten und Brotzeit machen kann. Selbst Grillplätze mit aufgestapeltem Feuerholz sind vorhanden. Obwohl ich so viele Eingriffe in die Natur eigentlich nicht mag, beeinträchtigen sie dennoch für mich nicht das Erleben der ursprünglichen Bergwelt mit dem ungestüm dahinbrausenden Lech.

Unter die Latschenkiefern mischen sich jetzt immer mehr Fichten. Meisen und Tannenhäher erkenne ich an ihren Rufen, und auch Kolkraben sind zu hören. Das Tal ist breiter geworden, und der Fluss durchquert ein Feuchtgebiet, in dem Wollgräser und Orchideen gedeihen. Außer der Almwirtschaft ist es immer noch eine von Menschen kaum beeinflusste Landschaft ohne Siedlungen oder Dörfer.

Meine Tagesetappe endet in der ersten Ortschaft, die am Oberlauf des Flusses liegt. Früher hieß sie Tannberg, inzwischen ist sie umbenannt in Lech am Arlberg. 1444 Meter hoch gelegen und mit weniger als 2000 Einwohnern ist es ein sehenswertes, schmuckes Alpendorf.

Die Häuser zeigen die typische alpenländische Architektur mit Lüftlmalerei, Holzbalkonen und farbenprächtigen Blumenkästen. Die Bevölkerung war einstmals sehr arm, lebte karg von Viehzucht und Milchwirtschaft. Feldanbau ist in dieser Höhe wegen des rauen Klimas nicht möglich. Erst durch den Tourismus, vor allem den Wintersport, verbesserte sich die Lebenssituation. So entwickelte sich nicht nur hier, auch in den nachfolgenden Orten eine reiche Infrastruktur an Pensionen und Gasthäusern. Für die Einwohner muss die Eröffnung des Lechwegs geradezu ein Segen sein, denn nun kommen nicht nur im Winter die Skifahrer, sondern auch die Wanderer im Sommerhalbjahr.

Ich übernachte im Gästehaus »Bürstegg« und komme mit der Wirtin ins Gespräch. Zuerst möchte ich von ihr wissen, wo denn der Arlberg sei, den ich vergeblich auf meiner Wanderkarte gesucht habe. Da der Ort Lech am Arlberg heiße, müsste doch einer der ringsum aufragenden Berge der Arlberg sein. Die Wirtin lacht und erklärt schmunzelnd: »Den Arlberg gibt es gar nicht, oder besser, es gibt viele. Alle Berge hier sind Arlberge. Arlen, das sind in unserem Lechtaler Dialekt die Latschenkiefern. Sie wachsen überall an den Berghängen und dienen als Schutz vor Lawinen. Zwar gibt es einen Arlbergpass, aber keinen einzelnen Gipfel, der so heißt. Eigentlich ist der ganze Gebirgsstock ein Arlberg.«

Da ich bemerke, wie gern die Wirtin ihr Wissen mitteilt, frage ich neugierig weiter: »Können Sie mir auch etwas über die Walser erzählen? Ihre Pension heißt ja ›Bürstegg‹, und ich habe gelesen, dass das der Name einer ehemaligen Walsersiedlung ist. Gibt es hier denn noch Walser?«

»Na ja, ich selbst stamme zwar vom Bodensee, aber die Familie meines Mannes stammt von den Walsern ab, die im 13. Jahrhundert aus dem Schweizer Wallis eingewandert sind, daher der Name.«

»Waren die Täler damals unbesiedelt?«, erkundige ich mich.

»Wahrscheinlich, denn die Walser mussten erst einmal roden. Aber freies Land war es nicht, es gehörte irgendwelchen Landesherren, Herzögen oder Bischöfen. Und denen war es sehr recht, wenn die Wildnis urbar gemacht wurde. Sie förderten die Besiedlung, indem sie die Einwanderer von der feudalen Leibeigenschaft befreiten und eine sehr niedrige Steuer verlangten. Doch vor allem bekamen die Walser das Erbrecht, konnten also ihre Höfe an die Nachkommen weitergeben.«

»Das muss ein gutes und ruhiges Leben in diesen abgeschiedenen Tälern gewesen sein«, werfe ich ein.

»Na ja, so unbeschwert nun auch wieder nicht. Es gab Lawinen, Erdrutsche, Feuerbrände. Dazu das raue Klima in dieser Höhe mit langen, dunklen Wintern ohne elektrisches Licht und nur Holz zum Heizen. Und im 15. Jahrhundert war das freie Walserleben schon wieder vorbei. 1451 eroberte Herzog Sigismund von Österreich die Walserbesitzungen und löste ihre Rechte auf; danach waren sie der Herrschaft in Bregenz unterworfen.«

»War das die Zeit der Schwabenkinder?«, frage ich.

»Ja, das war eine schlimme Zeit. Zu den hohen Abgaben und der Unterdrückung durch die Herrscher kam die Klimaverschlechterung der ›Kleinen Eiszeit‹. Es wurde kälter, die Winter dauerten länger. Doch die landwirtschaftliche Fläche ließ sich nicht mehr erweitern, denn alle geeigneten Terrains waren bereits gerodet. Im Verhältnis zur geringen Nutzfläche war das Tal überbevölkert. Die Bauern versuchten, mit Heimarbeit ihr Überleben zu sichern. Sie fertigten Wollwaren, Bürsten und andere nützliche Artikel und verkauften sie im Tiefland, wozu sie tagelange beschwerliche Fußmärsche auf sich nehmen mussten. Diese Notlage brachte auch die Schwabenkinder hervor. Man nannte sie so, weil Kinder als Arbeitskräfte zu den Bauern am Bodensee und sogar bis zur Schwäbischen Alb geschickt wurden.«

»Sie wissen ja gut Bescheid.«

»Geschichte ist mein Hobby, und dann war ich einige Jahre im Tourismus tätig, habe auch Führungen gemacht«, sagt die Wirtin und fährt fort: »Das muss man sich mal vorstellen. Kinder, die jüngsten fünf Jahre alt, wurden im März von einem Erwachsenen, meist einem Pfarrer, über die Berge geführt. Um diese Jahreszeit waren die Pässe noch verschneit, es gab Schneestürme und eisige Kälte. Die Kinder dieser armen Leute hatten natürlich keine Winterkleidung, nur dünne Jacken und löchrige Schuhe. Am Bodensee wurden die erschöpften Kleinen dann auf dem sogenannten ›Kindermarkt‹ angeboten. Bauern aus Schwaben holten sich gern solche Kinder, weil sie fast nichts kosteten. Außer Unterkunft und Essen bekamen sie höchstens noch Kleidung, ein Gewand, wie es damals hieß, und Schuhe. So arm waren die Leute, dass sie ihre Kinder wegschickten, um zu überleben. Im November, wenn der Winter hereinbrach, ging es wieder heim.«

»Das klingt ja schrecklich. In welcher Zeit war das denn?«

»Etwa vom 16. Jahrhundert bis 1921, also fast 300 Jahre lang. Und das alles hätte wohl noch länger angedauert, wenn nicht in Schwaben die Schulpflicht auch für ausländische Kinder eingeführt worden wäre. Also hörte die Ausbeutung der Kinder schlagartig auf. Vorher waren Kinder von in Armut lebenden Familien in ihrer Heimat und auch in der Fremde ganz offiziell von der Schulpflicht befreit.«

Mit dem Wetter habe ich Glück. Am nächsten Morgen leuchtet strahlend blau der Himmel. Am rechten Berghang mit Blick auf den Fluss, der weiter unten durch eine Schlucht fließt und dessen Rauschen bis zu mir heraufdringt, führt mich der Weg über Weiden und durch Fichtenwälder. Immer wieder stürzen Seitenbäche von den Bergen herab und ergießen sich in den ungestüm dahinwirbelnden Lech. Die Landschaft verändert sich allmählich, die Berge sind immer noch hoch, doch sie geben ein breiteres Tal frei. Die Wiesen sind weiträumig umzäunt und haben Gattertore als Durchlass für Wanderer. Was für eine mühsame, aber notwendige Arbeit es im Frühjahr sein muss, die Bergweiden mit Zäunen für die Kühe zu sichern.

Als sich der Weg zum Fluss hinabsenkt, kann ich eine Wasseramsel beobachten. Mit schnurrendem Flug kommt sie heran, landet auf einem von tosendem Wasser umspielten Stein. Unter dauerndem Knicksen wendet sie mir ihre weiß leuchtende Brust zu, stürzt sich ins schäumende Nass und kommt an einer ganz anderen Stelle wieder zum Vorschein. Am Bachgrund ist sie der Strömung entgegengelaufen, hat Steine umgewendet und Larven von Libellen, Köcher- und Eintagsfliegen und anderes Fressbares aufgepickt. Von allen Singvögeln sind einzig die Wasseramseln so hervorragend an das Leben an und in Bächen und Flüssen angepasst. Sie können fast eine Minute unter Wasser bleiben und 20 Meter weit tauchen, eine enorme Leistung für den schokoladenbraunen, etwa starengroßen Vogel, der mit dem Zaunkönig eng verwandt ist. Wasseramseln leben als Paar nur während der Brutzeit zusammen. Im August ist der Nachwuchs längst ausgeflogen, und jede Wasseramsel besetzt und verteidigt ihr eigenes Revier.

Die Beobachtungen haben mich aufgehalten, deshalb erreiche ich Warth, die zweite am Lech gelegene Ortschaft, am späten Nachmittag. Ich beschließe, mir hier ein Quartier zu suchen, und gleich in der ersten Pension ist ein Zimmer frei. Warth hat nur knapp 200 Einwohner, und in so gut wie jedem Haus werden Gästezimmer angeboten. Dass das Geschäft bestens läuft, beweisen die vielen Neubauten. Neben der Kirche St. Sebastian steht ein altes Walserhaus in der typischen Blockbauweise, wie ich sie unterwegs an Almhöfen und Speichern schon gesehen habe. Dieses Haus, mit dem Schriftzug »Walserhus«, der auf dem dunkel gebeizten Holz befestigt ist, wirkt überaus prächtig. Wer die Mittel hatte, dieses schöne Haus zu bauen, war gewiss wohlhabend und musste seine Kinder nicht in die Fremde zum Arbeiten schicken. Hinter dem Haus führt ein Weg hinauf zum Hochtannenpass, über den die Familien aus dem Wallis einst ins Lechtal hinabgestiegen sind.

Am Abend komme ich mit dem Pensionswirt ins Gespräch, als ich ihn auf die auffallend vielen Skipokale in der Gaststube anspreche. Ob er die alle selbst errungen habe, frage ich. Bescheiden winkt er ab:

»Die wenigsten sind von mir. Die meisten stammen von meinen Söhnen, beide talentierte Skifahrer.« Für seine Pension hat er deshalb den Namen »Alpin Warth« gewählt.

»Wissen Sie«, fährt er fort, »dass in unserem Ort der alpine Skilauf entstanden ist?«

»Ach wirklich? Seit wann gibt es denn hier diesen Sport?«, erkundige ich mich.

»Es begann alles 1894 mit unserem Pfarrer Johann Müller. Bis dahin hatte niemand im Tal überhaupt Skier gesehen und nicht mal gewusst, dass es so etwas gibt. Der Pfarrer las in einer Zeitschrift etwas über Skandinavien, da waren Skiläufer abgebildet. Sofort ließ er sich die Bretter aus Norwegen schicken, nicht weil er Sport machen wollte, sondern damit er im Winter die tief verschneiten Gemeinden aufsuchen konnte. Es waren elend lange und schwere Dinger, mit einer Bindung, die eher für den Langlauf gedacht war. Unser Pfarrer übte heimlich in der Nacht bei Mondschein, er wollte sich ja vor den Leuten nicht blamieren. Als er die Bretter endlich einigermaßen beherrschte und eine Skitour von hier nach Lech unternahm, staunten alle. Die Jugend ließ sich schnell begeistern, und man begann, nach dem norwegischen Vorbild selbst Skier zu bauen.«

Am nächsten Morgen sind Berge und Tal vom Nebel zauberhaft verschleiert, der sich im Sonnenlicht bald auflöst. Weit vom Lech entfernt, führt der Wanderpfad nun hoch am Hang in weitem Bogen um Warth herum, damit die tiefe Schlucht eines Seitenbachs, des Krumbachs, umgangen werden kann. Bis zum nächsten Etappenziel Steeg ist im Wanderführer eine Gehzeit von etwa fünf Stunden angegeben, die eher meinem Tempo entspricht als die Angaben an den Wegweisern, die eine sportlichere Geschwindigkeit vorgeben. Abwechslungsreich führt der Pfad auf und ab mit Blick auf den imposanten

Felsgipfel Biberkopf, der 2599 Meter in den Himmel ragt. Auf der gegenüberliegenden Talseite sind eine ganze Reihe wuchtige Berge zu sehen, wie die Rappen- und die Mittagsspitze. Schließlich erreiche ich den Scheitelpunkt, von dem es nur noch bergab geht. Unten angekommen, kann ich das erste Mal an diesem Tag den Lech sehen, der in einer tiefen Schlucht dahinbraust. Von senkrechten Felswänden begrenzt, hat er sich steil in den Talgrund eingeschnitten. Bald erreiche ich Steeg, 1122 Meter hoch gelegen mit etwa 700 Einwohnern, von denen sich viele der Holzschnitzerei widmen. Entlang der Dorfstraße wird mit imposanten Figuren für den Besuch der Werkstätten geworben. Berühmt ist Steeg überdies für seine Käserei, die einzige des Lechtals. Die Bergbauern liefern silofreie Milch, auch im Winter.

Der vierte Wandertag führt mich durch ein nun schon sehr breit gewordenes Tal, das viel Raum bietet für Weiler, Gehöfte und Siedlungen. Die alpine Landschaft verwandelt sich immer mehr in eine von Menschen in Besitz genommene Gegend. Am späten Nachmittag erreiche ich den immerhin noch 1039 Meter hoch gelegenen Ort Elbigenalp. Die Ortsbezeichnung ist eine Ableitung von *Albige Alpe*, eine Bezeichnung für Erlen, die früher zahlreich hier wuchsen. Im Mittelalter gehörte die Gegend zum Rodungsgebiet des Klosters Füssen und somit zum Bistum Augsburg.

Als Unterkunft habe ich das »Hotel Post« gewählt und staune nicht schlecht, dass dieses Haus die Sommerresidenz der Königin Marie von Bayern war, der Mutter des »Märchenkönigs« Ludwig II. Erbaut hatte das Haus um 1826 der für seinen »Totentanz« berühmte Maler Johann Anton Falger. In der Martinskapelle, gleich neben der Pfarrkirche, besichtige ich die Originaltafeln, die ich bisher nur von Abbildungen in Büchern kannte. Der Bilderzyklus zeigt auf 20 Holztafeln, wie der Tod, ein weißes Skelett, seine Opfer holt. Niemand kann ihm entkommen. Ob Mann, Frau, Kind, ob Bettler oder König, ob Papst, Arzt, Künstler oder junge Braut, das weiße Skelett fasst einen jeden bei der Hand, alle ohne Unterschied. Auf den Bildtafeln ist ein kurzer Dialog zu lesen, mit dem der Todgeweihte sein Schicksal abzuwenden versucht. Allein der Tod lässt keine Ausrede gelten, unerbittlich zwingt er alle, mit ihm zu gehen. Die Gemälde, die Falger 1840 geschaffen hat, wirken makaber und regen zum Nachdenken an. Man erkennt, dass der Tod die Gerechtigkeit verkörpert, die einzige, die es auf Erden gibt. Jeder muss sterben, der eine früher, der andere später. Auch entlang der Friedhofsmauer hat der Künstler einige Motive des Bilderzyklus auf den Putz gemalt.

In Elbigenalp hatte Falger eine Malschule gegründet. Eine seiner talentiertesten Schülerinnen war Anna Knittel, die 1841 in Elbigenalp geboren wurde und 1915 in Innsbruck starb. Bekannt wurde sie als »Geierwally«. Ihre Lebensgeschichte diente als Grundlage für einen dramatischen Heimatroman, der mehrfach verfilmt wurde und als Theaterstück auf der Freilichtbühne bei Elbigenalp aufgeführt wird.

Die junge Anna hatte sich, wie im Roman, tatsächlich in eine Felswand abgeseilt, nicht um ein Geierjunges, sondern einen jungen Adler aus dem Horst zu holen. Die Sorge der Dörfler um ihre Schafe, wenn in der Nähe Adler nisteten, war der Grund für diese Aktion gewesen. Allein diese Kletterszene entspricht der Wirklichkeit, alles andere in der Geschichte ist Fantasie. Anna war keine Bauerstochter, sondern entstammte einer künstlerisch begabten Familie. Einer ihrer Onkel war Bildhauer, der andere Maler, und auch bei Anna zeigte sich schon früh ihr künstlerisches Talent. Nachdem sie die Malschule von Johann Anton Falger besucht hatte, durfte sie sogar in München ihre Ausbildung weiter vervollkommnen und wurde eine anerkannte Porträtmalerin.

Ein Porträt mit goldener Krone an der Fassade des Hotels erinnert daran, dass Königin Marie während vieler Sommer im Haus des Malers Falger wohnte. Die Königin, sie wurde 1825 geboren, war eine passionierte Bergsteigerin. Nicht im Tal wanderte sie, sondern die höchsten Gipfel zogen sie an. Ihr gelang die Besteigung des Watzmanns, des Säulings, und sogar auf der Zugspitze stand sie. Das aber erst nach dem Tod ihres Gemahls, denn der hatte ihr diese gefährliche Tour verboten. Damals, als kaum jemand freiwillig auf Berge stieg, musste es für ihre Umgebung unbegreiflich gewesen sein, dass eine Frau, noch dazu eine Königin, sich diese Strapazen antat und derartige Risiken einging. Sie ließ sich spezielle Kleidung für ihre Touren schneidern, die sie in der Bewegung nicht behinderten. Das Lechtal hatte es ihr besonders angetan, alle umliegenden Gipfel soll sie erklommen haben. Mit Johann Anton Falger und seiner Familie verband sie eine tiefe Freundschaft. Der Maler gewährte ihr Wohnrecht in seinem geräumigen Haus. Nach seinem Tod 1876 vermachte er das Gebäude der Königin, die es in ihrem Testament der Gemeinde Elbigenalp überschrieb.

Marie war als 16-jährige preußische Prinzessin mit dem 15 Jahre älteren Thronfolger und späteren bayerischen König Maximilian II. Joseph vermählt worden. Nach seinem Tod wurde ihr Sohn Ludwig II. König, und sie als Königinmutter konnte nun ungestört den Sommer über in Elbigenalp wohnen und ihrer bergsteigerischen Passion frönen. Im Dorf übernahm sie Patenschaften für Kinder von armen Familien und gründete einen Hilfsverein, den Vorläufer des Bayerischen Roten Kreuzes.

An den nächsten Tagen gelange ich zu den Orten Vorderhornbach, Weißenbach und Reutte. Das Tal ist jetzt dicht besiedelt, und die ursprüngliche Natur wird verdrängt. Meine Wegstrecken werden länger, denn meist geht es bergab. Von Aussichtspunkten eröffnen sich mir immer wieder Blicke auf eine grandiose Wildflusslandschaft, die nun nicht mehr von einem schmalen Gebirgsbach, sondern von einem sich verzweigenden Gewässer gestaltet wird. In dem breiten Schotterbett windet sich türkis der Fluss zwischen blendend weißen Kiesinseln, eine wilde Schönheit. Doch nur wenn der Wanderpfad am Ufer entlangführt, kann ich noch Wildnis genießen. Für meinen Geschmack reihen sich die Siedlungen viel zu dicht aneinander.

Am siebten Tag blicke ich von einem Höhenweg hinunter auf das Häusermeer von Reutte, das einen breiten Talkessel füllt, und nehme Abschied von der Bergwelt. Im Halbrund über dem Talgrund präsentieren sich Koflerjoch, Säuling und die Geierköpfe. Die achte Wanderetappe schließlich führt mich auf breit ausgebauten Wegen zu meinem Endziel nach Füssen. Hier, am angestauten Forggensee, wird das wilde Leben des Lech besiegelt. Von nun an wird er kein frei fließender Fluss mehr sein, sondern sich in einer Kette von 24 Stauseen verlieren und 30 Kraftwerke mit seiner Energie versorgen. Deshalb bin ich froh, dass ich den Lech in seiner ursprünglichen Wildheit erleben durfte. Dankbar denke ich an diejenigen, die zur Erhaltung einer der letzten alpinen Flusslandschaft beigetragen und die Pläne der Energiewirtschaft zur weiteren Erschließung vereitelt haben. Nur weil viele Bürger sich dafür eingesetzt haben, durfte der Lech sein natürliches, wildes Leben behalten.

Mein Blick wandert hinüber zum rechten Berghang, wo hoch über der Pöllatschlucht auf einem Felssporn das Märchenschloss Neuschwanstein von Ludwig dem II. thront. Ganz fertiggestellt wurde es nie, und Ludwig hat sich nur wenige Wochen darin aufgehalten, denn schon 1886 starb er unter nie geklärten Umständen im Starnberger See. Drei Jahre vor seiner Mutter Marie, der bergbegeisterten bayerischen Königin.

VULKANE

Berge aus Feuer geboren

GALAPAGOS
ITALIEN
ISLAND

GALAPAGOS
Vulkane auf den verzauberten Inseln

Als ich zwölf Jahre alt war, wurde im Kino meiner ostdeutschen Heimat-
stadt Freyburg ein Dokumentarfilm über Galapagos gezeigt. Danach stand
mein Lebensplan fest: Ich würde Biologie studieren, um später als Natur-
forscherin auf den Inseln zu arbeiten – in der DDR eigentlich ein Berufs-
wunsch, der zum Scheitern verurteilt war, so illusorisch wie ein Flug zum
Mond. Dennoch hielt ich an meinem Ziel fest. Um meinen Traum zu ver-
wirklichen, wagte ich die Flucht aus meinem Land. Ich versuchte, durch
die Ostsee nach Dänemark zu schwimmen und wurde mit zwei Jahren
Haft »belohnt«. Im Jahr 1980, nachdem Westdeutschland mich freigekauft
hatte, war es tatsächlich so weit: Ich bekam einen Forschungsauftrag des
Max-Planck-Instituts Seewiesen. Ein Jahr lang erforschte ich das Verhalten
der Meerechsen auf den Galapagos-Inseln.

Eine flaschengrüne Welle türmt sich auf, wird immer höher, stürzt
vornüber und schmettert mit ohrenbetäubendem Getöse an die
schwarze Felsküste, zerstäubt in weiß schäumende Gischt. Millionen winziger Wassertröpfchen tanzen in der flimmernden Luft.
Draußen im Meer wird schon die nächste Welle geboren, krümmt
ihren Rücken für den rasenden Ritt zur Küste. Ich kann mich nicht
sattsehen am Kampf des Meeres mit dem Festland. Die Brandung
nagt am Gestein, und irgendwann in ferner Zukunft siegen die Wellen. Die Inseln werden verschwinden, und ungestört wird sich wieder der weite, stille Ozean ausbreiten.

Die Küste ist schwarz, erstarrte Lava. Hier leben Tiere wie aus
einer anderen Welt: Meerechsen, schwarz wie die Felsen, auf denen

sie zu Hunderten und Tausenden hocken. Mit adlerartigen Krallen greifen sie fest in das Gestein, selbst die Wucht der Wellen kann sie nicht wegreißen. Sie scheinen wie ein Abbild der unwirtlichen Küste. Auf dem Kopf tragen sie zerklüftete, kegelförmige Hörner, ein Dornenkamm zieht sich über Nacken und Rücken bis zum abgeplatteten Ruderschwanz.

Diese Minidrachen speien kein Feuer, sondern versprühen Salzfontänen. Süßwasser gibt es an dieser Küste nicht, also müssen sie Meerwasser trinken. Das Salz filtern sie mit Drüsen heraus, die sich in der Nase befinden. Ab und zu niesen sie dann kräftig und schnauben einen feinen Salznebel in die Luft. Die Echsen sind fast zwei Meter groß, aber trotz ihres gefährlichen Aussehens harmlos. Weder untereinander fügen sie sich Schaden zu, noch gefährden sie andere Tiere. Sie ernähren sich von Algen, indem sie hinab zum Meeresgrund tauchen und dort den Algenrasen abweiden. Meine Bewunderung für diese drachenähnlichen Tiere wächst von Tag zu Tag.

Mein Beobachtungsgebiet ist die Insel Caamaño, zwar nur knapp einen Quadratkilometer groß, dafür aber die Heimat von mindestens 2000 Meerechsen. Menschen leben keine auf dem Eiland, nur Tiere teilen meine Einsamkeit. Ein Jahr lang ist ein Zelt mein Zuhause. Nahrung und Wasser wird mir alle zwei, drei Monate von der Hauptinsel Santa Cruz mit einem Boot gebracht. Ein Robinsonleben, wie ich es mir erträumt habe.

Meerechsen sind wie alle Reptilien wechselwarm, das heißt, ihre Körpertemperatur richtet sich nach der Umgebung. Um sich innerlich aufzuheizen, liegen sie gern in der Sonne. Wegen des Humboldtstroms, einer Meeresströmung, die mit kaltem Wasser die Küsten von Galapagos umspült, kühlen die Echsen beim Schwimmen und Tauchen im Meer schnell aus. Dann erstarren die Muskeln, und die

Kräfte reichen nicht mehr aus, um sich an Land zu retten. Wer es geschafft hat, drückt sich platt an die von der Sonne aufgeheizten Lavasteine und tankt Wärme.

Während ich die Meerechsen beobachte, robben neugierig junge Seelöwen näher. Ihre Barthaare kitzeln, wenn sie meine ausgestreckte Hand beschnuppern. Sie haben, wie alle Tiere auf den Inseln, keine Furcht und dulden mich arglos in ihrer Mitte. Handelt es sich hier um die Beschreibung eines uralten Wunschtraums vom Paradies? Nein, kein Traum, sondern Wirklichkeit. Dieser Ort, wo die Tiere nicht vor dem Menschen die Flucht ergreifen, existiert tatsächlich.

Die Galapagos-Inseln liegen im Pazifik, 1000 Kilometer vor der südamerikanischen Küste, direkt am Äquator. Der Archipel besteht aus 13 großen Inseln und einer Vielzahl von Felsspitzen, die aus dem Wasser ragen. Insgesamt beträgt die Landmasse 8010 Quadratkilometer, das ist ungefähr ein Zehntel von Bayern.

Die Inseln sind vulkanischen Ursprungs, der Zeitpunkt ihrer Entstehung ist nicht genau bestimmbar. Man schätzt, dass sich vor fünf Millionen Jahren der Meeresboden öffnete und glühendes Magma hervordrang. Das Meer ist an dieser Stelle 2000 Meter tief, und es brauchte zahlreiche Ausbrüche, bis die Vulkanberge unter Wasser so weit gewachsen waren, dass ihre Spitzen an der Meeresoberfläche erschienen.

Seevögel waren die Ersten, die die düsteren Inseln aus Lava und Asche entdeckten. Sie benutzten sie zum Rasten und später zum Nisten, ließen düngenden Kot zurück und brachten in ihrem Gefieder allerlei Pflanzensamen mit, die in der langsam verwitternden Lava keimten. Die Vulkane waren weiter aktiv, wuchsen in die Höhe, und bei jedem Ausbruch wurde das Leben auf den Inseln wieder vernichtet, bis langsam die vulkanische Aktivität erlosch und sich größere Lebewesen ansiedeln konnten.

Aber wie gelang es Landschildkröten, Leguanen und Eidechsen, eine 1000 Kilometer weite Strecke vom amerikanischen Kontinent bis zu den Inseln zu überwinden? Da sie weder fliegen, noch so weit schwimmen können, brauchten sie Transportmittel: Flöße, die auf natürliche Weise entstehen, wenn in Südamerika während der Regenzeit entwurzelte Baumriesen in Flüsse stürzen und ins Meer gespült werden. Auf diesen schwimmenden Pflanzeninseln trifteten oftmals Tiere vom Festland nach Galapagos. Eine wochenlange Triftreise unter brennender Äquatorsonne ohne Trinkwasser konnten nur die widerstandsfähigsten Lebewesen überstehen.

Die Inseln zu erreichen, genügte aber nicht. Die unfreiwillig vertrifteten Tiere fanden sich an einem Ort wieder, der so ganz anders war als ihr heimatlicher Urwald, eine Gegend wie man sie sich lebensfeindlicher kaum vorstellen kann. Erstarrte Lavaströme, die in der Gluthitze der Äquatorsonne wie in einem Backofen erhitzt werden, kein Trinkwasser und kaum Vegetation. Wie überleben? Nur den anpassungsfähigen Tieren konnte dies gelingen, vor allem den genügsamen Reptilien. Sie spielen die Hauptrolle auf Galapagos: Riesenschildkröten, die mehr als 200 Jahre alt und 250 Kilo schwer werden; Kakteen fressende Landleguane, die in Vulkankrater hinabsteigen und ihre Eier von der warmen Vulkanasche ausbrüten lassen; blitzschnelle Lavaeidechsen, die sich rot und gelb färben, wenn sie ihr Territorium gegen Rivalen verteidigen; längs gestreifte, ungiftige Nattern, nachtaktive Geckos und die seltsamsten von allen – die Meerechsen.

Ungestört durch Raubtiere entwickelte sich das Leben auf Galapagos zu einem friedfertigen Paradies. Kaum ein Tier lebt an Land auf Kosten eines anderen. Sie holen sich ihre Nahrung aus dem fischreichen Meer oder fressen Pflanzen. Weil ihr Leben nicht von Feinden bedroht ist, vermehren sich die Tiere auf den Inseln sparsam. Sowohl Lavaeidechsen wie auch Meerechsen legen nur zwei Eier pro Jahr.

Die Geschöpfe, die es nach Galapagos verschlagen hatte, passten sich dem extremen Lebensraum an, entwickelten neue Eigenschaften und veränderten ihr Aussehen. Nach Jahrtausenden sind völlig neue Arten entstanden, die es an keinem anderen Platz der Erde gibt. So ist die Meerechse die einzige Echse der Welt, die eine amphibische Lebensweise angenommen hat. Sie taucht nicht nur zum Meeresgrund und frisst unter Wasser, sie schwimmt sogar durch die gefährliche Brandung und vermag Salzwasser zu trinken. Der stummelflügelige Kormoran kann, wie sein Name andeutet, nicht mehr fliegen, denn es gibt keine Feinde, vor denen er flüchten müsste. Seine Fischnahrung fängt er tauchend im Meer, da wären lange Flügel nur störend. Sogar Pinguine haben sich auf den Inseln am Äquator angesiedelt. Für die Evolution, also die Entstehung neuer Arten, war der Galapagos-Archipel besonders geeignet. Isoliert von den Ausgangsformen entwickelten sich durch Auslese, Mutation und Anpassung an die Umwelt einzigartige Lebewesen.

Charles Darwin fand im Jahr 1835 auf den Galapagos-Inseln die entscheidenden Hinweise für seine Evolutionstheorie. In nur fünf Wochen sammelte der Forscher eine Fülle wissenschaftlichen Beweismaterials. Seither gilt Galapagos als Mekka für jeden Biologen und als natürliches Laboratorium für das Studium der Evolution.

Zunächst aber blieben die Inseln lange Zeit von den Menschen verschont. Der erste Mensch, der sie entdeckte, soll der Inka-Herrscher Túpac Yupanqui gewesen sein. Es gibt aber keinen Beweis, dass der Inka mit einer Flotte aus Balsaflößen den Archipel wirklich erreicht hat. Allein mündliche Überlieferungen einer Seereise zu Feuer speienden Bergen lassen vermuten, dass er der ursprüngliche Entdecker war.

Den ersten historisch belegten Bericht lieferte der Spanier Tomás de Berlanga, Bischof von Panama, der 1535 zufällig während einer Windflaute zu den Inseln getrieben wurde. Sie erschienen ihm wie die Erde nach dem Weltenbrand, lähmende Stille, erdrückende Hitze und bevölkert von scheußlichen Tieren.

Mit den Navigationsinstrumenten der damaligen Zeit war es schwierig, den Archipel später wiederzufinden. Die Seefahrer vermuteten, Galapagos würde von Zeit zu Zeit unsichtbar werden, deshalb erhielten die Inseln den Namen *Las Encantadas*, »die Verzauberten«.

In den folgenden Jahrhunderten wurden sie zum Schlupfwinkel für englische Seeräuber. Diese setzten Ziegen aus, um bei ihrer Rückkehr einen lebenden Fleischvorrat und das Vergnügen der Jagd zu haben. Die verwilderten Tiere zerstörten das über Jahrtausende gewachsene Gleichgewicht. Die einheimische Tierwelt war der Konkurrenz nicht gewachsen. Ziegen verwüsteten die Vegetation, später brachten Siedler ihre Haustiere mit. Hunde und Katzen töteten die an keinen Feind gewöhnten Galapagostiere. Schweine und Ratten fraßen die Gelege der Riesenschildkröten. Walfänger ankerten mit ihren Schiffen während ihrer Walfangaktionen gern in den Buchten des Archipels, fingen zu Tausenden die Schildkröten, die sie als lebenden Proviant über Wochen hinweg im Schiffsraum stapelten.

Zuerst scheiterten alle Versuche, die Inseln ständig zu besiedeln, am Wassermangel und an den harten Lebensbedingungen. Der erste Siedler war ein Ire, der 1807 zwei Jahre lang auf Galapagos lebte. Später verschiffte man Verbrecher zu den Inseln und gründete Sträflingskolonien. Im Jahr 1832 erklärte die Regierung Ecuadors die Inseln zu ihrem Staatsgebiet. Mehr und mehr Menschen kamen vom Festland, und es bildeten sich immer größere Siedlungen. Die Leute lebten zunächst hauptsächlich vom Fischfang, und um Weiden und Farmland anzulegen, rodeten sie den Bergwald, wo Baumarten wachsen, die es nur auf Galapagos gibt. Die ursprüngliche Pflanzen- und Tierwelt nahm immer größeren Schaden.

Im Jahr 1959 wurde auf Galapagos ein Nationalpark eingerichtet. Es war höchste Zeit, denn viele einheimische Tiere waren fast ausgerottet. Das Gesetz zum Schutz der Inseln ist einfach und klar: Alles Land, das bis zur Gründung des Parks noch nicht von Siedlern besetzt war, gehört dem Naturschutzprojekt und darf nicht verändert werden. Aber die Siedler sind nicht an der Erhaltung der ursprünglichen Umwelt interessiert. Der Nationalpark bedeutet für sie eine Einschränkung ihrer Rechte und Freiheiten. Sie streben nach Fortschritt und moderner Lebensweise, die finanziellen Mittel dazu liefert ihnen der Tourismus. Mit dem verdienten Geld werden Straßen, Hotels und Flughäfen gebaut, um noch mehr Menschen anzulocken und noch mehr Geld zu verdienen. Ein Prozess, der nicht zu stoppen ist. Die Touristen suchen hier den Mythos Galapagos, das Paradies der wilden Tiere, die zahm und furchtlos sind. Jahrtausendelang waren die Inseln unberührt, erst durch uns Menschen begann die Zerstörung. Und doch wünschen wir uns ein letztes Fleckchen Erde, wo wir noch das Erlebnis der Unschuld und Zeitlosigkeit, der Friedfertigkeit und Eintracht finden können.

Mit größter Mühe wird versucht, Galapagos zu erhalten. Als probates Mittel dafür gilt ausgerechnet der Tourismus. Denn nur weil Besucher nach Galapagos kommen und dafür bezahlen, ist der ecuadorianische Staat am Erhalt der Umwelt interessiert. Es ist eine Gratwanderung, aber auch die einzige Möglichkeit, Galapagos, die verzauberten Inseln, das Paradies der furchtlosen Tiere, zu erhalten.

Die Sonne steigt empor und bestrahlt das Meer wie einen silberglänzenden Spiegel. Blaufußtölpel fangen ihren Morgenfisch, lassen sich aus Höhen von 30 Metern wie Pfeile in die Tiefe fallen. Lautlos erscheinen die ersten Echsen. So sehr gleichen sie in Form und Farbe den Steinen, dass ich genau hinschauen muss.

Seit über einem halben Jahr lebe ich schon auf meiner Insel. Ich spüre den steten Wechsel von Tag und Nacht und den Rhythmus der Gezeiten, alles fließt in einem Kreis. Kein Tag ist abgeschlossen mit der sich herabsenkenden Dämmerung, sondern kehrt wieder bei Sonnenaufgang. Nichts vergeht, das Leben schwingt in rhythmischer Veränderung, erneuert sich ständig, kehrt wieder, neu und anders. Ich werde ganz von diesem Rhythmus aufgenommen, werde ein Teil von ihm. Ohne aufs Meer zu schauen, fühle ich, wann Ebbe und wann Flut ist. Jeden Tag geht die Sonne um sechs Uhr auf, und nach zwölf Stunden wird es wieder dunkel. Tagsüber sitze ich zwischen den Meerechsen und schaue aufs Wasser, beobachte, wie sie sich in die Brandung stürzen und wieder zurückschwimmen zur rettenden Küste. Es ist schön, allein zu sein. Ich fühle mich überhaupt nicht einsam. Einbezogen zu sein in den Kreislauf der Gezeiten, den Wechsel von Helligkeit und Dunkel, in das Vergehen und Neuentstehen bewirkt eine große Sicherheit, eine unendliche Geborgenheit.

Mit dem Schiff der Charles Darwin Forschungsstation fahre ich zusammen mit anderen Wissenschaftlern nach Fernandina, der westlichsten Insel. Am Kraterrand des La Cumbre brüten seltene Hawaii-Sturmvögel, die wir zählen und beringen wollen. Die Insel ist einer ihrer weltweit letzten Brutplätze. Nach drei Tagen auf See taucht Fernandina vor uns auf, ein faszinierender Anblick. Fast 1500 Meter ragt der riesige Vulkankegel aus dem Ozean. Die Insel besteht nur aus dem Vulkan, dessen Flanken an allen Seiten steil ins Meer hinabfallen.

Nachdem der Anker geworfen ist, gehen wir vier Biologen an Land. Dort sieht es aus wie im Inneren eines gerade stillgelegten

Hochofens. Das Magma ist in zähem Fluss erstarrt, deutlich sind die Schlingen, Wülste und Bänder zu sehen. Die ältere, verwitterte Lava ist rostrot. Darüber ist frische geflossen, hat aber nicht alles überdeckt, sodass ein rostrot-schwarzes Muster entstanden ist. Eine ausgebrannte, tote Landschaft, in der ein paar Kakteen ums Überleben kämpfen. Die untergehende Sonne wirft einen sanften rosa Farbschimmer über den Vulkan. Morgen werden wir zum Gipfel hinaufsteigen. Schnell wird es dunkel, wie immer am Äquator. In unsere Schlafsäcke gehüllt, ruhen wir auf dem harten, felsigen Untergrund.

Bei Sonnenaufgang starten wir. Uns erwartet ein Aufstieg durch wegloses Gelände. Spröde, zersplitternde Lava, ungleich geflossen, rau und zackig, macht das Gehen mühselig. Der Vulkan steigt sofort steil an. Die Äquatorsonne brennt herab, dörrt uns aus. Nirgendwo ein Schutz, kein Schatten, eine lebensfeindliche Welt. Weiter oben ist der Boden mit feinkörniger Asche bedeckt, wir sinken mit den Füßen tief ein. Es ist seltsam ruhig, kein Laut ist zu vernehmen, es ist still wie in einem schallisolierten Raum.

Endlich oben! Der Gipfel ist ein riesiges, tiefes Loch mit einem Durchmesser von vier Kilometern. Vom Kraterrand blicke ich hinab in eine fremdartige Landschaft. Dort, fast 1000 Meter unter mir, leuchtet ein grasgrüner See. In dessen Wasser haben sich Lavaströme ergossen, die inzwischen zu schwarzem Gestein erstarrt sind. Die Ufer säumen kleine Minikrater. Es ist eine abgeschiedene Welt für sich, tief in der Erde. An den Kraterhängen künden Schwefelablagerungen und Fumarolen von der Aktivität des Vulkans.

Im Ascheboden am Kraterwall entdecke ich Spuren von einem Tier, Abdrücke von vier Füßen und die Schleifspur eines Schwanzes. Suchend blicke ich umher, und da sehe ich ihn – den Landleguan, ein ferner Verwandter *meiner* Meerechsen. Schwefelgelb und zwei Meter lang, richtet sich der Leguan bei meinem Anblick drohend auf. Er bietet mir die Breitseite, bläht sich auf und nickt rhythmisch mit dem beschuppten Kopf. Wie ein den Kraterschlund bewachender Höllenwächter sieht er aus.

Dieser Landleguan ist ein Weibchen, das unten an der Küste lebt und sich dort von saftigen Opuntien-Kakteen ernährt. Es ist zum Krater aufgestiegen und wird sogar in das tiefe Kraterloch hinabklettern, um unten seine Eier in die warme Asche zu legen. Dort werden sie wie in einem Brutkasten vom Vulkan ausgebrütet. Bei Leguanen bestimmt die Temperatur, welches Geschlecht die Nachkommen haben werden. Ist es warm genug, schlüpfen männliche Leguane. Das Weibchen kann also sicher sein, dass alle ihre Kinder männlichen Geschlechts sein werden. Ein Vorteil für die Leguanmutter, denn Söhne können ungleich mehr Nachkommen zeugen als Töchter. Bei männlichem Nachwuchs vererben und verbreiten sich deshalb ihre Gene um ein Vielfaches.

Müde vom elfstündigen Aufstieg – schließlich mussten wir Wasser und Nahrungsmittel, für jeden von uns ein Gewicht von mehr als 25 Kilo, 1500 Höhenmeter emportragen –, haben wir nur noch eine Stunde Helligkeit, bis sich die Nacht über den Krater senkt. Im weichen Ascheboden rollen wir die Schlafsäcke aus. Über mir sehe ich einen funkelnden Sternenhimmel, so klar und nah wie kaum je zuvor. Noch beim Einschlafen lausche ich der Stimme des Vulkans, der ab und zu dumpf vor sich hin grummelt.

Nach einem Jahr ist meine Forschungsarbeit an den Meerechsen beendet. Bevor ich nach Deutschland zurückkehre, besuche ich die Galapagos-Insel Isabela. Sie hat gleich fünf Vulkane, eigentlich sechs, aber der sechste ist nur ein halb ins Meer abgerutschter Huckel. Isabela ist 120 Kilometer lang und mit Abstand die größte Insel des

Archipels. Mit 4588 Quadratkilometern beträgt ihre Fläche fast die Hälfte aller anderen zusammen.

Die Vulkane von Isabela ragten ursprünglich einzeln aus dem Meer. Durch immer neue Lavaströme sind sie zu einer Insel zusammengewachsen. An der Küste liegt die Ortschaft Puerto Villamil; mit dem Postboot bin ich dorthin gefahren, um den Vulkan Sierra Negra zu besteigen.

Palmen spenden Schatten über einfachen Holzhäusern. Die Dorfstraße ist eine sandige Piste. Der Aufstieg zum Krater unterscheidet sich grundlegend von dem auf den Vulkan La Cumbre von Fernandina. Er führt durch sanft ansteigendes Hügelland mit dichter Vegetation aus mannshohen Gräsern, Büschen, Sträuchern und vielblättrigen Stauden. Verwilderte Pferde und Rinder weiden im Grasland, die anders als die einheimischen Tiere Galapagos scheu sind und bei meiner Annäherung flüchten. Die Rinder haben weit geschwungene, prächtige Hörner, kräftige wohlgenährte Körper und schöne Fellfarben. Die meisten sind samtbraun mit schneeweißem Maul, auch kupferrot, schwarz glänzend, andere wieder silbern. Während die Rinder in einem wilden Haufen davonstieben, haben die Pferde einen Anführer. Der Hengst, der das Signal zur Flucht gibt, bleibt jedoch sichernd stehen, erst später folgt er der Herde und setzt sich an die Spitze. Diese verwilderten Tiere verhalten sich ganz so wie früher ihre wilden Vorfahren, bevor sie zu Haustieren gezähmt wurden.

Die üppige Vegetation, die bis zum Krater hinaufreicht, lässt nicht vermuten, dass es sich um einen Vulkan handelt, eher wirkt die Landschaft mit ihren Rindern und Pferden wie wild verwachsene Almen. Erst als ich den Kraterrand erreicht habe, werde ich für den anstrengenden Aufstieg mit dem Blick in eine bizarre, tief unten liegende Kraterlandschaft belohnt. Gelber Schwefel leuchtet, und Dampfschwaden steigen empor, beweisen, dass der Vulkan noch immer aktiv ist. Dennoch will ich noch näher heran, achte aber beim Abstieg in den Krater auf den Wind, damit er mir die giftigen Schwefeldämpfe nicht entgegenweht. Auf mich wirkt der Vulkan mit seinem Krater wie ein urtümliches Wesen, das sich mit urgewaltiger Kraft selbst geschaffen hat. Noch immer spuckt er giftigen Atem aus, dampfende Fumarolen steigen in die Luft. Tiere entdecke ich keine in diesem Loch zum Erdinneren. Nur einige Pflanzen, darunter ein zarter Farn, kämpfen in der trockenen Gluthitze um ihr Leben. Berauscht wandere ich in dieser fremdartigen Welt umher. Glück durchströmt mich, dass ich dem Vulkan so nahe kommen darf und ihn ganz allein für mich, ohne Störung durch andere Menschen, erleben kann. Immer näher wage ich mich an das aktive Zentrum heran. Aus fußballgroßen Löchern, geschmückt mit den schönsten Schwefelkristallen, strömt zischend stinkendes Gas. Pulsierend wie Herzschläge werden weiße Wolken aus dem Schlot hervorgepresst, vielleicht harmloser Wasserdampf, doch ich halte lieber respektvoll Abstand. Welch unwirkliches Bild! Es sind die Farben eines surrealistischen Gemäldes: pechschwarze Lava, an der sich giftgelber Schwefel angelagert hat, darüber ein tintenblauer Himmel.

Vom Kratergrund steige ich wieder hinauf zum Wall. Von oben habe ich einen freien Blick. Im Westen sehe ich die Insel Fernandina aus dem Meer herausragen. Bald muss ich Abschied von Galapagos nehmen, doch die Erlebnisse auf den »verzauberten Inseln« werden mich ein Leben lang begleiten.

ITALIEN
Feuervulkan im Mittelmeer

Kein Vulkan ist wie ein anderer, doch alle wirken auf mich wie lebende Wesen, wie Ungetüme aus der Vorzeit unseres Planeten. Selbst wenn sie kein Feuer mehr speien, spürt man die archaische Kraft der Erde, die sie geboren hat.

Ich hatte bereits die Vulkane Mount Kenia, Kilimandscharo, Cotopaxi und Chimborazo bestiegen – und auf Hawaii ließ ich mich von glutheißen Lavaströmen auf Big Island faszinieren. Zum Stromboli führte mich im Jahr 1999 der Auftrag, ein Drehbuch für einen Dokumentarfilm über die Schauspielerin Ingrid Bergman zu schreiben, die 1949 mit dem italienischen Regisseur Roberto Rossellini auf der Vulkaninsel den Film »Stromboli« drehte. Um dem Drehbuch Leben einzuhauchen, wollte ich die Insel kennenlernen und mich der Wirkung des Vulkans aussetzen.

Mit dem Zug erreiche ich Neapel und besteige am späten Nachmittag die Fähre nach Stromboli. Es ist eng auf dem Schiff, die Gänge sind vollgestellt mit Schachteln, Säcken, Kartons und Paketen – Einkäufe der Inselbewohner. Erst am nächsten Morgen werden wir ankommen. Im Sitzen kann ich schlecht schlafen, so überlasse ich meinen Platz einem Mitreisenden und strecke mich am Boden zwischen dem Gepäck aus. Mein Rucksack dient mir als Kopfkissen. Noch vor Tagesanbruch schrecke ich aus kurzem Schlaf auf. Das Schiff schwankt stark, und da ich etwas Übelkeit verspüre, gehe ich an Deck. Vor mir breitet sich das nachtschwarze Meer aus. Im Sternengefunkel kann ich rollende Wogen erkennen, und da – in der Ferne flammt plötzlich ein rotes Licht auf. Eine Feuersäule steigt in den Himmel, nur kurz, dann ist der Horizont wieder schwarz. Das kann nur der Stromboli sein, schießt es mir durch den Kopf. Nach einer halben Stunde wieder, die Fontäne nun schon größer und näher. Sie leuchtet rot, flackert und erlischt. Der Vulkan gibt Signale, denke ich, wie ein Leuchtturm. Für Seefahrer in der Antike war das Feuer des Stromboli sicherlich eine wertvolle Orientierungshilfe. Er ist weltweit der einzige Vulkan, der seit Jahrhunderten, vielleicht sogar Jahrtausenden ständig aktiv ist und in ziemlich regelmäßigen Abständen Feuer spuckt.

Die Vulkaninsel liegt nördlich von Sizilien und westlich des italienischen Festlandes auf der Höhe von Kalabrien im Mittelmeer und gehört zum Äolischen Archipel. Insgesamt sieben Inseln werden diesem Archipel zugeordnet. Äolos, in der griechischen Mythologie der Gott des Windes, hat die gefährlichen Lüfte, so die damalige Vorstellung, an diesen Inseln festgekettet, und wenn ihn die Lust überkommt, lässt er sie frei. Dann fegt der Schirokko, der gefürchtete Sturm aus der Sahara, über das Meer, peitscht die Wellen und lässt Segelschiffe kentern.

Am lichter werdenden Himmel kündigt sich der neue Tag als rosa Schleier an. Diese kostbaren Momente, wenn die Nacht in den Tag übergeht, mag ich sehr. Es ist wie ein Zauber, der Glück verheißt und schnell verfliegt. Die Fähre hält Kurs auf die Insel, die als mächtiger, dunkler Felskegel fast 1000 Meter hoch aus dem Wasser ragt, ein Vulkan wie aus dem Bilderbuch, mit perfekter Kegelform. Eine Wolke steigt über dem spitzen Gipfel in den azurblauen Himmel – wieder ein Ausbruch, denke ich, doch der Feuerschein ist bei Tageslicht nicht mehr erkennbar.

Vulkan und Insel sind eins, tragen beide den gleichen Namen. Steil steigen die Bergflanken in die Höhe. Es gibt keine zusätzliche Landmasse, auch ringsum keine geschützte Bucht, wo die Fähre anlegen könnte, deshalb hat man eine Mole ins Meer hinaus gebaut. Kaum hat das Schiff angelegt, springe ich auf den Steg, nur mit meinem Rucksack als Gepäck. Bunte Fischerboote liegen nahe am Wasser, die auf dem schwarzen Lavasand besonders malerisch wirken. Von der Anlegestelle im Osten der Insel führt ein Weg in den Ort. Auch er heißt einfach Stromboli und besteht aus fünf zusammengewachsenen Ortsteilen, die sich an der Bergflanke aneinanderreihen. Im letzten, in San Bartolo, habe ich in einer Ferienanlage einen Bungalow gemietet. Auf der anderen Seite der Insel, im Westen, gibt es einen zweiten Ort, Ginostra. Auf dem Landweg sind die beiden Siedlungen nicht miteinander verbunden, weil die schroffe Felsküste keine Wegführung erlaubt. Will man von einem Ort zum anderen gelangen, muss man ein Schiff benutzen. Doch – einen Weg gäbe es, über den Vulkan.

Vom ersten Moment bin ich angetan von dieser Insel und fühle mich heimisch, als würde ich hierhergehören. Neugierig blicke ich mich um, gehe durch enge Gassen, begrenzt von hohen weißen Mauern, über die sich in Rot und Lila Kaskaden von Bougainvillea neigen. Die einfachen, würfelförmigen Häuser sind weiß getüncht, haben leuchtend blau umrandete Fenster und blaue Holztüren. Aus einem Winkel schleicht eine grau getigerte Katze hervor, streicht schnurrend um meine Beine und huscht dann davon. Ab und zu tuckert jemand auf einer Vespa vorbei. Autos sind auf Stromboli nicht erlaubt, sie würden auch gar nicht durch die schmalen Gassen passen.

In der Nähe der Kirche San Lorenzo fällt zwischen all den weißen Häusern ein himbeerrotes auf, ein einfacher Kubus, wie die anderen mit einem Flachdach. Nur durch die ungewöhnliche Farbe unterscheidet es sich. In diesem Haus verliebten sich Ingrid Bergman und Roberto Rossellini ineinander, hier begann ihre leidenschaftliche

Affäre. Eine Gedenktafel aus Marmor erinnert daran. Beide hatten Kinder und Ehepartner, die sie verließen, und gründeten zusammen eine neue Familie.

Langsam nähere ich mich San Bartolo, dem letzten der zusammengewachsenen Ortsteile. Am Berghang stehen knorrige Olivenbäume, auf Bergterrassen wachsen Weinreben, Feigenbäume und Kapernbüsche. Die meisten Terrassen sind verwildert, dort gedeihen Kakteen, Ginster, Disteln und farbenprächtige Mittelmeerblumen, wie die Zistrosen.

Etwa 570 Einwohner, die Sommergäste nicht mitgerechnet, leben auf Stromboli. Ab wann Menschen erstmals die Insel aufsuchten, ist nicht bekannt, aber es wird vermutet, dass einige der Äolischen Inseln seit mindestens 7000 Jahren besiedelt sind. Bereits noch früher, in der Steinzeit, wurde auf der Nachbarinsel Lipari Obsidian gewonnen, auch als Vulkanglas bekannt. Der harte und glänzend schwarze Halbedelstein mit seinen scharfen Kanten eignete sich hervorragend für steinzeitliche Waffen und Werkzeuge, wie Pfeil- und Speerspitzen, Klingen, Messer, Schaber und Äxte. Das wertvolle Material wurde in prähistorischer Zeit weit gehandelt. Erst als es gelang, Bronze und Eisen zu schmelzen, nahm die Nachfrage nach Obsidian ab. Doch auch in der Antike hatte es seine Bedeutung nicht ganz verloren, denn man fertigte Schmuck und Vasen aus dem Vulkanglas.

Zu Beginn des 20. Jahrhunderts hatte Stromboli etwa 3000 Einwohner, fast zehnmal so viele wie heute. Die Menschen hatten ihr Auskommen, es ging ihnen wirtschaftlich gut. Sie lebten vom Fischfang im damals noch fischreichen Mittelmeer, züchteten Ziegen, bauten Oliven, Kapern, Weintrauben und Gemüse an. Die Erträge auf der fruchtbaren Vulkanerde waren reichlich, sodass sie einen Teil davon auf dem Festland verkaufen konnten. Außer den Booten für den Fischfang gab es sogar eine eigene Handelsflotte. Die Blütezeit dieses bescheidenen Wohlstandes ging abrupt zu Ende, als im Jahr 1930 der Vulkan Verderben brachte. Schon 1919 hatte es gewaltige Explosionen gegeben, die nun noch zerstörerischer ausfielen. Fünf Tote waren zu beklagen, heiße Aschewolken versengten die Felder, Lavabomben flogen bis in die Ortschaften, Erdbeben versetzten die Menschen in Panik, gewaltige Tsunamiwellen vernichteten die an der Küste liegenden Boote. Viele Menschen verließen Stromboli für immer. Dann kam der Zweite Weltkrieg, und auch die Männer von Stromboli wurden eingezogen. Von denen, die Krieg und Gefangenschaft überlebten, wollte kaum einer zurück auf die abgelegene Insel. Die übrig gebliebenen Bewohner, meist alte Menschen, führten ein kümmerliches Dasein. Sie konnten die Arbeit auf den Feldern kaum noch allein schaffen, die Terrassen verwilderten. Die leer stehenden Häuser verfielen, und auch die Fischerboote wurden nicht instand gesetzt. Der Niedergang schien nicht mehr aufzuhalten.

Da kam Roberto Rossellini. Er benutzte das ärmliche und rückständige Leben als Kulisse, wodurch der Film seine archaische Kraft erhielt. Durch den weltweiten Erfolg, und vielleicht mehr noch durch die Liebesgeschichte von Schauspielerin und Regisseur, wurde Stromboli berühmt. Der Tourismus, heute die einzige wirtschaftlich nennenswerte Einnahmequelle der Insulaner, setzte ein.

Am Ortsende von San Bartolo erreiche ich das Feriendomizil La Scaria. Ich stehe vor einem hübschen weißen Gebäude, geschmückt mit Säulen und Bögen. Mit seinem Flachdach und zwei Stockwerken passt es sich unaufdringlich in die Landschaft ein. Umgeben ist es von einem schattigen Park, wo Bungalows weit verstreut unter Bäumen stehen und durch Oleander- und Hibiskusbüsche sichtgeschützt voneinander getrennt sind. Was für eine Blumenpracht! Der Oleander in Rot, Rosa und Weiß, dazu der flammend rote Hibiskus.

An Gießwasser scheint kein Mangel, dabei habe ich gelesen, dass Süßwasser rar ist. Bei Regen wird es in Zisternen gesammelt, aber das reicht nicht für den steigenden Bedarf. Das meiste Wasser muss mit Schiffen vom Festland gebracht werden, ebenso wie die Nahrungsmittel, denn außer ein paar Kapern wird kaum noch etwas angebaut.

Von der Terrasse meines Bungalows, eingerahmt von blühenden Sträuchern, blicke ich zum Vulkan. In seiner ganzen Größe und Schönheit ragt er in den Himmel, und immer wieder steigt eine Wolke aus seiner Spitze – wie ein rauchender Zuckerhut. Der Aufstieg beginnt unweit der Ferienanlage, und es verlockt mich sehr, gleich loszustürmen, aber ich bin im Ort mit Rosaria verabredet. Sie ist mit Ingrid Bergmans Tochter Isabella Rossellini befreundet, und ich verspreche mir Auskünfte, die ich für das Drehbuch verwenden kann.

Im Café »Ingrid« sitze ich Rosaria gegenüber, einer charmanten Italienerin, die Englisch spricht, sodass wir uns problemlos unterhalten können.

»Isabella kommt so oft wie möglich nach Stromboli, denn auf unserer Insel begann ja die Beziehung ihrer Eltern. Das macht den Ort wichtig für sie.«

»Gibt es noch Menschen, die sich daran erinnern, als der Film gedreht wurde?«, frage ich.

»Na ja, das war vor 50 Jahren, eine lange Zeit. Diejenigen, die damals jung waren, sind jetzt 70 oder noch älter«, gibt Rosaria zu bedenken. Sie überlegt einen Moment. »Vielleicht kann Salvatore was erzählen, aber bevor wir zu ihm gehen, will unser Dottore mit dir reden.«

Da kommt er schon, ein Mann mit markanten Gesichtszügen, Schnurrbart und grau meliertem Haar, Dottore Santoro. Er setzt sich zu uns und überreicht mir ein schmales Buch mit seinen Gedichten. Doch gleich nimmt er mir das Buch wieder aus der Hand und schlägt eine Seite auf: »Schau, das ist ein Requiem für Ingrid Bergman.«

Das Gedicht ist auf Italienisch. Rosaria erklärt mir den Inhalt: »Unser Dottore hat die Rolle, die Frau Bergman in dem Film verkörpert, und ihre Liebe zu Rossellini miteinander verwoben.«

»Wie haben denn die Insulaner auf die Affäre reagiert?«, frage ich.

»Ach, das wurde doch erst viel später bekannt. Als der Film gedreht wurde, hat von den Einwohnern kaum einer etwas bemerkt. Die Filmleute blieben unter sich«, antwortet Rosaria, und Santoro ergänzt: »Das ist heute anders, da weiß man, was in der Welt vor sich geht, und ist tolerant geworden. Aber bei uns hängen die einen oder anderen doch noch an alten Moralvorstellungen.«

»Erst kürzlich wurde die Gedenktafel zerschlagen«, wirft Rosaria ein.

»Ich weiß, wer der Unruhestifter war«, sagt der Arzt. »Auf einer Insel kennt man sich. Er hat mir versprochen, die neue Marmortafel nicht mehr anzurühren. Doch für manch einen von den Alten ist es noch immer das Haus der Unzucht, da hilft auch eine spätere Ehe wenig.«

»Die Bergman war ja schon lange ein berühmter Hollywoodstar«, ergreift Rosaria wieder das Wort. »Ihren bekanntesten Film ›Casablanca‹ hat sie 1942 gedreht. Als sie Rossellini kennenlernte, war er noch ein unbedeutender Regisseur. Erst später wurde er für seinen neorealistischen Filmstil bewundert.«

»Ingrid sah einen seiner ersten Filme, ›Rom, offene Stadt‹ und war fasziniert. Das war die Art Film, die sie machen wollte«, ergänzt der Dottore.

»Sie schrieb einen begeisterten Brief an den Regisseur, und so nahm das ›Unheil‹ seinen Lauf«, lacht Rosaria.

Ich bedanke mich für die informative Unterhaltung und verabschiede mich von Dottore Santoro. Von Rosaria werde ich zum Haus von Salvatore begleitet, der in seiner Jugend als Komparse mitgespielt hat. Später sei er Bergführer geworden, erzählt mir der 67-jährige Mann. »Ich habe Gäste auf den Vulkan geführt, manchmal zwei Mal am Tag, wenn viele rauf wollten.«

»Wirklich? Es sind 900 Höhenmeter«, gebe ich zu bedenken.

»Ach was, das war rein gar nichts für mich«, erwidert Salvatore stolz. »Ich war jung, hatte eine Bombenkondition. Beim Rückweg in der Nacht habe ich den Leuten mit einer Sturmlaterne geleuchtet. Später hatte ich natürlich eine Taschenlampe. Immer dabei war mein Hund Max! Er wurde 21 Jahre alt. Als er starb, wurde es auch für mich Zeit aufzuhören.«

An die Filmarbeit erinnert sich Salvatore gern: »Wir haben gutes Geld bekommen, obwohl wir nichts tun mussten, nur irgendwo herumstehen. Jemand wollte uns Burschen noch mehr Geld geben, wenn wir den Regisseur und die Schauspielerin ausspionieren. Wir haben schon bemerkt, dass die verliebt waren, aber was ging es uns an. Das Geld hat keiner genommen. Da hatten wir unseren Stolz.«

Zum Schluss kommt Salvatore noch einmal auf den Stromboli zu sprechen und vertraut mir an, dass die Aktivität des Vulkans vom Mond abhängig sei.

»Bei Vollmond spuckt er am heftigsten und wird zum Neumond hin immer schwächer.«

Wie so oft wache ich am nächsten Morgen frühzeitig auf. Da ich erst am Nachmittag zum Vulkan will, gehe ich zur Küste hinunter. Der Strand liegt verlassen da, weder Möwen noch andere Tiere, nicht einmal Muscheln kann ich entdecken. Der schwarze Sand, von den Wellen immer wieder durchfeuchtet, glänzt wie Lack. Die Sonne steigt über den Horizont und überflutet den kleinen Stromboli, den Strombolicchio, mit Licht. Dieser Fels im Meer, nur wenige Meter von der Küste entfernt, ist unbewohnt; einzig ein Leuchtturm warnt nachts vorbeifahrende Schiffe. Er ist der Rest eines alten Vulkans, dessen Zeit lange vorbei ist, nur der harte innere Kern, der Schlot, widersteht noch den Brandungswellen. Als der Strombolicchio ein mächtiger, Feuer spuckender Berg war, gab es den heutigen Vulkan noch nicht.

Vulkane, die das glutflüssige Innere der Erde nach außen bringen, sind erschreckend schöne Naturphänomene. Bei einer Eruption vernichten sie alles Leben ringsum, letztendlich aber schaffen sie neues Land und fruchtbaren Boden. Wie aber, so frage ich mich, begegnen Menschen, die einen aktiven Vulkan zum Nachbarn haben, der Gefahr? Wie gelingt es ihnen, sich mit dieser Naturgewalt zu arrangieren?

Beim Rückweg begegnet mir Salvatores Frau Paola, die mir und Rosaria gestern beim Besuch in ihrem Haus Kaffee gekocht und still zugehört hatte. Jetzt kann ich sie in ein Gespräch verwickeln und fragen, was mich gerade brennend beschäftigt: »Wie ist es eigentlich, mit einem Vulkan zu leben? Bei einem starken Ausbruch könnt ihr euch doch nirgendwo in Sicherheit bringen.«

Paola überlegt nicht lange: »Na ja, da hat jeder seine eigene Methode. Man will nicht an die Gefahr denken, es ist ja auch lange gut gegangen – eigentlich hat es seit 70 Jahren keinen schlimmen Ausbruch mehr gegeben. Da wird es hoffentlich auch weiter gut gehen. Andere hoffen, dass uns die Vulkanologen rechtzeitig warnen. Aber das stimmt natürlich nicht. Niemand weiß, was passieren wird. Wenn plötzlich glutheiße Asche niederregnet oder Erdbeben und Tsunamis über uns hereinbrechen, können wir wahrscheinlich nicht schnell genug die Insel verlassen. Und dann gibt es auch Leute, die glauben, sie hätten einen geheimen Pakt mit dem Vulkan geschlossen, damit er ihnen nichts tut«, endet Paola lachend ihren Redefluss. Ich bin beeindruckt. Gestern hatte sie kaum ein Wort gesagt, und heute hält sie mir aus dem Stand einen richtigen Vortrag.

»Und du, Paola, fürchtest du dich gar nicht?«, frage ich vorsichtig.

»Wer auf einem aktiven Vulkan lebt, geht ein lebensgefährliches Risiko ein. Das ist so«, antwortet sie lakonisch.

»Und die Angst, Paola, was machst du dagegen?«

»Angst? Wenn ich Angst hätte, dürfte ich hier nicht leben. Angst habe ich nicht, na ja, nur ein kleines bisschen«, schmunzelt sie. »Nein, wirklich nur ganz wenig. Ich begegne dem Feuerberg mit Respekt und Demut, ja, und auch mit Verehrung.«

Berührt von Paolas Worten, verabschiede ich mich von ihr. Sie wünscht mir eine glückliche Begegnung mit dem Vulkan. »Ich war mit meinem Mann oft da oben. Am wunderbarsten ist er bei Nacht!«, ruft sie mir nach.

Am späten Nachmittag beginne ich mit dem Aufstieg. Der zunächst leicht ansteigende Pfad führt mich an verwilderten Terrassen vorbei. Ursprünglich wurde der Vulkanhang bis auf eine Höhe von 600 Meter bebaut. Inzwischen hat Macchia die unbewirtschafteten Felder erobert. Wermut, Ginster, Thymian und Dill vermischen sich zu einem wilden Duft. Girlitze zwitschern im Gebüsch, turnen an Zweigen und picken Distelsamen. Wiedehopfe stochern im Boden nach Würmern und Larven. Niemand außer mir ist unterwegs. Weiter oben durchquert der einsame Saumpfad eine Wildnis aus übermannshohem Schilf. Seltsam, dass diese Pflanzen hier, weit entfernt vom Wasser, wachsen. Es ist unheimlich still, die Rohrstängel überragen mich und versperren mir die Sicht. Eidechsen huschen vor meinen Schritten davon. Ich atme auf, als ich den Schilfgürtel endlich hinter mir lasse. In Serpentinen geht es jetzt steil bergauf. Bald gibt es keine Vegetation mehr. Nur Steine und Asche, in die ich bei jedem Schritt tief einsinke. Das Gehen ohne gebahnten Weg wird mühsam.

Ein Geräusch! Abrupt bleibe ich stehen. Was war das? Da wieder! Ein tiefes Rumoren, ein Rumpeln und dann ein helles Prasseln. Mich durchläuft ein Schauer. Das ist der Vulkan! Er macht sich bemerkbar. Angst durchflutet mich. Aber warum nur? Ich wusste ja, was mich erwartet. Mit vollem Bewusstsein habe ich mich entschieden, auf einen aktiven Feuerberg zu steigen. Aber nun werden mir doch die Knie weich. Es ist etwas anderes, die Ausbrüche aus der Ferne zu beobachten und sich zu wünschen, ganz nah an das Geschehen heranzukommen, oder wirklich in den Feuerschlund eines Vulkans zu blicken. Solange ich mir das nur vorstellte, habe ich mich nicht gefürchtet, doch nun überraschen mich die unheimlichen Geräusche aus der Tiefe des Berges. Ich spüre die archaische Kraft des Vulkans und frage mich, ob das hier nicht eine Nummer zu groß für mich ist. Klein und verletzlich fühle ich mich angesichts dieser Urgewalt.

Es ist wieder still. Eine scheinbare Ruhe, der Vulkan schöpft neuen Atem. Mir kommt es vor, als würde er auf mich lauern, um mich zu verschlingen. Trotzdem gehe ich weiter. Ein Stück nur noch, ich möchte die Feuerfontäne sehen. Bisher ist mir der Blick durch Felsen und den Kraterwulst verdeckt. Lange schweigt der Vulkan, und ich steige höher. Dann wieder das tiefe Grollen, ganz nah prasseln Steine hangabwärts. Ich muss jetzt bei der *Sciara del Fuoco*, der Feuerrutsche, sein. Noch ein paar Schritte nach oben, dann habe ich Einblick in die Nordwestflanke. Bei heftigen Ausbrüchen fließt dort Lava bis zum Meer. Fasziniert beobachte ich, wie einige der Steine beim Herabkullern Funken sprühen. Sie sind nur außen erkaltet und innen immer noch glutflüssig. So nah bin ich also schon dem Krater!

Diese Erkenntnis beflügelt mich. Nun will ich ganz hinauf. Die glühenden Lavasteine haben mir Mut gemacht. Was mich ängstigte, waren die unheimlichen Geräusche, ohne die Ursache sehen zu können. Dämonen sind unsichtbare, in uns verborgene Ängste. Konfrontiert man sie mit dem Tageslicht, verlieren sie ihre Macht über uns. Vampire sterben, wenn die Sonne aufgeht, und die Trolle Islands erstarren zu Stein, sobald es hell wird. Es sind symbolhafte Bilder für alles, was uns ängstigt. Sie gewinnen Gewalt über uns, wenn wir verdrängen und nicht sehen wollen.

Ich habe es geschafft! Endlich stehe ich oben auf dem äußeren Ring eines alten Kraterrandes und schaue hinab in den Schlund. Dort unten, 150 Meter tiefer, lauert das Ungeheuer. Es hat drei Augen, die pulsierend blutrot aufleuchten und wieder blasser werden. Waberndes Magma. Dann auf einmal ein Zischen und Fauchen, der Drache erwacht, und schon schnaubt er Feuer. Eine Fontäne steigt 200 Meter empor und fällt als Glutregen, als Kaskade glühender Steine, unter lautem Donner wieder herab. Rote Lavafetzen prasseln nieder, weit genug von mir entfernt. Die meisten fallen in den Höllenschlund zurück, einige große Brocken poltern die *Sciara del Fuoco* hinunter.

Ein ums andere Mal, in fast regelmäßigen Abständen von einer halben Stunde, steigen Magmafontänen aus dem Krater gegen den Himmel, zerstieben und schlagen als Purpurhagel nieder. Die Glutlöcher in der Tiefe wabern und lodern, sammeln ihre Kraft, um dann wieder und wieder den Schmelzfluss aus dem Erdinneren in die Luft zu schleudern.

Die Dämmerung senkt sich über den Berg. Von hier oben kann ich das Meer sehen, es schimmert samten. Je dunkler es wird, umso eindrucksvoller ist das Feuerspektakel. In der griechischen Mythologie waren Vulkane die Heimstatt des Gottes Hephaistos. Die Römer übernahmen die griechischen Götter, gaben ihnen nur andere Namen. Bei ihnen hieß der Gott Vulcanus.

Vor dem kalten Nachtwind suche ich Schutz in einer der Mulden, die Besucher vor mir in die weiche Asche gegraben und als Windschutz mit einem Ring aufgeschichteter Steine umgeben haben. Zwischen den Ausbrüchen döse ich, schlafe manchmal auch ein, bis mich das Donnern und Fauchen wieder aufweckt und ich vom Kraterrand wie vom obersten Platz in einem Amphitheater dem glühenden Funkenregen zuschaue.

Rossellinis Film endet hier oben. Karin, dargestellt von Ingrid Bergman, will über den Vulkan auf die andere Seite zum Ort Ginostra fliehen, von wo sie mit einem Motorboot zum Festland hätte fahren können. Sie, eine junge Litauerin, hatte Antonio geheiratet, um das Flüchtlingslager, in das sie im Zweiten Weltkrieg geraten war, möglichst schnell verlassen zu können. Sie folgt Antonio in seine Heimat, auf die Insel Stromboli. Obwohl sie über die Armut und die primitiven Lebensumstände entsetzt ist, versucht sich die junge Frau anzupassen. Doch sie bleibt die Fremde. Antonio verteidigt sie nicht gegen die Ablehnung der Dorfbewohner. Als ihr Mann sie schlägt, ist ihr Entschluss gefasst, die Insel zu verlassen. Sie schafft es hinauf zum Krater, dort sinkt sie erschöpft nieder, verliert das Bewusstsein. Als sie erwacht, sprüht der Vulkan Feuer, die Sonne geht auf, und Möwen segeln über sie hinweg. Die junge Frau erlebt die Schönheit des Vulkans und des neuen Tages wie eine Begegnung mit Gott.

Rossellini hat als Untertitel für den Film Terra di dio, »Land Gottes«, gewählt. Karin kehrt, von der Nähe Gottes geläutert, zurück zu ihrem Mann. Dieser für mich unbefriedigende Schluss des Films hat mich stets gestört, deshalb habe ich mir vorgenommen, anstelle dieser Frau, die ihre Flucht nicht verwirklichen konnte, den Vulkan zu überqueren und nach Ginostra abzusteigen.

Gegen Morgen bin ich dann doch tief eingeschlafen und träume, Ich fliege und sehe von hoch oben eine Landschaft, die in Alaska liegt. Ich blicke auf ein sich auffächerndes Flussdelta, und es sind drei Farben, die ich wahrnehme. Alles ist weiß, schwarz und grau. Als ich die Augen öffne, stimmen die Farben des Kraters mit meinem Traum überein, aber eine vierte Farbe kommt hinzu, denn noch immer leuchten dort unten die roten Augen. Vielleicht aber sind es gar keine Augen, sondern die Nüstern, aus denen der wütende Drache Feuer schnaubt.

Langsam wird es hell. Enzianblau leuchtet das Meer in der Morgensonne. Ich meine sogar, weiße Schaumkronen auf dem Wellengekräusel ausmachen zu können, und wundere mich, dass solche Details auf eine Entfernung von fast 1000 Metern noch wahrzunehmen sind.

Soll ich wirklich den Krater überschreiten und auf der anderen Seite absteigen? Ich zögere zunächst, denn mir ist klar, dass es dort keinen Pfad gibt. Doch ich will meinen einmal gefassten Entschluss verwirklichen und mache mich an den Abstieg nach Ginostra. Die Wegführung ist schwieriger, als ich gedacht habe. Ich muss aufpassen, nicht in steile Felsflanken zu geraten. Immer wieder halte ich Ausschau nach Anzeichen menschlicher Besiedlung. Endlich entdecke ich weit unten einen grünen Schimmer. Und dann – ein mir wunderbar vertrauter Klang – der Ruf eines Esels. Ich bin auf dem richtigen Weg.

ISLAND
Feuer im Herzen

Schon als Jugendliche hatte sich meine Fantasie an Island entzündet, dem eisigen Land, geprägt von Gletschern und Vulkanen. Erst spät in der Menschheitsgeschichte wurde die Insel besiedelt, allerdings nur entlang der Küste. Im Inneren ist sie wild und einsam geblieben. Kontraste ziehen mich an, ich mag Hitze und Kälte gleichermaßen. Und wo könnte ich mehr Gegensätze finden als auf Island? Es dauerte lange, bis ich meinen Jugendtraum verwirklichen konnte. Die Weichen stellten sich in andere Richtungen. Dennoch verlor ich Island nie aus dem Blick, sammelte alle Informationen, die ich bekommen konnte. Eines Tages fiel mir das Buch »Isafold« von Ina von Grumbkow in die Hände. Was sie über ihre Reise im Jahr 1908 schrieb, war der letzte Anstoß, mich endlich auf den Weg zu begeben. Kurz vor meiner Ankunft im Frühjahr 2010 brach der Fyjafjallajökull aus und sandte seine Aschewolken über den Atlantik. Katastrophal für den Flugverkehr, für mich ein faszinierendes Erlebnis.

Die Erde bewegt sich. Sie hebt und senkt sich, stößt und pufft, wölbt sich nach oben und wieder nach unten. Ein Erdbeben! Ich liege im Zelt auf einer Bergwiese in Island, weit unten im Tal fließt der Gletscherfluss Markarfljót. Vor Schreck bin ich wie erstarrt. Ein Gefühl von Ohnmacht durchflutet mich. Die als so fest und sicher erscheinende Oberfläche unseres Planeten kann jederzeit zerbrechen. Ein Impuls rast durch meinen Körper, gibt mir den Befehl: »Nichts wie weg! Lauf um dein Leben!« Mein Verstand zwingt die Panik nieder. Zitternd vor Aufregung öffne ich den Reißverschluss am Zelteingang und schaue hinaus. Es ist drei Uhr in der Nacht, aber jetzt im Frühjahr wird es in Island nicht mehr richtig dunkel. Es ist hell genug, die Umgebung zu erkennen, sogar die gelbe Farbe des vorjährigen Grases sehe ich, auch dürre Sträucher, Steine und Felsen, den ansteigenden Hang. Nichts Bedrohliches also, und auch die Erde bebt nicht mehr.

Viel zu aufgeregt, um wieder einzuschlafen, krieche ich aus dem Zelt. Als ich mich aufrichte, erschüttert ein Dröhnen und Donnern die Luft. Es pfeift und zischt, grollt, knallt und poltert. Und dann sehe ich sie auf der anderen Talseite aufsteigen – die Wolke. Dunkel, graubraunschwarz, quillt sie himmelwärts empor, immer höher. Wild brodelt sie und wirkt dabei weich wie Watte. Sie steigt aus dem Vulkan Eyjafjallajökull. Als ich gestern ankam, reichte der Nebel bis zum Bergfuß, und ich konnte die Aschewolke nicht sehen, hörte aber das Donnergetöse des Vulkanausbruchs. In der Nacht schwieg er, jetzt verschafft er sich wieder lautstark Gehör. Blitze zucken in der Wolke. Es sieht gespenstisch aus. Die Ascheteilchen reiben aneinander, dabei laden sie sich elektrisch auf und entladen sich im Blitz. Glühende Lavabrocken werden von einer gewaltigen Kraft aus dem Erdinneren emporgeschleudert, fallen zu Stein erstarrt wieder zurück, prasseln auf den felsigen Kraterrand nieder.

Eingehüllt in meinen Schlafsack hocke ich vor dem Zelt, bin wie gebannt. Der Anblick der Aschewolke ist furchterregend, zugleich aber bin ich wie verzaubert. Die Wolke birgt Gefahr in sich und Zerstörung und ist doch ungewöhnlich schön. Am oberen Rand sehe ich einen rötlichen Schimmer, der sich ausdehnt, als würde die Wolke von innen glühen. Es ist die aufgehende Sonne, die mit ihrem warmen Licht die wabernde Vulkanasche färbt. Donnernd stößt der Vulkan neue Wolken aus. Zuerst sind sie kompakt, dann dehnen sie sich aus, als würden Blumen sich öffnen. Von nachdrängenden Wolken getrieben, steigen sie immer höher, sieben oder sogar neun Kilome-

ter, so hoch wie der Mount Everest. Pausenlos produziert der Eyja-
fjallajökull mit Donnergetöse seine Aschewolken, drängt sie aus dem
Leib der Erde heraus. Der Wind weht die Asche von mir weg nach
Südosten zum Meer.

Wochen später. Der Vulkan hat sich beruhigt, der Lavafluss ist ver-
siegt, es steigen auch keine Asche-, sondern nur noch Dampfwolken
aus dem Krater. Ich plane eine Wanderung diagonal durch Island.
Vorsichtshalber habe ich mich beim Ferðafélag, dem isländischen
Wanderverein, erkundigt, ob ich den Pass beim Vulkan Eyjafjallajökull überqueren kann, um ins Hochland zu gelangen. »No problem«,
hieß es. Die frische Lava habe zwar den Pfad verschüttet, doch sei
ein neuer Weg abgesteckt worden. Auch der Gletscher stelle keine
Gefahr dar. Aber Vorsicht, er sei mit Asche bedeckt. Man müsse deshalb besonders auf Spalten achten.

Ich beginne meine Wanderung im Süden Islands an der Meeres-
küste beim Skógafoss, wo Möwen in dem vom Sprühwasser ewig
feuchten Felogestein nisten. Der 25 Meter breite Wasserfall stürzt
60 Meter in die Tiefe über eine schwarze Klippe. Als in Urzeiten der
Wasserspiegel des Meeres höher als heute lag, hatte die Brandung
diese Steilküste geschaffen. Inzwischen hat sich die Küstenlinie verschoben, und wo früher das Meer war, ist heute ein acht Kilometer
breiter Streifen flaches Weideland.

Neben dem Wasserfall geht es steil hinauf ins Hochland. Der Trek-
kingweg Laugavegur wird mich zwischen zwei Vulkanen hindurch-
führen, dem Eyjafjallajökull und dem Vulkan Katla, der vom Mýrdals-
gletscher bedeckt wird. Mein Rucksack ist schwer, denn unterwegs
in dem unbesiedelten Hochland gibt es keinen Nachschub an Lebensmitteln. Ich steige den Pfad rechts vom Skógafoss hinauf und folge
dann dem Fluss Skógá, der in Kaskaden durch das Steilgelände

stürzt. Stunde um Stunde gewinne ich an Höhe. Immer wieder bleibe ich stehen, um durchzuatmen und zurückzuschauen zur tief unten liegenden grünen Küste und weiter bis zum dunkelblauen Atlantik.

Nach fünf Stunden anstrengendem Aufstieg bin ich auf 900 Meter Höhe angekommen. Der Wind weht zu heftig, um in dem ungeschützten Gelände mein Zelt aufzustellen. Ich muss weiter, obwohl mich der Marsch ziemlich ermüdet hat. Der Weg führt nun über ein Plateau. Auf einmal bemerke ich, dass ich auf Eis gehe – ich bin auf dem Gletscher! Die schneeweiße Oberfläche ist mit grobkörniger Asche bedeckt, aber wo Spalten den Gletscher durchziehen, blinken die Eiswände weiß. Es ist ein unheimliches Gefühl, über einen Gletscher zu gehen, der erst kürzlich von einem Vulkanausbruch betroffen war. Feuer und Eis in innigster Verbindung zu erleben, ist beängstigend und faszinierend zugleich. Die glühende Asche, die auf den Gletscher fiel, hatte den eisigen Untergrund aufgetaut, der dann wieder zu Blasen und Dellen gefror. Ich schreite durch diese schwarze Gletscherwelt mit ihren seltsamen Formen und spüre auf einmal, wie allein ich bin. Kein Lebewesen ist weit und breit zu sehen, nicht einmal eine kleine Schneeammer. In dieser totschwarzen Welt kann kein Leben überdauern.

Endlich erreiche ich den Fimmvörðuhálspass und die in 1116 Meter Höhe liegende Wanderhütte. Sie ist verschlossen und steht nur angemeldeten Wandergruppen zur Verfügung. In ihrem Windschatten kann ich mein Zelt aufbauen. Zum Greifen nah ist der Kegel des 1666 Meter hohen Eyjafjallajökull. Dunkel ragt der Kraterrand aus dem Schnee heraus. Nach einer kurzen Rast fühle ich mich fit genug für den Aufstieg. Die meisten Sachen lasse ich im Zelt zurück. Nur mit einer Notausrüstung gefüllt, ist mein Rucksack angenehm leicht. Das Wetter macht einen stabilen Eindruck, und Dunkelheit wird mich nicht überraschen. Es ist Juli, die Sonne geht nicht mehr unter und erhellt auch die Nacht.

Im Zickzack steige ich aufwärts, schnell gewinne ich an Höhe und erreiche gegen Mitternacht den Kraterrand. Eine weiße Wolke schwebt über dem tiefen Loch und steigt vor meinen Augen hoch hinauf in den Himmel. Unten im Kessel brodelt kochendes Wasser. Es wallt und quirlt, erhitzt vom glühenden Inneren der Erde. Ein Anblick, der sich mir tief einprägt.

Am nächsten Morgen schultere ich erneut den schweren Rucksack. Bald ist der Gletscher überquert, und Gestein knirscht unter meinen Schuhsohlen. Zu meinen Füßen tanzen Irrlichter. Es ist Dampf, der aus den Spalten und Rissen der Lava dringt und im Sonnenlicht wie verzaubert leuchtet. Die weißen Schleier hüpfen und drehen sich gleich Irrwischen und wehen davon. Plötzlich versperrt mir ein frischer Lavastrom den Weg. Er ist nicht mehr glutflüssig, ist schon erstarrt und kalt, aber mit seinen Aufwerfungen, Vertiefungen und den senkrechten und übereinandergeschobenen Platten kaum zu überqueren. Dankbar entdecke ich ein unscheinbares Pappschild mit gelbem Pfeil, der zu einem mit Stöcken markierten Umweg weist.

An einem scharfen Grat komme ich zu einer Kletterstelle, wo die Felsen beidseits steil senkrecht in die Tiefe stürzen. Gern nehme ich die Hilfe von Seilen und Ketten in Anspruch. Der Abstieg zur Morinsheiði, einem steinigen Plateau, bietet nach allen Seiten grandiose Ausblicke über die weite Berglandschaft mit den tiefen Schluchten, in denen rauschende Gletscherflüsse hinabstürzen. Das dumpfe Grollen herabdonnernder Lawinen lässt die Luft erzittern. Die Geräusche des Wassers und der Lawinen hallen wider in der Stille, als solle eine Melodie komponiert werden, die die Einsamkeit zum Thema hat.

Gezwitscher dringt an mein Ohr, reißt mich aus der melancholischen Stimmung. Ein zartes Vögelchen, der kleine Steinschmätzer, hat sich in das Ödland gewagt. Eigentlich ist sein gepresster und gequetschter Gesang nicht gerade wohlklingend, doch im trostlosen Steingeröll erfreut mich das Lied des Vogels wie eine Hymne auf das Leben. Zwischen dem Felsgestein entdecke ich nun immer öfter blühende Pflänzchen, und bald breiten sich Almwiesen aus. Zwischen den Gräsern leuchten Weidenröschen, Herzblatt, Storchschnabel, Frauenmantel und Knabenkrautorchideen. Über die Almwiesen, begrenzt von zerklüfteten Felsen, die mit ihren Aushöhlungen einen malerischen Anblick bieten, erreiche ich den Talgrund Þórsmörk. Die geschützte Lage lässt eine für Island ungewöhnlich üppige Pflanzenwelt gedeihen. Birkenwälder, Büsche, Sträucher, Stauden und Farne wirken in der kargen Landschaft wie ein Labsal.

Am nächsten Tag schon verlasse ich das grüne Tal und wandere weiter durch das einsame Hochland, dabei kann ich mich nicht sattsehen an den Farben der Landschaft. Vor mir erheben sich tatsächlich bunte Berge. Sie schillern in Rot, Gelb, Orange, Weiß und Grün. Wie bei einem Aquarell laufen die Farbtönungen weich ineinander, und wenn Sonnenstrahlen über diese vielfarbigen Berge gleiten, glühen sie auf, als würde die Erde von innen leuchten. Das märchenhafte Farbenspiel wird durch das Gestein Rhyolith hervorgerufen. Wenn Magma durch einen Vulkanausbruch an die Erdoberfläche geschleudert wird und dabei abrupt abkühlt, entsteht das buntfarbige Gestein. Staunend wandere ich durch die fremdartige Landschaft, an dampfenden Quellen vorbei und an Bächen mit rotem und gelbem Wasser. Ich fühle mich, als wäre ich in ein früheres Erdzeitalter versetzt worden oder in die Szenerie eines Fantasy-Films.

Vor mir erhebt sich ein hoher Gipfel, und der ist nicht bunt, sondern rabenschwarz. So heißt dieser Berg auch: Hrafntinnusker, wobei *hrafn* auf Isländisch Rabe bedeutet. Ich hebe einen Stein auf. Fest und hart liegt er in meiner Hand und glänzt wie schwarzes Glas. Es ist Vulkanglas, besser bekannt als Obsidian. Nicht nur der Boden ist übersät, der gesamte Rabenberg besteht daraus. Ein Berg aus Glas! Ein Schatzberg, denn Obsidian gilt als Halbedelstein, aus dem Schmuck gefertigt wird.

Heiße Quellen dringen an die Oberfläche, kochendes Wasser spritzt und zischt, Dampffontänen steigen turmhoch in den Himmel, und Schlammlöcher brodeln und blubbern wie ein Hexentopf, wobei sie schwefligen Gestank absondern. Dann wieder führt mich der Weg mitten durch einen tiefschwarzen Lavastrom, genannt Laugarhraun. Erstaunt erkenne ich, dass auch er aus Obsidian besteht. Nach dem gläsernen Berg nun ein Fluss aus Glas! Der Wanderweg schlängelt sich labyrinthartig mitten durch den Vulkanglasfluss. Im Sonnenlicht funkelt das schwarze Gestein golden, dann wieder schillert es in Regenbogenfarben.

Sechs abenteuerliche Monate lang durchstreife ich Island, wandere zu tosenden Wasserfällen und Geysiren, stehe auf dem Gipfel des erloschenen Vulkans Herðubreið, von den Isländern zur »Königin der Berge« gewählt, schwimme im Kratersee der Askia, zelte am See Mývatn, besuche die West- und die Ostfjorde.

Als es nachts wieder dunkel wird, Mond und Sterne zu sehen sind, verabschiedet sich Island von mir mit einem grandiosen Farbenspiel – dem Nordlicht. Ein grünes Band überzieht den Nachthimmel, es dehnt sich aus, weht wie ein Schleicher, dreht sich in einem Wirbel, bildet immer neue Formen, lässt Fahnen und Spiralen flattern. Schließlich verharrt das Licht bewegungslos, wie festgefroren. Die Intensität des grünen Leuchtens wird immer stärker. Auf einmal fließt gelbe Farbe in das Grün, und schon glüht der Himmel in

Rot. Atemlos beobachte ich das Farbenspiel, dann verblasst das gespenstische Leuchten, und eine klirrende Kälte senkt sich über das Land.

WÜSTEN

Ozeane aus Sand

JEMEN
MONGOLEI
ÄGYPTEN
PERU

JEMEN
Mit einem Dromedar durch Wüsten und Wadis

Für meine Wanderung mit einem Dromedar durch den Jemen im Jahr 1999 hatte ich mich gründlich vorbereitet, lernte in der Hauptstadt Sana'a die arabische Sprache und bei Beduinen den Umgang mit Kamelen. Vor allem aber habe ich mich während meines einjährigen Aufenthalts im Jemen mit der Mentalität und Lebensweise der Jemeniten vertraut gemacht und Freundschaften geschlossen, die es mir erlaubten, meinen Plan zu verwirklichen.

Am Bergkamm, scharf abgehoben gegen den blauen Himmel, erkenne ich zwei Figuren – einen Mann mit einem Kamel. Freude und Skepsis kämpfen in mir. Bisher war es nur eine fixe Idee gewesen, die jetzt greifbare Wirklichkeit wird. Alle Bedenken und Ängste, die ich tapfer beiseitegeschoben hatte, melden sich plötzlich zu Wort. Wird das Dromedar mir gehorchen? Werde ich mit diesem riesigen Tier allein zurechtkommen? Habe ich mir nicht zu viel vorgenommen?

Der Mann führt das Tier den Berghang herunter. Während sie näher kommen, verstummen die ängstlichen Stimmen in mir, und eine große Freude erfüllt mich. Ich habe ein Kamel! Mein eigenes Kamel!

Ich nehme es am Halfter und gebe den Befehl zum Niederknien. Das Dromedar folgt sofort, knickt zuerst die Vorderbeine, dann die Hinterbeine ein. Ich streiche über seinen Höcker, er ist fest und stramm. Die Farbe des Fells ist wie sonnenbeschienener Sand. Sein Gesicht hat einen milden und duldsamen Ausdruck, denn der Kopf ist weniger lang und eckig als üblich. Ein Dromedar wie für mich geschaffen. Alle Bedenken und alle Besorgnis sind wie weggewischt. Das Abenteuer kann beginnen.

»Wie heißt er?«

»Gib ihm einen neuen Namen. Er gehört jetzt dir.«

»Al Wasim!«, sage ich spontan.

Ich musste nicht überlegen, der Name war einfach da. Mein Kamel ist so wunderbar, da gibt es nur einen Namen, der passt: Al Wasim, »der Schöne«.

Bevor ich mich an die Durchquerung des wüstentrockenen Audhali-Gebirges von West nach Ost und weiter bis ins 1000 Kilometer entfernte Wadi Hadramaut wage, will ich meinen neuen Begleiter bei einer mehrtägigen Wanderung an mich gewöhnen und erproben, ob es mit uns beiden klappt.

Ich belade meinen Schönen mit den Packsäcken, mit Wasser und Verpflegung. Er lässt alles über sich ergehen, ohne Gebrüll, mit dem Kamele sich oft gegen das Beladen wehren. Als ich den Befehl zum Aufstehen gebe, erhebt er sich folgsam. Ich atme auf, nehme das Seil in die Hand und gehe los. Das Seil strafft sich. Ich schaue mich um. Al Wasim stemmt seine Beine starrsinnig gegen den Boden. Seine bockige Miene signalisiert: Zieh nur, ich rühr mich nicht von der Stelle! Da ich mit Kraft nicht gegen den Starrsinn eines Kamels ankomme, suche ich mir einen Stecken. Ein dünner Zweig nur, ich wippe ihn leicht durch die Luft, und schon setzt sich Al Wasim bereitwillig in Bewegung.

Ich wähle zuerst die Nordrichtung, um später von Westen im Viertelkreis nach Salama zurückzukehren. Bei der nächsten Biegung des Pfades gerät das Dorf aus unserem Blickfeld. Abrupt bleibt mein Kamel stehen. Damit hatte ich gerechnet, denn Kamele sind nicht dumm. Al Wasim fühlt sich in Salama geschützt, weil er mit den Gerüchen und Geräuschen des Dorfes vertraut ist. Mich aber kennt er

WEGE

So weit die Füße tragen

▲ Vom Eifelverein angebrachte Wegweiser helfen bei der Orientierung.
◀ Bergland auf der philippinischen Insel Palawan
◀ El Nido, Fischerdorf auf Palawan
▼ Der Windsborner Krater, Überbleibsel des letzten Vulkanausbruchs in der Eifel

▲ Auf dem französischen Jakobsweg: die Wehrbrücke bei Cahors
▼ Mein Esel Chocolat ist äußerst wasserscheu.

▲ Die Alpujarras in Andalusien: Am Abend zieht die Herde ins Tal.
► Erfahrungsaustausch mit ägyptischen Hirten
► Taubergießen, idealer Lebensraum für Storch & Co.
▼ Bei Dorffesten in den Alpujarras wird traditionell gekocht.

FLÜSSE

Lebensadern

▲ Weinreben und Obstbäume an der Donau in Rumänien
▼ Ziegenherde am Donauradweg

▲ Sumpfwildnis in Panama
▼ Lebensraum Bergurwald in Panama

▲ Panama: grüne Leguane als Stoffapplikation

▶ Bei der Arbeit mit den Meerechsen auf den Galapagos-Inseln

▶ Aufstieg zum Krater La Cumbre auf der Galapagos-Insel Fernandina

▼ Am Lechweg lassen sich viele Tiere beobachten.

VULKANE

Berge aus Feuer geboren

▲ Der Stromboli, aktiver Vulkan im Mittelmeer
▼ Der Stromboli bei Nacht

▲ Ortschaft am Vulkan Stromboli – Leben mit der Gefahr
▼ Wilde Natur im Tal des Markarfljót auf Island

- ▲ Geformt von Vulkanen, der Mývatn-See auf Island
- ▶ Im Jemen: Reitstunden bei Beduinen
- ▶ Erosion hat das Kalksteinplateau im Jemen zerfurcht.
- ▼ Fantastische Landschaften auf Island

WÜSTEN

Ozeane aus Sand

▲ Im Wadi Do'an schmiegt sich der Ort Sif an die Steilwand.
▼ Stärkung nach einem langen Tagesmarsch mit der Kamelkarawane

▲ Vom Wind geformt: »Singende Dünen« in der Wüste Gobi
▼ Ein mongolisches Mädchen mit seinem Lieblingstier

▲ Die Forscherin Maria Reiche bei ihrer Arbeit in Peru
▶ In der Savanne Namibias treffe ich auf Giraffen.
▶ Natronsee mit Flamingos im Ngorongoro-Krater
▼ Von Maria Reiche entdeckt: Wüstenzeichen in Form eines Affen

WILDNIS UND TIERE

Entdecken und beobachten

▲ Blick in den Ngorongoro-Krater
▼ Pavianfamilie: Vater, Kinder, Mutter

▲ Feuerland: Königspinguin und Papageien
▼ Feuerländische Stürme brechen selbst Baumriesen im Urwald.

▲ Diese Löwin in Namibia lebt allein mit ihren Kindern.
► Aus den Knollen der Taropflanze wird nahrhafter Brei gekocht.
► Petroglyphen auf Hawaii: rätselhafte Zeichen der Urbevölkerung
▼ Im Nationalpark droht dem Löwen keine Gefahr.

BEGEGNUNGEN

In fremden Kulturen

▲ Sana'a, Hauptstadt des Jemen und Weltkulturerbe der UNESCO
▼ Die berauschenden Qat-Blätter sind die Lieblingsdroge der Jemeniten.

▲ Im Altstadtviertel von Lissabon
▼ Fado, die typische Musik Portugals

▲ Junge Krieger der Massai beweisen ihre Sprungkraft.
▼ Massai-Jungen beim Hüten einer Ziegenherde

nicht, ich rieche anders als die Beduinen, und obwohl ich mit ihm arabisch spreche, ist ihm der Klang meiner Stimme ungewohnt. Al Wasim ist ein vorsichtiges Tier. Er weiß, es könnte für ihn gefährlich sein, einer fremden Person zu folgen. Er reißt das Maul auf und zeigt mir seine gelben Eckzähne, um seine Weigerung unmissverständlich zu demonstrieren. Ich tue so, als wäre ich davon unbeeindruckt und wippe freundlich mit meinem Stöckchen. Brüllend verkündet er daraufhin seinen Unwillen. Er gurgelt und kollert und fletscht wild die Zähne. Jeder Schimmer von Sanftmut ist jetzt aus seinen wutentbrannten Augen gewichen. Wie gut, dass ich während meines Aufenthaltes bei den Beduinen, die mich das Führen von Kamelen lehrten, dieses Verhalten der Kamele einzuschätzen gelernt habe. Al Wasim hat einen Fehler gemacht, der ihm nun keine Wahl lässt: Weil er am Anfang mit mir gegangen ist, muss er auch weiter folgen.

Er fügt sich zwar in sein Schicksal, dennoch ist seine Bereitschaft zum Widerstand ungebrochen. Beim Gehen verkürzt er den Abstand, bis sein Maul über meinem Kopf hängt, dann rasselt und rattert er missmutig mit den Zähnen.

»Ah, schöner Freund, du kannst mich nicht einschüchtern. Vertraue mir – zu zweit sind wir ein unschlagbares Team.«

In einem einsamen Tal rasten wir unter Akazienbäumen. Ich lasse mein Dromedar niederknien, nehme ihm die Last und den Sattel ab, dann stillt es seinen Hunger an den Akazien. Mit dem Rücken lehne ich am knorrigen Stamm des Baumes und schaue ihm beim Fressen zu. Unerschrocken würgt er Zweige hinunter, die rundum mit acht Zentimeter langen Dornen bewehrt sind. Diese Dornen sind hart und scharf, sie würden ohne Weiteres die dicken Sohlen meiner Schuhe durchdringen. Ich beobachte das Schauspiel genau: Mit seinen starken Zähnen zerbricht und zerknackt Al Wasim zwar die Äste, die Dornen aber zerkaut er nicht. Gefährlich lang und spitz rutschen sie den Rachen hinunter. Einziger Schutz ist der schäumende Speichel, der die dornige Nahrung umhüllt.

Ich dehne die Pause aus, denn es ist ein köstliches Gefühl, im Schatten unter einer Akazie zu rasten und ein Dromedar zu besitzen. Kein Mensch weit und breit, nur die Stille, durch die der Wind säuselt.

Trotz der langen Mittagsrast ist Al Wasim wütend, als ich ihm wieder den Sattel auflege. Er röhrt und gurgelt und bleckt die Zähne. Das ist seine Art zu murren, weil er anderer Meinung ist als ich. Die Beziehung zwischen Mensch und Kamel ist stets geprägt vom Widerstreit, wer das Sagen hat. Das habe ich schon während meiner Lehrzeit bei den Beduinen begriffen.

Nach der mehrtägigen Probezeit beginnt unsere Wanderung durch das Audhali-Gebirge, dann weiter entlang des Wadi Ischbum zum alten Weihrauchhafen Qana und durch das Wadi Hajar hinauf auf das 2000 Meter hohe Kalksteinplateau des Jol. Vier Monate werden wir brauchen, bis Al Wasim und ich unser Ziel Shibam, die Stadt in der Wüste, erreichen werden. In den ersten Wochen werde ich in Begleitung von Beduinen sein, denn der Weg führt durch ihr Stammesgebiet. Dort haben sie das Sagen und üben Kontrolle aus über jeden, der sich in ihrem Territorium aufhält. Da meine ersten beiden Begleiter nur bis zur Grenze ihres Gebietes mitkommen, habe ich das Glück, danach allein weiterziehen zu können.

So hatte ich mir meine Wanderung durch den Jemen vorgestellt: allein unterwegs mit einem Kamel. Jeder Schritt hat nun eine besondere Bedeutung. Die Sinne öffnen sich, werden empfänglich für das Nahe und das Ferne. Jeder Vogelruf setzt in meiner Seele eine Saite in Schwingung, als würde ich Zwiesprache mit der Natur halten. Es erschließt sich eine andere Ebene der Wirklichkeit, der Horizont weitet sich, nach außen wie nach innen.

Die Frische des Morgens dauert nicht lange, schnell steigt die Sonne zum Zenit. Ich wandere das Wadi entlang nach Norden und suche nach einem Aufstieg, der östlich die Felswand hoch auf den Jol führt. Mein Wunsch ist es, mit Al Wasim das einsame Kalksteinplateau zu überqueren, immer weiterzugehen, mit einem Ziel, das in der Ferne liegt. Das köstliche Gefühl von Freiheit, eine mich elektrisierende und beglückende Vorstellung.

Wie hineingemeißelt in die senkrechte Felswand windet sich der Pfad zum Plateau hinauf. In Farben von Rosa bis zu tiefem Violett changieren die Gesteinsschichten in wunderbarem Kontrast zum Himmelsblau. Vor Einbruch der Nacht finden wir einen Schlupfwinkel in einer Seitenschlucht. In einem Steinbecken hat sich Wasser gesammelt, und es gibt reichlich Nahrung für mein Kamel. In der Nacht ruft eine Eule. Auf weichen Schwingen schwebt sie vorbei.

Am Morgen stehe ich früh auf. Langsam, wie in Zeitlupe, füllt sich die Schlucht mit Licht. Während ich meinen Morgentee bereite, erwachen Vögel und Insekten. Die Eule verabschiedet sich von der Nacht mit einem letzten schaurigen Ruf.

Al Wasim ist gut in Form, und über eine Steilrinne erreichen wir den Jol. Mich verzaubert die schier endlose Weite. Kein Hindernis begrenzt den Blick. Nach der feuchten Wärme im Wadi wirkt die klare Höhenluft wie ein Elixier. In der Stille knirschen meine Schritte hart auf dem felsigen Grund und vereinigen sich mit dem Geräusch von vier schlurfenden Kamelsohlen. Zwei Wesen allein in der Einsamkeit. Nie wurde mir deutlicher, wie sehr ich auf meinen Al Wasim angewiesen bin. Ohne ihn, der Trinkwasser und Nahrungsmittel trägt, könnte ich mich in dieser lebensfeindlichen Einöde nicht fortbewegen.

Allgegenwärtig sind Wind und Stille. Die Welt scheint in einer Schale des Schweigens zu ruhen. Wenn die Sonne hoch im Zenit steht, verwandelt sich die Himmelskuppel in gleißendes Quecksilber. Die Sonne lodert, und die Erde badet in Feuerstrahlen. Das verdorrte Land schwimmt in brennendem Licht, glüht und glitzert, schimmert und schillert. Die erhitzte Luft formt flatternde Trugbilder. In der Ferne wirkt alles verschwommen und stark vergrößert. Gräser werden zu Büschen, und Sträucher nehmen Baumgestalt an. In ihrem Schatten will ich rasten, doch wenn ich bei den vermeintlichen Bäumen ankomme, sind sie kaum kniehoch. Sie ähneln Korallen mit ihrem kahlen Gewirr silbergrauer Zweige.

Ihre fossile Schönheit erinnert mich daran, dass es uralter Meeresgrund ist, über den ich schreite. Muscheln, eingebettet in Stein, künden von vergangenen Zeiten. Vor Millionen Jahren härtete sich der Meeresschlamm zu Kalkstein und wurde emporgehoben. Seitdem ist er nagenden Kräften von Wind und Wasser ausgeliefert, die den riesigen Kalksteinblock aufspalten und zerlegen. Rinnen und Furchen werden ausgehöhlt, tiefe Wadis entstehen. Unaufhaltsam geht der Prozess weiter. In Äonen werden vielleicht anstelle des Jol wieder Wellen rauschen, und aus den Körpern unzähliger Meerestiere wird sich ein neues Gebirge formen – in Zeiträumen, die an menschlichen Lebensjahren gemessen unendlich erscheinen.

Nach kurzer Dämmerung legt sich die Nacht mit ihrer eisigen Kälte schwer über die Erde, und es scheint, als wäre die Sonne für alle Zeiten erloschen. Starr spannt sich das glitzernde Band der Milchstraße über den samtschwarzen Himmel. Die Sichel des Mondes liegt auf dem Rücken und gleicht einem zerbrechlichen Boot, das durch die Unendlichkeit gleitet. Eine Ahnung von der Unerbittlichkeit des Universums lässt mich erschauern. Ungeschützt ist unsere Existenz auf Erden, gefährdet sind wir in der Heimatlosigkeit des Kosmos. Bedeutungslos fristen wir eine kurze Zeit unseres Daseins, das ein zufälliges Geschick lebensmöglich gestaltet hat, immer nah am Abgrund. Die Morgendämmerung wird eine weitere Frist setzen. Ein neuer Tag beginnt wie das Versprechen auf eine bessere Welt.

Es kommt mir nicht in den Sinn, mich einsam zu fühlen. Dieses Gefühl überfällt mich eher mitten unter Menschen. In der Natur empfinde ich keine Einsamkeit. Im Gegenteil, erst wenn kein anderer Mensch in meiner Nähe ist, kann ich die Natur erleben und mit ihr verschmelzen. Es ist ein All-eins-Sein mit sich selbst und mit dem Kosmos. Dieses mystische Erleben kann wie eine Erleuchtung wirken, als würde der Mensch Gott begegnen. Vielleicht sind diese Empfindungen der Grund, dass Religionen in den Weiten der arabischen Wüsten ihren Anfang nahmen, wie Judentum, Christentum und Islam.

Der Jol ist nicht völlig menschenleer. Nach Tagen erreiche ich ein Beduinendorf. Die Leute wohnen in kleinen Häuschen aus luftgetrockneten Lehmziegeln. Sie halten Schafe, Ziegen, Hühner und züchten Kamele, ihr wertvollstes Gut. Auf winzigen Feldern, deren Erde sie mit einem Holzpflug aufreißen, säen sie Hirse. Die Frauen wetteifern, wer mich mit süßem Tee und leckeren Fladen verwöhnen darf. Es sind immer die Frauen, bei denen ich esse und übernachte. Sie nehmen mich auch zur Arbeit auf den Feldern mit oder um Feuerholz zu holen. Im Gegensatz zu den Frauen in den Städten und in den Dörfern im Tal sind die Frauen der Beduinen unverschleiert.

Als ich mich verabschiede, um weiterzuwandern, haben sie Sorge, mich allein gehen zu lassen. Ich war ihr Gast, nun fühlen sie sich verantwortlich für mich. Sie geben mir zwei Burschen mit, die mich ein Stück begleiten sollen. Ich kann sie bald überzeugen umzukehren. Von einer Anhöhe blicke ich zurück in die Talsenke und bin dankbar für die Zeit, die ich mit den Menschen in der Beduinensiedlung verbringen durfte. Dann zieht mich das Abenteuer des Unterwegsseins erneut in seinen Bann. Wieder öffnen mir die Weite und die Einsamkeit Herz und Verstand. Der Wind und die klare Luft machen das Gehen leicht. Auf dem Jol habe ich das Gefühl, vogelfrei zu sein, nur dem Wechsel von Tag und Nacht unterworfen, dem heißen Tag mit seiner grellweißen Sonne, gefolgt von der eisigen Nacht und wieder einem neuen Tag.

Vorräte habe ich ausreichend dabei, und Wasser hole ich für mich und Al Wasim aus den Brunnen. Es sind tiefe Löcher im Karstboden, die mit Wasser vom letzten Regen gefüllt sind. Beduinen haben diese Brunnen ins Gestein gehackt, um bei ihren Wanderungen sich und ihre Herden mit Flüssigkeit versorgen zu können. Nie fehlt am Rand des Schachtes ein Schöpfeimer mit langem Hanfseil, um das Wasser heraufzuholen. In den Brunnen hinabzuklettern, wäre unmöglich, wahrscheinlich würde ich dann nie mehr aus dem tiefen Loch herauskommen. Schon von Weitem erkenne ich einen Brunnen an den Mauern, die ihn umgeben. Die Steine sind beim Ausschachten herausgeholt worden, und immer wachsen in der Nähe Bäume mit grünen Blättern, weil die Wurzeln Feuchtigkeit aus dem Brunnen ziehen.

Auf einem alten Karawanenpfad will ich Al Wasim vom Jol hinunter ins Wadi Do'an und von dort ins Wadi Hadramaut führen. Diese Täler sind tiefe Risse im Massiv des Jol, die von der Erosion, vor allem vom Wasser, geschaffen wurden. Wenn es auf dem Jol regnet, dann rauscht eine Sturzflut durch die ansonsten trockenen Wadis.

Die kahlen Felsflanken fallen mehr als 800 Meter tief ab. Ich beuge mich vor, ein Blick aus der Vogelperspektive. Dort unten liegen aus Lehm gebaute Städte. Lichtbraun und mit ihrer Umwelt in vollkommener Harmonie, wirken die Hochhäuser aus luftgetrockneten Lehmziegeln wie fantastische Märchenschlösser. Überraschend das viele Grün, dunkelgrün die Dattelpalmen und hellgrün die Hirsefelder, dazwischen schimmert kieselweiß der Trockenfluss. Seltsam ist der Anblick dieses üppigen Tales für mich, die ich mich an die fast vegetationslose Gesteinslandschaft auf dem Jol gewöhnt habe.

Nach vier Monaten Unterwegssein liegt unser Ziel, die Wüstenstadt Shibam, vor uns. Ich hatte sie schon lange erwartet, aber als ich sie sehe, wird mein Hals trocken, und mein Herz schlägt schneller. Shibam – Stadt in der Wüste. Einer schimmernden Perle gleich liegt sie inmitten des Sandes. Aus der Ferne wirkt sie auf mich unwirklich wie ein Traum. Einzigartig unter allen Orten im Jemen übt Shibam seit jeher eine magische Anziehungskraft aus. Für alle Entdeckungsreisenden war diese Stadt in der Wüste das Traumziel ihres Lebens, und sie scheuten weder Mühen noch Gefahren, sie zu erreichen. Freya Stark, Hans Helfritz, Harold Ingrams und Hermann von Wissmann, sie alle versuchten, je nach Temperament und Ausdrucksfähigkeit, Shibam zu beschreiben: Wolkenkratzerstadt – Chicago der Wüste – arabisches New York – Bienenwaben-Festung. Aber diese Ausdrücke schaffen falsche Assoziationen, lenken die Vorstellung in die Irre. Shibam ist unvergleichbar.

Die Stadt liegt mitten im Tal und wirkt eher wie eine wehrhafte Burg als eine bewohnte Stadt. Im ersten Moment glaube ich, eine Fata Morgana zu sehen, denn sie schwebt über dem Boden. Erst bei genauem Hinschauen erkenne ich den Grund der Sinnestäuschung: Die lehmbraunen Fassaden verschmelzen mit der Farbe der Umgebung und werden damit fast unsichtbar. Die oberen Stockwerke hingegen sind kontrastreich weiß gekalkt und vermitteln so den Eindruck, als würden sie in der Luft hängen.

Ich muss meine Freude jemandem mitteilen, aber nur Al Wasim kann mich hören: »Dort ist Shibam! Kannst du es glauben? Wir sind durch den halben Jemen gewandert, durch Wüsten und Wadis, und dort vor uns liegt Shibam! Was sagst du dazu?«

Aber mein Kamel sagt gar nichts. Es hat heute einen schlechten Tag und lässt die Unterlippe hängen.

»Komm, Al Wasim, freu dich! Ich werde dir auf dem Markt köstliches Grünzeug kaufen, Klee und Luzerne.«

Mit stolz erhobenem Kopf gehe ich mit meinem Kamel auf die Stadt zu. Helle Freude durchflutet mich. Meine Sinne sind hellwach. Ich sehe, höre, rieche, fühle alles überdeutlich, einprägsam und unzerstörbar für den Rest meiner Zeit. Ich habe das schier Unmögliche wahr gemacht: Ich bin mit einem Dromedar nach Shibam gewandert.

MONGOLEI
Ein See in der Wüste

Ein Leben lang hatte ich mir die Mongolei als den schönsten Fleck der Erde ausgemalt. Allein die Vorstellung von der unermesslichen Weite der Landschaft und dem Leben in einer Jurte faszinierte mich. Endlich, im Jahr 2006, brach ich voller Neugier, aber auch mit bangen Erwartungen in das Land meiner Träume auf. In den zehn Monaten meines Aufenthalts lernte ich die mongolische Sprache sowie die Gebräuche und Gepflogenheiten des Nomadenlebens. Neben vielen verschiedenen Unternehmungen in der Mongolei, die fast fünfmal größer ist als Deutschland, ritt ich zusammen mit meinem mongolischen Begleiter Mandach und vier Pferden durch den Mongol els, den nördlichen Ausläufer der Wüste Gobi, bis zum See Ereen nuur, der von einem unterirdischen Wasserlauf gespeist wird. Später dann, bei einer Fahrt in das 800 Kilometer von der Hauptstadt entfernte, südlich gelegene Gebiet der Gobi, ritt ich mit Trampeltieren durch die Sanddünen und erfuhr viel über die Sorgen und Freuden meiner Gastgeber.

Den lang ersehnten Kontakt zu Nomaden vermittelt mir meine Gastfamilie, bei der ich in Ulan-Bator, der mongolischen Hauptstadt, eine Zeit lang gewohnt und Mongolisch gelernt habe.

An meinem ersten Tag, gleich nach meiner Ankunft im Nomadenlager, wandere ich hinaus über das weite Land, gehe über harten Boden, der weniger mit Gräsern als mit Kräutern bewachsen ist. Bei jedem Schritt steigt mir der Geruch des Wermuts duftend in die Nase. Krächzend fliegen zwei Kolkraben über mich hinweg, und Heuschrecken zirpen ihr eintöniges Lied. Ewig könnte ich so dahingehen

und doch nirgendwo ankommen. Ein Gefühl der Ohnmacht überkommt mich. Die Landschaft ist übersichtlich bis zum Horizont,
und überall sieht sie gleich aus: Hügel, sanfte Täler, Bodenwellen. So
weit ich auch gehe und welche Richtung ich einschlage, nirgendwo
lockt ein geheimnisvolles Ziel, keine reizvolle Bergformation, kein
dunkler Wald, keine versteckte Schlucht, nichts, das es zu entdecken gäbe. Alles liegt offen und übersichtlich ausgebreitet unter dem
blauen Himmel. Noch nie zuvor war ich in einem Land, das mir keinen Weg und kein Ziel zu bieten schien.

Das ändert sich sofort, als ich auf dem Rücken mongolischer
Pferde sitze. Im Galopp und schnellem Trab wirkt die Welt ganz
anders, und der Horizont selbst wird zu einem lockenden Ziel. Ich
glaube sogar, ein wenig von dem zu empfinden, was die Steppen-
völker früherer Zeiten wohl zu ihrem Aufbruch in die Ferne beflügelt
hatte.

Schließlich sind meine Gastgeber der Meinung, ich hätte genug
gelernt und könne nun einigermaßen mit den Tieren umgehen. Für
mich ist dies die Bestätigung, dass ich zu meiner Tour entlang des
Flusses Dsawchan bis zum Mongol els aufbrechen kann. Als Begleiter bekomme ich einen jungen Nomaden. Mandach ist ungewöhnlich groß für einen Mongolen, in seinem breiten, gutmütigen Gesicht leuchten wache Augen. Er trägt einen dunkelgrünen wattierten
Mongolenmantel, den *deel*, und ist besonders stolz auf seinen gold-
farbenen, mindestens drei Meter langen Gürtel, den er um die Taille
geschlungen hat. In den ersten Tagen ist Mandach sehr besorgt um
mich, ob ich die Strapazen des Unterwegsseins auch aushalte. Er
organisiert immer wieder Hilfe, bittet in den Jurten Nomadenjungen,
dass sie mein Pferd am Halfter nehmen, wenn wir den Fluss durchqueren müssen. Allmählich aber gewöhnt er sich an mich und beginnt, mir zu vertrauen.

Gemeinsam reiten wir den Dsawchan flussabwärts, zunächst am linken Flussufer entlang. Im Tal breiten sich Wiesen aus, eingerahmt von Hügeln. Kein Lebewesen weit und breit, keine Tierherden und keine Wildtiere, einzig diese grandiose, leere Landschaft. Nur einmal ein einsamer Kranich, der mit langem Hals Insekten jagt.

Dann wieder sehen wir in der Ferne die weißen Filzzelte der Nomaden und versäumen es nie, den Bewohnern einen Besuch abzustatten. Mandach erklärt mir, so sei es Tradition, und es sei auch wichtig für den Informationsaustausch. Wenn wir über Nacht zu Gast bleiben, bauen wir jedoch unsere eigenen Zelte auf.

Unterwegs zum Ereen nuur, dem See in der Wüste, werden wir von einem Unwetter überrascht. Der Dsawchan schwillt gefährlich an, so weichen wir schon früher als geplant in die Wüste aus.

Blau wölbt sich der Himmel über sanften Wogen aus hellem Sand. Hoch in der Luft kreist ein Adler und späht nach Beute. Die Hufe der Pferde reißen die unberührte Oberfläche auf. Der Wind aber, der unablässig die Sandkörner vor sich hertreibt, wird unsere Spuren bald verwehen. Die Sandskulpturen mit ihren windgeglätteten Linien und Formen sind voller Schönheit, rein und makellos.

Der Wind ist verstummt. Im Licht der untergehenden Sonne leuchtet der Sand rot, als stünde er in Flammen. Von den sichelförmigen Dünenkämmen werden Schatten über den Sand geworfen. Je tiefer die Sonne dem Horizont entgegensinkt, umso länger dehnen sich die dunklen Muster aus. Die Zeit der Dämmerung ist kurz, bald erlischt das Tageslicht.

Die Nacht ist klar und der Himmel sternenübersät. Wir haben ein kleines Feuer aus abgestorbenen Wurzeln und dornigen Ästen entfacht, die wir unterwegs gesammelt haben. Als die Glut nur noch glimmt und die Kälte uns zittern lässt, bieten Zelt und Schlafsack eine warme Zuflucht.

Als wir am nächsten Morgen nach einem kargen Frühstück weiterziehen, fange ich beim Aufsitzen in den Sattel einen vorwurfsvollen Blick von meinem Reitpferd Goldauge auf. Ich bilde mir jedenfalls ein zu erspüren, was der Hengst denkt, nämlich: »Kein Wasser, kein Futter und dann noch eine Last auf dem Rücken.«

Wir reiten, solange die Luft kühl ist. Als die Sonne ihre sengenden Strahlen schickt, steigen wir ab und laufen neben den Pferden her. Das mühsame Gehen verstärkt meine Zweifel. Wie um alles in der Welt sollen wir in dieser Sandwüste den See finden? Wenn wir uns nur um 100 Meter irren, bleibt der Ereen nuur hinter einem Sandberg verborgen, und wir reiten ahnungslos an ihm vorüber.

Mandach teilt meine Befürchtung nicht. Er lächelt und sagt: »In einer Stunde sind wir am See.« Das Problem ist nur, dass er das schon vor mehr als drei Stunden behauptet hat. Besser, ich schaue nur noch heimlich auf die Uhr. Ich mache mir keine allzu großen Sorgen, dass wir verdursten könnten, wir haben genug Trinkwasser dabei, aber es reicht nicht für die Pferde.

Wir überschreiten wieder einmal einen Grat – da liegt er vor uns wie eine Fata Morgana, eine türkisblaue Schale, eingebettet in eine gelbe Wüste. Der Himmel spiegelt sich in seinem Wasser, und das grüne Ufer verspricht Futter für die Tiere.

Ein See mitten im Sand, wie kann das sein? Eine Verzweigung des Flusses Dsawchan speist ihn unterirdisch, und die letzten Regenfälle haben ihn randvoll gefüllt. Plötzlich herrscht Leben in der Wüste. Vom Geschnatter der Gänse und Enten vibriert die Luft. Mit hellem »Kirri-kirri-kirriä!« flattern Seeschwalben in der Luft und stürzen sich immer wieder senkrecht ins Wasser, um ein Fischchen zu erbeuten. Am seichten Ufer entlang waten Regenpfeifer und Brachvögel und stochern mit ihren langen Schnäbeln im Schlick. Durchs Fernglas entdecke ich in der Seemitte sogar die bei uns heimischen Haubentaucher.

Am Uferrand kann ich keine Salzkrusten entdecken – also reines Süßwasser, wie Mandach vorhergesagt hatte. Unsere Pferde können unbedenklich ihren Durst stillen. Ich kremple die Hosenbeine hoch und wate bis zu den Knien in das kühle Nass.

Plötzlich habe ich das Gefühl, beobachtet zu werden. Mein Blick wandert hinauf zu den mehr als 100 Meter hohen Sandbergen – ich zucke zusammen. Zwei Gestalten hocken dort oben.

»Hojor mongol hun – zwei Männer dort oben«, flüstere ich ängstlich. Zuerst guckt auch Mandach erschrocken, doch gleich beginnt er zu lachen: »Tom schuwuu, hojor tas.«

Schnell greife ich nach meinem Fernglas. Tatsächlich, er hat recht, es sind Geier! Da habe ich mir immer so viel auf meine scharfen Augen eingebildet, doch ohne Glas sehen die Mönchsgeier aus wie zwei in ihre weiten Mäntel gehüllte Mongolen.

Die 800 Kilometer weite Reise tief hinein in die Wüste Gobi im Süden der Mongolei, nahe der Grenze zu China, unternehme ich mit einem Mietwagen. Mandach ist wieder zu seinem Familien-Clan in der Steppe zurückgekehrt. Nur bei der Reittour sollte er mich begleiten, um mir mit den Pferden beim Satteln und Beladen zu helfen und falls sie nachts davonlaufen und gesucht werden müssen. Zum Abschied hatte er zu mir gesagt: »Du bist eine echte Mongolin!«

»Woran merkst du das?«, fragte ich erfreut.

»Du bist eben eine«, antwortete er auf seine lakonische Art. »Das sieht man doch!«

Die Landschaft wirkt, als würden Steine aus der Erde wachsen. Je weiter südlich, umso flacher und zugleich karger wird es. Vereinzelt wächst spärliches Gras, zuletzt dehnt sich nur noch die Kieswüste vor mir aus. Der Himmel wölbt sich in durchsichtiger Klarheit über der Ebene bis zum Horizont. Mir kommen die Worte des Schriftstellers Fritz Mühlenweg in den Sinn: »Alle schwierigen Dinge fehlten. Es gab überhaupt nichts als harten Boden zum Darauftreten und den Himmel zum Anschauen.«

Eigentümlich, dass gerade das Eintönige und Lebensfeindliche bereichernd auf mich wirkt. Das Fehlen der Strukturen erweitert meine Wahrnehmung. Das Große und das Kleine erfasse ich gleichermaßen, und beides scheint mir bedeutend zu sein.

In der Gobi leben noch weniger Menschen als in den übrigen Gebieten der Mongolei. Mit Ziegenherden und Kamelen ziehen die Nomaden auf der Suche nach Futter für die Tiere umher. Siedlungen sind rare Überbleibsel aus kommunistischer Zeit, als man die Mongolen zu sesshafter Lebensweise zwingen wollte.

Kamelzüchter Enkhbat gilt als reichster Mann der Region, denn er besitzt 30 Kamele. Jedes Kamel habe seinen eigenen Namen, auf den es auch höre, sagt er. Die Tiere könne er alle auseinanderhalten. Ihre Gesichter seien völlig verschieden, ich solle nur mal richtig hinschauen.

»Überhaupt, Kamele sind nicht dumm«, klärt er mich auf. »Sie wissen, wo Wasser zu finden ist. Sogar eine Tagesreise entfernt können sie es wahrnehmen. Dem gefährlichen Treibsand, in dem man wie in einem Sumpf versinkt, weichen sie mit sicherem Instinkt aus. Und sie sind besonders gute Mütter. Eine Kamelstute, die ihr Junges verliert, umkreist tagelang jammernd das tote Baby. Sie wird auch später immer wieder zu der Stelle zurückkehren, wo ihr Kleines gestorben ist.«

»Die Geschichte vom weinenden Kamel«, den Film der mongolischen Regisseurin Byambasuren Davaa, der in Deutschland viele Menschen begeistert hat, kennt er nicht, jedoch den Inhalt bestätigt er. Es stimme, dass Tiermütter, vor allem, wenn sie eine schmerzvolle Geburt hatten, ihre Babys verstoßen. Nähert sich das Fohlen, wird es getreten und gebissen. Die Mongolen machen der Stute keinen Vorwurf, es ist nicht ihre Schuld, sie kann nicht anders. Mitfühlend und geduldig streicheln sie das Tier und singen zu Herzen gehende Melodien. Hilft alles Streicheln und Singen nicht, holen sie jemanden, der auf der Pferdekopfgeige, der *morin chuur*, spielen kann.

Über dieses Instrument werden zahlreiche Legenden erzählt. In ihnen allen geht es um Pferde, die böswillig getötet wurden, aus Eifersucht oder aus Neid. Der Besitzer versinkt wegen des Verlustes seines geliebten Tieres in tiefer Trauer. Im Traum tröstet ihn sein Pferd und sagt, er soll aus dem Schädel, dem Fell, den Sehnen und dem Schweif eine Geige bauen. Um an diese märchenhaften Legenden zu erinnern, verziert man das Instrument mit einem aus Holz geschnitzten Pferdekopf, in den meist der Knochen eines Pferdes eingearbeitet ist.

Die Pferdekopfgeige hat einen dunklen, warmen Klang. Betört von der Musik bricht meist der Widerstand der Stute, sie lässt ihr Kind ans Euter, und nicht nur das, sie adoptiert dann mitunter sogar fremde Fohlen. Warum die Musikzeremonie diese Wirkung hat, kann Enkhbat nicht sagen. Er weiß aber, alle Tiere, mit denen er zu tun hat, nicht nur Kamele, auch Pferde, Ziegen, Schafe, Rinder, Hunde haben Gefühle, die durch Musik beeinflusst werden können.

Enkhbats Leben als Nomade begann erst mit dem Ende der kommunistischen Herrschaft. Vorher arbeitete er als Mechaniker in der Kolchose. Eigentlich wollte er schon damals lieber Kamelzüchter sein, jedoch hatte ihn die sozialistische Planwirtschaft mit ihren Kontrollen, vorgeschriebenen Abgaben und Strafen bei Nichterfüllung des Solls abgeschreckt.

»Die Kontrolleure verlangten immer größere Herden, mehr Milch und Fleisch musste produziert werden. Sie nahmen weder Rücksicht auf die Bedürfnisse der Menschen noch die der Tiere. Die Natur lässt sich aber nicht befehlen, und sie erfüllt keine Pläne.« In seinen Worten spüre ich noch immer tiefe Verbitterung, doch in seinem vom Wetter zerfurchten Gesicht leuchtet sogleich wieder ein Lächeln auf. Jetzt sei er sein eigener Herr, treffe selbst alle Entscheidungen und könne den Lohn seiner Mühen ernten. Er hat acht Kinder, die Jüngste ist mit ihren 16 Jahren schon bald erwachsen. Drei seiner Kinder wollen das Nomadenleben fortführen.

Seine Frau Tzetzeg bewirtet mich mit Milchtee, Dickmilch und vergorener Kamelmilch. An den Jurtenstreben trocknet in Streifen geschnittenes Fleisch vom Kamel, im Herd glimmt Kamelkot, und im Kessel köchelt Kamelfleisch. In der Nähe der Jurte baue ich mein Zelt auf. Morgen will Enkhbat mit mir zu den Sanddünen reiten.

Um Mitternacht erwache ich, der Mond geht auf. Obwohl nur ein Halbmond, erhellt er mit seiner Leuchtkraft die Dünen in der Ferne. In geheimnisvolles Licht gehüllt, schimmern sie verführerisch. Kein Laut ist zu hören, als wäre alles Leben erloschen im eiskalten Hauch der nächtlichen Wüste. Tief kuschle ich mich in meinen Schlafsack und erwache erst wieder, als sich der Morgen im Osten ankündigt. Rosa Wolken schweben am Himmel, die sich schnell auflösen. Am Horizont steigt die Sonne golden empor. Jeder Stein, jeder Grashalm, alles leuchtet, wie aus kostbarem Edelmetall geschmiedet.

Zwei Hunde streunen vorbei. Scheu springen sie davon, als sie mich wahrnehmen. Senkrecht steigt der Rauch über der Jurte in die Luft, einer der seltenen windstillen Momente. Nomadenfrauen stehen immer als Erste auf, feuern den Ofen, bereiten Milchtee. Dann sehe ich Enkhbat aus der Jurtentür treten. Sein erster Blick gilt dem Himmel, der zweite den Kamelfohlen, die geschützt im Kral die Nacht verbracht haben. Mit überlangen Beinen staksen sie unruhig im Kreis herum und jammern. Es klingt, als würden Kinder weinen.

Plötzlich höre ich von fern ein merkwürdiges Dröhnen. Die Stuten kommen! Eine Reiterin, in der ich die jüngste Tochter Enkhbats erkenne, treibt 20 Kamele vor sich her, die grollende Töne ausstoßend in Richtung der schreienden Fohlen laufen. Es ist ein tierischer Wechselgesang zwischen Mutter und Kind. Bevor die durstigen Kleinen zu ihrem Recht kommen, werden die Stuten gemolken. Tzetzeg greift sich einen hölzernen Eimer, und schon fließt die Milch ins Gefäß. Auf einem Hocker kann sie dabei nicht sitzen, denn das Kameleuter am Bauch der Stute ist einfach zu hoch oben. Sie muss im Stehen melken, wie ein Storch auf einem Bein, während das andere über den Oberschenkel geschlagen ist. Den Eimer balanciert sie auf dem hochgezogenen Knie. Es muss anstrengend sein, so zu melken, doch bei Tzetzeg sieht es leicht und einfach aus.

Acht bis zwölf Liter Milch produziert eine Kamelstute am Tag, aber nur zwei Liter werden früh und abends abgemolken, damit genug für die Kamelbabys übrig bleibt und sie gesund und stark heranwachsen können. Endlich ist Tzetzeg fertig, und nun sind die Fohlen an der Reihe. Ich beobachte ein Jungtier, das sich eine Zitze schnappt und anfängt, gierig zu saugen. Wollüstige Töne entweichen dem kleinen Körper. Die Stute steht ruhig da, die braunen Augen blicken gelassen in die Ferne.

Enkhbat hat zwei Kamele gesattelt. Zwischen die zwei Höcker legt er ein teppichartiges Polster und befestigt es mit einem Bauchgurt. Die Zügel hängen am Nasenpflock, den Reitkamele bekommen, wenn sie drei Jahre alt sind. Mit fünf werden sie geritten, mit sechs sind sie geschlechtsreif, zählt Enkhbat auf. Ihre Lebensspanne beträgt, ähnlich wie bei Pferden, ungefähr 30 Jahre.

Mein Herz schlägt schneller, als ich jetzt so nah vor dem riesigen Tier stehe und auf seinen Rücken steigen soll. Mehr als zwei Meter ist es hoch und drei Meter lang. Welch ein Gigant! Ich sehe tellergroße Füße, aus denen zwei große Klauen herausragen. Misstrauisch blicke ich es an. Das Kamel schaut gleichmütig geradeaus. Ich habe den Eindruck, dass Trampeltiere, obwohl auch ihnen die hochmütige Kopfhaltung der Kamelfamilie zu eigen ist, gutmütiger, williger und dem Menschen zugeneigter sind als die einhöckrigen Dromedare. Wobei mein Al Wasim, mit dem ich im Jemen bis ins Wadi Hadramaut gewandert bin, mir sein Wollwollen deutlich gezeigt hatte. Jedenfalls bildete ich mir ein, dass ihm meine Gegenwart angenehm war. Wenn ich ihm die Last aufbürdete, nahm er es nach einer kurzen Eingewöhnungsphase still hin und brüllte nicht mehr wütend, wie es Dromedare zu tun pflegen, und wenn wir rasteten, legte er sich in meiner Nähe nieder.

Enkhbat hilft mir auf den hohen Sitz. Er selbst, obwohl schon über 60 Jahre alt, schwingt sich ohne Mühe allein hinauf. Los geht es! Ich spüre die Bewegungen des kräftigen Körpers unter mir, die Schrittweite ist enorm, der Boden dröhnt unter den schweren Tritten. Der Name Trampeltier scheint zu passen. Ich schaukle im Passgang wie in einer Schiffsschaukel. Der dünne Lederriemen, der zum Nasenpflock führt, scheint mir nicht zuverlässig genug. Nach Halt suchend umklammere ich den runden, haarigen Buckel vor mir. Er fühlt sich fest an. Der zweite Höcker stützt meinen Rücken. Allmählich fasse ich Zutrauen, genieße den bequemen Sitz, das beruhigende Schaukeln und den Blick von hoch oben über das Land. Der Geruch des Tieres kitzelt meine Nase, eine angenehme Mischung aus warmem Fell, gärendem Gras und salziger Erde.

Auf einem jungen, knapp fünf Jahre alten Kamel sitzt Enkhbat, das er bei dieser Gelegenheit einreiten will. Es bleibt hin und wieder stehen und gibt schrille Töne von sich. Mit beruhigender Stimme und der Führungsleine dirigiert Enkhbat das verängstigte Tier. Einmal scheut es, ähnlich wie ein Pferd, wirft den Kopf hoch und rast davon. Mein Tier bleibt stehen, beobachtet die Szene, kommentiert sie mit rollenden und kollernden Tönen, die mich an die Stimmäußerungen von Elefanten erinnern. Die Herrschaft über das junge Kamel hat Enkhbat schnell wiedererlangt. Er zeigt mir, was es in Schrecken versetzt hat: Eine Bodenwelle wirft einen Schatten, der wie eine sich windende Schlange aussieht.

Der Himmel ist azurblau. In der Mittagsglut zittert der Horizont. Weißgelb leuchten die Dünen. So weit der Blick reicht, reihen sich sanfte Wogen aneinander.

ÄGYPTEN
Wege durch das Sandmeer

*Als ich mit meinem Esel Aton im Jahr 2009 entlang des Nil von Assuan
nach Luxor wanderte, unternahm ich auch einen Abstecher in die Wüste.
Mein vierbeiniger Begleiter trug zwei Kanister mit Wasser für die Wüsten-
wanderung und ermöglichte mir unvergessliche Erlebnisse.*

Eine hellgelbe, weite Ebene, die am Horizont mit dem wolkenlosen
Himmel verschmilzt, breitet sich vor mir aus. Erst hier in der Wüste,
wo nichts ist außer Sand und Himmel, kann ich wirklich ermessen,
was der Leben spendende Nil, den ich bislang mit Aton entlangge-
wandert bin, für Ägypten bedeutet. Mehr als 90 Prozent des Landes
bedeckt diese Ödnis aus Sand und Geröll.

Willig folgt Aton mir immer weiter hinein in die Einsamkeit. Spätestens nach drei Tagen werden wir umkehren müssen, länger kann
ein Esel ohne Wasser nicht überleben. Dromedare halten ungleich
mehr aus, dennoch waren es zuerst Esel, mit denen in pharaonischer
Zeit vor mehr als 4000 Jahren weite Strecken bewältigt wurden.
Herduf, der Statthalter von Assuan, ließ auf Papyrus festhalten, dass
er eine Eselkarawane mit 300 Tieren in das Land »Jam« ausgesandt
habe, von dem heute niemand mit Sicherheit sagen kann, wo es gelegen hat. Auf jeden Fall irgendwo im tropischen Afrika, denn Herduf hat die eingeführten Waren aufgelistet: Elfenbein, Leoparden-
felle, Ebenholz, Gold und Edelsteine. Vier dieser Handelsreisen hat
der Statthalter dokumentiert.

Wie aber war es möglich, mit Eseln die wasserlose Wüste zu
durchqueren? Der Wüstenwanderer Carlo Bergmann stieß bei sei-

nen Reisen in der Sahara auf Tonkrüge, in denen das lebensnotwendige Wasser deponiert worden war. Wie Perlen an einer Schnur liegen 30 dieser Depots entlang eines 500 Kilometer langen Karawanenwegs vom Nil nach Südwesten. *Abu-Ballas*, Vater der Krüge, wird dieser Weg genannt. Jahrtausendealte Fernwege durch die Sahara hätte vor Carlo Bergmanns Entdeckung niemand für möglich gehalten. Der »letzte Beduine«, wie Bergmann sich selbst bezeichnet, fand die kaum sichtbaren Wegmarken, die Expeditionsreisende in Fahrzeugen übersehen hatten.

Warum aber verwendete man Esel, statt der für weite Wüstenstrecken besser geeigneten Dromedare? Die Antwort ist einfach: Kamele gab es nicht, denn sie kamen erst um 700 v. Chr. nach Ägypten, und zwar mit dem Eroberungsfeldzug der Assyrier, die aus dem Gebiet des heutigen Irak stammten. Esel aber gehören zu den ältesten, wahrscheinlich schon vor 8000 Jahren domestizierten Tieren.

Die flirrende Hitze hat längst die Kälte der Nacht vertrieben. Das gleißende Sonnenlicht schmerzt in den Augen, trotz meiner dunklen Sonnenbrille. Was für ein Glutofen muss die Sahara erst im Sommer sein? Karawanen waren dennoch meist in den heißen Monaten unterwegs, wanderten allerdings nur nachts und rasteten am Tag. Im Winter vermied man weite Strecken, da Tier und Mensch unter den eisigen Nordwinden litten, die Krankheiten mit sich brachten.

Immer tiefer dringen wir in die schweigende Unendlichkeit ein. Die Stille ist überall, umgibt mich, wohin ich auch gehe. Ich empfinde es wie das Eintauchen in eine geheimnisvolle Welt, die so ganz anders ist als alles sonst Bekannte, eine Welt, die mich umfängt, ergreift und im Innersten berührt.

Je weiter sich der Tag seinem Ende zuneigt, desto farbiger wird das Licht, und als die Sonne am Horizont versinkt, überbieten sich Himmel und Erde im Farbenspiel. Der tagsüber gelbbraune Sand flammt auf in tiefem Rot, das bald von einem schimmernden Violett übermalt wird. Der Himmel prunkt in leuchtendem Orange, fließt über in dramatisches Purpur und wird zu glutvollem Karminrot. Und auf einmal erscheint die Wüste nicht mehr öd und leer. Die Landschaft wird belebt durch dieses Licht der sterbenden Sonne. Steine heben sich mit plötzlich scharfen Kanten von der Umgebung ab. Bodenwellen bekommen Konturen, wachsen hervor, dehnen und vergrößern sich, und Sandberge begeben sich auf Wanderschaft. Eine grandiose, wilde Verabschiedung des Tages. Und dann, von einem Moment auf den anderen, ist es dunkel. Doch keineswegs pechschwarze Nacht, das Sternenlicht taucht die Wüste in ein silbriges Licht. Meine Pupillen weiten sich, und ich kann mein Lager problemlos einrichten, nehme Aton die Last ab, striegle sein Fell, damit sich keine Druckstellen bilden, und befreie die Hufe von eingetretenen Steinchen.

Spät in der Nacht werde ich durch Kratzen und Rascheln aus dem Schlaf gerissen, in der Stille dröhnen die Geräusche überlaut. Auf dem Rücken im Schlafsack liegend, blenden mich die Sterne, und die Erde erscheint in undurchdringliches Schwarz gehüllt. Das Knistern und Knattern dauert an, der Verursacher muss ganz in der Nähe sein. Inzwischen haben sich meine Augen an die Dunkelheit gewöhnt, und ich kann mehr Details wahrnehmen. Es beruhigt mich, dass ich nirgendwo den Körperumriss eines Menschen sehe, doch gleich durchzuckt mich erneut ein Schreck. Ob die Wärme meines Lagers eine Sandrasselotter oder eine Hornviper, vielleicht sogar eine Kobra angelockt hat? Hätte ich nur mein Zelt aufgebaut und mich dort zum Schlafen hineingelegt, doch dazu ist es nun zu spät. Ich schalte die griffbereit neben mir liegende Taschenlampe an; besser ich weiß, wo die Schlange ist, bevor sie mir zu nahe kommt.

Da sehe ich ihn im Lichtkegel. Trotz seiner übergroßen Ohren ist er durch die Stacheln am Rücken unverkennbar – ein Igel. Der Wüstenigel hat ein sandhelles Stachelkleid und am Bauch ein schneeweißes Fell. Das Licht behagt dem stachligen Gesellen nicht, und er trippelt eilig in die Dunkelheit zurück.

Da ich nun einmal wach bin, folge ich ihm eine Weile und entdecke weitere nächtliche Wüstenbewohner: Springmäuse. Mit ihren langen Hinterbeinen können die kaum zehn Zentimeter kleinen Tierchen zwei bis drei Meter weit und einen Meter hoch springen. Die winzigen Vorderpfötchen sind kaum zu bemerken. Sie dienen nicht der Fortbewegung, sondern halten beim Fressen die Nahrung. Diese Springmäuse, mit dem lateinischen Namen *Jaculus*, ähneln ein bisschen einem Miniaturkänguru. Ungewöhnlich lang ist der Schwanz, fast zwei Mal so lang wie der Körper, und er endet in einem tiefschwarzen Schwanzfächer, aus dem ein leuchtend weißes Haarbüschel herausragt. Diese weiße Bommel, unverkennbar auch in der Nacht, dient einem wirkungsvollen Ablenkungsmanöver. Bei Gefahr wird die Aufmerksamkeit eines Feindes auf die Schwanzquaste gelenkt, wobei das farblich an die Umgebung angepasste Tierchen meist übersehen wird und sich retten kann.

Als ich mich wieder im Schlafsack zusammenrolle, heult weit in der Ferne ein Schakal. Mir gefällt dieser Ruf, der mein Wüstenabenteuer bereichert und mir beweist, dass die Wüste voller Leben ist.

Erste Sonnenstrahlen tauchen die Erde in warmes Licht. Die auf Steine und Sand reduzierte Landschaft beglückt mich mit ihrer Unbegrenztheit. Einen weiteren Tag will ich mit Aton in dieses Vakuum hineinwandern, mich der Stille und der Einsamkeit ausliefern. Damit mein Esel nicht unter Durst leiden muss, habe ich für ihn einen 20-Liter-Kanister Wasser dabei. Ich gebe ihm eine erste Ration.

Esel können bis zu 25 Prozent ihres Körpergewichts an Wasser verlieren, ohne Schaden zu nehmen. Ein Mensch ist nach nur fünf Prozent am Verdursten, bei zwölf Prozent ist er unrettbar verloren und stirbt, selbst wenn ihm Flüssigkeit zugeführt wird. Während ein Mensch nur wenige Liter auf einmal zu sich nehmen kann, saufen Esel 40 Liter hintereinander, Kamele sogar unglaubliche 135 Liter. So viel trinken die Tiere natürlich nur, wenn ihnen die Flüssigkeit lange vorenthalten wurde.

Die Spuren im Sand zeigen mir den Artenreichtum der Wüste. Tagsüber wirkt sie totenstarr, doch die Kühle der Nacht lockte die Tiere aus ihren Verstecken. Die Trittsiegel des Igels umkreisen meine Kochstelle. Hätte ich ihn nicht mit dem Schein meiner Taschenlampe erwischt, wüsste ich nicht, von welchem Wesen sie stammten. Nach Form, Größe und Abständen hätte ich auf eine Ratte getippt.

Im Flugsand zwischen den Grasbüscheln kreuzen sich besonders viele Spuren. Jaculus-Springmäuse sind meterweit gehüpft. Schwarzkäfer mit dem lateinischen Namen Tenebrio, die sich tagsüber tief in den Sand eingraben, verraten ihre Existenz durch filigrane Krabbelmuster. Geckos, oder waren es Skinke, eine Eidechsenart, haben mit ihrem Schwanz eine Furche zwischen ihren Fußabdrücken gezogen. Wenig später fällt mir eine ähnliche Spur auf, nur sehr viel größer. Diese Echse muss mindestens einen Meter lang sein. Es war ein Waran, der seine Anwesenheit in den Sand eingezeichnet hat.

Wie ein aufgeblättertes Buch liegt die Wüste vor mir, und ich freue mich, dass ich gelernt habe, ihre Zeichen zu lesen. Sie verraten mir nicht nur, welche Tiere hier leben, sondern auch dramatische Geschichten, die sich nachts abspielen, wer wen verfolgt, gejagt und erbeutet hat. Dort hat ein Skink einen Schwarzkäfer gefressen; nur die schwarzen harten Flügeldeckel sind übrig geblieben. Hier wurde ein Skorpion von einer Echse getötet; der Giftstachel liegt neben den

Kampfspuren. Andere wieder hatten Glück, sie sind in dieser Nacht noch einmal entkommen. Im Sand eingeprägte Geschichten von Tod und Verderben, von Fressen und Gefressenwerden und immer wieder auch vom Überleben und sich Fortpflanzen. Aufmerksam mustere ich eine hundeartige Fährte, durchkreuzt von winzigen Pfotenabdrücken. Eine Wüstenfüchsin mit ihren Jungen könnte hier entlanggelaufen sein. Wüstenfüchse, auch Fennek genannt, haben riesige wie Schalltrichter geformte Ohren. Vielleicht war es aber auch eine Schakalmutter mit ihren Kindern oder sogar eine Hyäne? So genau kann ich die Spuren dieser Tiere nicht auseinanderhalten.

Eine Tiergruppe fehlt: die Schlangen. Dabei gab es einst 40 verschiedene Schlangenarten in Ägypten. Durch den übermäßigen Einsatz von Pestiziden beim Feldanbau sind über die Hälfte aller Arten im Niltal ausgestorben und die anderen sehr selten geworden. Kaum noch begegnet man in Ägypten einem dieser Reptilien, dennoch werde ich in der nächsten Nacht sicherheitshalber im Zelt schlafen. Ich baue es auch auf, aber wegen des prachtvollen Sternenhimmels lege mich dann doch wieder mit meinem Schlafsack auf den Wüstenboden vor das Zelt.

Mit formender Kraft streicht der Morgenwind über die Landschaft hinweg, verwischt die Trittsiegel, säubert die Zeichenunterlage für die nächste Nacht, zerreibt die Steine, bewegt den Sand, riffelt ihn zu Wellenmustern, treibt ihn vor sich her, häufelt ihn auf zu Dünen, verweht ihn, formt ihn wieder neu und anders.

Bald schon steht die Sonne im Zenit, brennt selbst jetzt im Wintermonat Dezember heiß auf das ausgedörrte Land. Ihr gleißendes Licht löscht die Farben aus. Grau ist jetzt der Wüstenboden. Hügel werden zu flachen Wellen, und Staubschleier verhüllen den Horizont. Nirgendwo findet sich eine Grenze für das Auge. Das Vakuum der Wüste zieht mich in seinen Bann, ewig könnte ich so weitergehen und würde doch nie ankommen. Verschwinden würde ich in der Unendlichkeit, in diesem Feuerofen aus Hitze und Staub.

Eine Erzählung des argentinischen Schriftstellers Jorge Luis Borges fällt mir ein, die meine Gedanken in Bilder fasst. Die Geschichte handelt vom Kampf des Königs von Babylon mit einem Nomadenstamm. Der König hatte den Anführer des Stammes in seine Gewalt gebracht und stellte ihm eine kaum zu lösende Aufgabe: Wenn er es schaffe, aus dem Labyrinth der Stadt mit ihren verwinkelten Straßen, Seitenwegen und Sackgassen zu entkommen, sei ihm das Leben geschenkt. Lange irrte der Nomade im Stadtlabyrinth umher, niemand durfte ihm Unterkunft oder Verpflegung geben. Der Mann starb fast vor Hunger und Erschöpfung, doch schließlich gelangte er ins Freie. Wenig später wurde der Herrscher Babylons von eben diesem Nomadenstamm gefangengenommen. Man führte ihn hinaus in die Wüste und ließ ihn dort stehen mit den Worten: »Das ist unser Labyrinth, nun finde den Ausweg!« Der König ward nie mehr gesehen.

Mir behagt dieses Wanderleben sehr. Nach einem langen Marsch bin ich abends auf eine köstliche Weise müde und freue mich, wenn ich einen guten Lagerplatz finde. Kein Platz ist wie der andere, jeder hat seine eigene Ausstrahlung. Ich suche nach Stellen, die mich willkommen heißen mit weichem Sandboden ohne Geröll, die mich vor dem Wind schützen und vor Blicken verbergen, mir jedoch gleichzeitig Aussicht bieten. Bevor ich einschlafe, blicke ich in den samtig schwarzen Sternenhimmel über mir mit seinen glitzernden Punkten. Ich erkenne das Sternbild des Orion, die Plejaden und den hellen Bogen der Milchstraße.

Am nächsten Morgen ziehen Aton und ich weiter. Nichts bleibt zurück, außer unseren Spuren im Sand, die bald vom Wind verweht sein werden. Ankommen, um wieder zu gehen, jeden Abend neu und jeden Morgen anders. Ein Rhythmus, der mich glücklich macht.

In dieser Weite wird Freiheit greifbar, eine Freiheit, die hart ist und manchmal das Leben kosten kann. Monotonie der Schritte. Flimmern der Luft. Gluthitze tagsüber und zugleich ein eiskalter Nordwind. Mein Körper wird von zwei Extremen geteilt, eine Seite brät in der Sonne, die andere fühlt sich an wie in einem Eisschrank. In Gedanken versunken wandere ich seit drei Tagen dahin, mein Aton neben mir. Zauber der Wüste. Ringsum die Unendlichkeit des Himmels und der Erde, und zwei einsame Wanderer unterwegs ins Unwägbare und Unbestimmte.

Am vierten Tag werden wir von einem Sandsturm überfallen. Schlagartig wird es kalt und dunkel. Wind kommt auf, steigert sich rasend schnell zum Sturm, wirbelt Sand auf, treibt ihn als Walze vor sich her. Nirgendwo in dem flachen Gelände ein Schutz. Angst kriecht in mir hoch, und mein Herz rast. Sandkörner prasseln hart auf meine Haut. Aton liegt am Boden, die Lasten habe ich ihm zuvor abgenommen. Ich lege mich neben ihn, presse mein Gesicht in sein Fell. Sein Geruch vermittelt mir Geborgenheit, mein Atem beruhigt sich, mein Herz schlägt wieder langsamer. Bald sind wir von einer zentimeterdicken Schicht Sand bedeckt. Das Geriesel, Gezischel und Geschleife des Flugsandes klingt furchterregend.

So schnell wie der Sturm über uns hereingebrochen ist, hört er wieder auf, als habe er uns nur eine Kostprobe seiner tödlichen Kraft geben wollen. Wäre es der gefürchtete chamsin gewesen, hätte er tagelang getobt, uns hilflos und quälend lange festgehalten und vielleicht sogar getötet, wie viele vor uns.

Die Wüste hat auf Menschen eine ganz unterschiedliche Wirkung. Entweder sind sie von ihrer Eintönigkeit, Härte und Lebensfeindlichkeit abgestoßen, oder sie fühlen sich unwiderstehlich angezogen.

Mich fasziniert die Wüste gerade, weil es eine extreme Landschaft ist, in der das Leben auf das Wesentlichste reduziert wird und wo Gegensätze hart aufeinanderprallen: Hitze und Kälte, Tag und Nacht, Tod und Leben. Die Leere der Wüste, ihre schwingende Unendlichkeit übt einen eigentümlichen Sog auf mich aus, drängt mich, nach dem fernen Horizont zu greifen, immer tiefer in eine Landschaft hineinzugehen, die sich im Hitzeflimmern verflüssigt. Wie in Trance laufe ich, bin ganz Rhythmus, schwinge im Takt, der mir das Gefühl vermittelt, mit der Wüste zu verschmelzen, ein Teil von ihr zu werden.

Das Sichverlieren, diese Ekstase der Gefühle, ist gefährlich. Mein Gefährte Aton hilft mir, wieder zu mir zu kommen, meine Willensfreiheit zurückzuerlangen und mich zur Umkehr zu bewegen. Er bleibt einfach stehen, rührt sich nicht von der Stelle, blickt starr auf etwas Dunkles im Sand: die mumifizierten Reste eines Esels. Von dem Tier ist nicht viel übrig geblieben, nur Gebeine, von Sonne und Wind weiß gebleicht, behangen mit Fetzen eingetrockneten Fells. An Form und Gestalt hat Aton den Artgenossen erkannt, oder wittert er den Tod? Abrupt löst er sich aus seiner Schreckstarre, macht einen gewaltigen Satz zur Seite und zieht mich weg von dem verdursteten Tier.

Die Wüste bewahrt diese Zeichen der Unglücklichen, denen sie den Tod gebracht hat, über Jahrhunderte auf. Wie ist es dann aber möglich, dass 50 000 Menschen samt ihren Lasttieren und allem, was sie mit sich führten, spurlos in der Sahara verschwunden sind? Kein Überbleibsel, rein gar nichts wurde gefunden vom großen Heer des Perserkönigs Kambyses. Er hatte, ohne selbst mitzugehen, im Jahr 525 v. Chr. den Befehl gegeben, von Theben, dem heutigen Luxor, zur Oase Siwa zu ziehen und sie zu erobern. Überliefert wurde der missglückte Wüstenfeldzug von Herodot, dem berühmtesten

Geschichtsschreiber der Antike. Keinem Forscher ist es bisher gelungen, Licht in das dunkle Schicksal der Verschwundenen zu bringen.

Die Oase Siwa gibt es noch heute, damals war sie ein wichtiger Knotenpunkt im Karawanennetzwerk. Aus dem Inneren Afrikas wurden Waren an den Zollstationen im Niltal vorbei durch die Sahara transportiert, ein einträgliches Geschäft. Nachdem Kambyses das Pharaonenreich besiegt hatte, wollte er die Oase Siwa mit ihrem florierenden Handel unter seine Kontrolle bringen. Aber hat er wirklich 50 000 Mann in die Wüste geschickt? Ob sich nicht in den historischen Aufzeichnungen ein Zahlenfehler eingeschlichen hat? Alle späteren Chronisten haben wahrscheinlich von Herodot abgeschrieben und die ungeheure Zahl kritiklos übernommen.

Kambyses rüstete derweil ein zweites Heer, mit dem er gegen Nubien zog. Auch dieses Unternehmen ging für den Eroberer nicht gut aus, wie eine nubische Stele beweist. Kambyses wurde besiegt und starb 522 v. Chr. durch sein eigenes Schwert. Das sieht nach einer Verzweiflungstat aus, obwohl Herodot behauptet, es sei ein Unfall gewesen. Als der Perserkönig aufs Pferd stieg, so schrieb Herodot, sei sein Schwert aus der Scheide gesprungen und habe ihn am Bein verletzt, worauf der Herrscher am Wundbrand starb.

Tiefer als es eigentlich meine Absicht gewesen war, hatte ich mich in die Wüste hineingewagt, war sparsam gewesen mit dem Wasser und konnte Aton sogar noch aus meinem Kanister etwas abgeben. Nach sechs Tagen erreichen wir auf der Höhe von Esna wieder das Niltal. In einem Kanal sprudelt endlich frisches Wasser, und Aton säuft sich satt. Ich nehme mir Zeit, das Wasser zu filtern. Nie trinke ich ungefiltertes oder unabgekochtes Wasser. Diese Regel hat mich auf allen meinen Reisen vor Durchfallerkrankungen bewahrt.

Am späten Nachmittag schlage ich unser Lager unter einer Akazie auf. Kaum bin ich eingeschlafen, bricht unglaubliches Getöse über mich herein. Es ist mein Esel, der sich lautstark meldet. Aton saugt sich wieder und wieder voll Luft und stößt sie schreiend aus. Sein Bauch arbeitet wie ein Blasebalg, die Nüstern sind weit geöffnet, und aus seinem Maul quillt lautes Geschrei wie aus einer gequälten, verstimmten Orgel. Ausgepumpt endet Aton mit einem letzten Schnapper. Endlich Ruhe! Da saugt er erneut Luft, beginnt wieder und will sich gar nicht mehr beruhigen. In der Wüste hatte Aton geschwiegen, nur ein leises Schnaufen hatte er ab und zu hören lassen. Kaum nähern wir uns dem Niltal, schreit er, was seine Lungen hergeben, denn der Wind trägt ihm den Geruch von Artgenossen zu. Aton fühlt sich zur Konversation herausgefordert, will allen Eseln weit und breit seine Ankunft mitteilen.

Atons Iah-Geschrei hat niemanden angelockt. Er beruhigt sich, und so klingt der Abend in Stille aus. Leise spielt der Wind mit den Zweigen. Der Baum wölbt seine Krone mit den feinen, gefiederten Blättern vor dem sich verdunkelnden Himmel. Sterne blinken auf. Der Wind wird heftiger, die Wüste schickt mir einen letzten sandigen Gruß zum Abschied.

PERU
Botschaften im Wüstensand

Das erste Mal erfuhr ich von Maria Reiche, als ich am Max-Planck-Institut in Seewiesen, wo ich an meiner Promotion arbeitete, einen Vortrag über die »Nazca-Linien« hörte. Ich war sofort fasziniert von diesen Zeichen und Figuren in der Wüste, die man nur aus der Luft sehen kann. Im Jahr 1986 lernte ich dann bei Aufnahmen für einen Dokumentarfilm Maria Reiche persönlich kennen, die ihr Leben der Erforschung der Wüstenzeichen gewidmet hatte.

Schützend legt die Frau die Hand über die Augen und schaut aufmerksam in die flimmernde Ferne. Dann geht sie mit leichten Schritten eine schnurgerade Linie entlang. Der Wind weht den dünnen Baumwollstoff des Rockes um ihre Beine. Seit Jahrzehnten erforscht Maria Reiche geheimnisvolle Zeichen in der Wüste bei der kleinen Ortschaft Nazca in Peru. Mit Bandmaß und Kompass vermisst sie die Linien, berechnet ihre Länge und Richtung. Auf den ersten Blick sehen sie aus wie schmale Pisten oder Wege. Aber Maria weiß, dass es keine Pfade sind, die durch die Wüste führen, sondern dass es sich hier um eines der größten Rätsel der Menschheit handelt. Das Muster, das die Linien bilden, ist allerdings nur erkennbar, wenn man aus großer Höhe herabblickt. Maria hatte sich mutig auf den Kufen eines Hubschraubers festbinden lassen, um verzerrungsfreie Fotos aufnehmen zu können. Ihre Bilder von 1956 erregten weltweite Aufmerksamkeit und hängen heute im peruanischen Militärmuseum.

»Sie müssen fliegen«, hatte Maria zu mir gesagt. »Erst dann können Sie das alles verstehen.«

Der Motor dröhnt, das Flugzeug rast los. Die Räder fetzen über die sandige Piste und wirbeln Staubwolken auf. Der Pilot zieht die Maschine steil nach oben und fliegt dann in 300 Meter Höhe über das Wüstenplateau. Gespannt blicke ich aus der offenen Flugzeugkanzel nach unten, deren Tür ausgehängt wurde, damit ich besser fotografieren kann. Ich sehe ausgetrocknete Flüsse, deren Kiesbett sich hell gegen den braunen Wüstenboden abhebt. Ungehindert bläst der Wind in die offene Kabine, die Kälte dringt durch meine Kleidung.

Ich zweifle schon, ob ich sie überhaupt erkennen kann, die rätselhaften Zeichen. Da – die erste Linie! Ein heller Strich auf dunklem Boden, schnurgerade, wie mit dem Lineal gezogen. Die Linie führt kilometerweit, sogar über Hügelketten, als gäbe es kein Hindernis. Da, noch mehr! Ein Netz aus breiten und schmalen, sich kreuzenden Linien, dazwischen rechteckige Flächen, Trapeze und Dreiecke. Ich wundere mich, wie exakt sie gezeichnet sind, mit Umrissen, die scharf und gerade sind und so groß, als wären sie mit einer Riesenhand eingraviert. Mein erster Gedanke: Das kann kein Menschenwerk sein. Und doch ist es so. Jetzt sehe ich Pfeile, viele Pfeile, riesige Pfeile, als würden sie jemandem den Weg weisen wollen. Sie zeigen alle in die gleiche Richtung, aber selbst aus der Höhe kann ich nicht erkennen, worauf sie hinweisen.

Für wen wurden diese Zeichen geschaffen, die nur aus der Luft zu sehen sind? Wie elektrisiert durchzucken mich diese Fragen. Ich schaue hinunter auf die Erde, blicke auf ein Geheimnis aus der Vergangenheit, auf ein Rätsel, das Jahrtausende alt ist. Was ich sehe, wirkt wie eine Botschaft, die es zu entschlüsseln gilt.

Maria Reiche hat sich ihr Leben lang bemüht, diesen Schlüssel zu finden. Sie entdeckte Tierfiguren: Kolibri, Spinne, Kondor, Wal und Fisch. Als hätte jemand die Wüste wie ein Zeichenpapier benutzt. Die Figuren sind auf die gleiche Weise geschaffen worden wie die Linien, indem die braune, oberste Geröllschicht beiseitegeschoben wurde, bis darunter eine hellere Schicht zum Vorschein kam. Weil es hier in der peruanischen Küstenwüste Atacama so gut wie nie regnet, blieben Figuren und Linien jahrtausendelang erhalten. Der Wind trägt zudem dazu bei, dass sie sichtbar bleiben. Wenn die erhitzte Luft aufsteigt, nimmt sie den feinen Staub mit, der sich in den Linien abgelagert hat.

Weil die Dimensionen der Zeichen riesig sind, kann man vom Boden aus nicht erkennen, welche Formen sie bilden. Deshalb war es für Maria Reiche jedes Mal eine spannende Aufgabe, eine neue Figur zu vermessen und die Daten in verkleinertem Maßstab auf Papier in eine Zeichnung zu übertragen. Wieder einmal fand sie eine eigenartig in Bögen verlaufende Linie. Was nur könnte sie darstellen? Tag für Tag wanderte sie hinaus in die Wüste, kümmerte sich nicht um die sengende Sonne, schien die Hitze nicht wahrzunehmen, vergaß Hunger und Durst, übertrug unermüdlich die Messpunkte auf ihren Skizzenblock. Allmählich entstand ein Bild, indem sie die Messpunkte mit Linien verband, doch Maria konnte noch immer nicht erkennen, was es war. Ein Tier oder ein Mensch? Die Figur hatte einen Schwanz wie ein Chamäleon, aber Hände und Füße mit Fingern und Zehen. Sie übertrug weitere Messpunkte in die Skizze und musste plötzlich lachen. Das Rätsel war gelöst – die Figur stellte einen Affen dar. Im Amazonas-Urwald leben Klammeraffen, die sich mit ihrem langen Schwanz geschickt an Ästen festhalten und den sie spiralförmig aufrollen können.

Maria Reiche wurde 1903 in Dresden geboren, studierte Mathematik, Physik, Geografie, Philosophie und Pädagogik an der Technischen Universität in ihrer Geburtsstadt. Im Jahr 1932 bewarb sie sich auf eine Annonce des deutschen Konsuls in Cuzco und unterrichtete zwei Jahre lang seine Kinder. Als ihr Vertrag als Privatlehrerin ausgelaufen war, arbeitete sie in der peruanischen Hauptstadt Lima am archäologischen Museum und bekam dort Kenntnis von den Nazca-Linien. Von den geheimnisvollen Zeichen wusste man in Peru noch nicht lange, da man sie vom Boden aus nicht wahrnehmen kann. Erst ab 1930 überflogen Transport- und Militärflugzeuge die Atacama-Wüste, dabei entdeckten Piloten die seltsamen Muster auf dem Wüstenboden. Als Maria im Jahr 1941 davon erfuhr, reiste sie sofort in die 450 Kilometer entfernte Region nach Nazca, einem kleinen Landstädtchen am Rand der Wüste, und fand dort ihre Lebensaufgabe. In einem 500 Quadratkilometer großen Gebiet hat sie rund 1000 Linien und über 50 Figuren vermessen und in maßstabgerechte Pläne eingezeichnet.

Wie aber wurden die Zeichen geschaffen, wenn man sie wegen ihrer Größe vom Boden aus doch gar nicht überblicken konnte? Maria fand heraus, dass die Schöpfer der Wüstenzeichen jede Figur zunächst verkleinert gezeichnet haben und dann in vergrößertem Maßstab auf den Boden übertrugen. Das geht aber nur, wenn es eine Maßeinheit gibt, mit der man alle Maße im gleichen Verhältnis vergrößern oder verkleinern kann. Maria fand dieses Grundmaß: Es sind genau 33 Zentimeter. Ein einfaches Hilfsmittel diente dazu, die Linien exakt auszuführen. Wie ein Gärtner, der seine Beete anlegt, verwendeten die Wüstenzeichner eine Schnur und Holzpflöcke. Spannt man einen Faden zwischen zwei in den Boden gesetzte Hölzer, erhält man eine gerade Linie. Spiralen stellt man mit drei Pflöcken her, indem man die Schnur an dem mittleren Pfosten befestigt. Das andere Ende nimmt man straff in die Hand und geht im Kreis. Dabei wickelt sich die Schnur um die Pflöcke, und die Kreise werden immer kleiner. Markiert man den zurückgelegten Weg auf dem Boden, entsteht das Bild einer Spirale. Einige dieser uralten Pflöcke hat Maria gefunden und ihr Alter bestimmen lassen. Sie sind rund 2000 Jahre alt.

Damals war dieses Gebiet schon besiedelt. Aber wer waren die rätselhaften Wüstenzeichner? Auch darauf fand die Forscherin eine Antwort. In den Flussoasen, die das Wüstenplateau durchziehen, lebten Menschen, die eine hochentwickelte Kulturstufe erreicht hatten, wie die Ruinen von Cahuáchi im Nazca-Tal beweisen.

Eine geheimnisvolle Stimmung umgibt diesen Ort, der vom Wüstensand fast verweht ist. Hohe Pyramiden ragen aus dem Sand, und gegabelte Holzstelen in zwölf mal zwölf Reihen stehen in genau gleichen Abständen auf einer Anhöhe. Cahuáchi war eine heilige Stätte, zu der Menschen aus den umliegenden Tälern pilgerten, um Rituale zu Ehren der Götter zu feiern und ihre Toten zu bestatten. Die Grabbeigaben beweisen, dass diese Menschen die Schöpfer der Wüstenzeichen waren. Die Tongefäße sind mit den gleichen Mustern und Figuren bemalt, wie sie auch auf dem Wüstenboden angelegt wurden: Kolibris, Spinnen, Affen und Spiralen.

Maria Reiche war davon überzeugt, dass die Bevölkerung mithilfe der Linien Himmelskörper anpeilten, um das richtige Datum für Aussaat, Ernte und religiöse Feste zu bestimmen. Die Wüstenzeichen seien ein astronomischer Kalender, verkündete die Wissenschaftlerin. Sie fand Linien, die zum Zeitpunkt der Sonnenwende auf die untergehende Sonne weisen. Auch die Figuren scheinen Sternbildern zugeordnet zu sein. Die Spinne verkörpert das Sternbild des Orion und der Affe das Sternbild des Bären, bei uns auch als Großer Wagen bekannt. Als Beweis dienen Linien, die durch die Figuren führen und auf den hellsten Stern im jeweiligen Sternbild zeigen.

Die Forscherin hat noch mehr herausgefunden: Mithilfe der Wüstenzeichen könnten sich Zeitangaben verschlüsseln lassen. Wenn das Grundmaß von 33 Zentimetern einem Tag entspräche, würde die Länge einer Linie eine bestimmte Anzahl Tage darstellen. Wenn es gelänge, alle Längenmaße in Zeitangaben zu übersetzen, könnten wir in der Wüste lesen wie in einem Geschichtsbuch, meinte Maria Reiche.

Nachdem ich die Linien und Figuren vom Flugzeug aus gesehen habe, will ich zu Fuß in die Wüste hinausgehen. Maria hatte mir noch einmal versichert, vom Boden aus sei nichts wahrzunehmen, denn die Figuren seien zu groß, um sie von der Erde aus überblicken zu können. Der Kolibri zum Beispiel misst 90 Meter, dabei ist er eine der kleineren Figuren. Dennoch will ich einen Tag allein in der Atacama verbringen, um die Arbeit der Forscherin besser verstehen zu können.

Vom 300 Meter tief gelegenen Nazca-Flusstal steige ich hinauf auf das Wüstenplateau. Abrupt ist der Wechsel von einer Landschaftsform zur anderen, von der fruchtbaren Oase, wo vor allem Baumwolle angebaut wird, zur Steinwüste. Eine Ebene mit braunem Geröll breitet sich vor mir aus und reicht bis zum Horizont. Nichts Aufregendes ist zu sehen. Die Landschaft ist flach, öde, eintönig. Allmählich gewöhnen sich meine Augen daran, Unterschiede in der Verteilung der Steine zu bemerken. Ich finde eine Linie, sie ist zwei Meter breit und nur etwa zehn Zentimeter tief. An ihren beiden Rändern häuft sich das beiseitegeschobene Geröll. Vorsichtig gehe ich auf ihr entlang. Wohin wird sie mich führen? Ich beginne zu verstehen, was Maria Reiche so fasziniert hat, warum sie ihr Leben den Wüstenzeichen gewidmet hat. Es ist verführerisch, weiter und weiter in die Wüste hineinzugehen und dabei zu wissen, dass man einem Liniensystem folgt, das Menschen in Vorzeiten angelegt haben, zu Zwecken, die wir nur erahnen können.

Die Sonne steigt höher und brennt senkrecht vom Himmel. Vermutlich bin ich das einzige Lebewesen in dieser Steinwüste. Kein Vogel fliegt vorbei. Kein Insekt krabbelt am Boden. Nicht einmal Pflanzen wachsen hier, weder dornige Sträucher noch Kakteen. Das Knirschen meiner Schritte ist das einzige Geräusch. Doch da! Was ist das? Ich bleibe stehen, lausche. Singt da nicht jemand, weit entfernt, kaum hörbar? Ein zartes Vibrieren schwingt durch die Luft, oder dringt es aus der Erde hervor? Schließlich bin ich mir sicher, es müssen die Steine sein, die sich in der Sonnenglut ausdehnen. Und wenn sie dann zerspringen, entsteht dieser Klang.

Ein eigenartiges Empfinden ergreift mich. Dass ich die scheinbar überirdische Musik rational erklären kann, hilft mir nicht wirklich, denn ich habe das Gefühl, nicht mehr allein zu sein. So, als hätte sich die Wüste in ein Wesen verwandelt, das ich zwar nicht sehen, aber hören und fühlen kann. Die Wüste ist nicht öde und leblos. Ihre Kargheit ist Reichtum. Ihre Weite ist Freiheit. Ihre Einsamkeit ist Geborgenheit. Vielleicht hat Maria Reiche Ähnliches empfunden, ist so dem Zauber der Wüste verfallen und deshalb für immer hiergeblieben.

Die Linie, der ich folge, führt nicht mehr schnurgerade in eine unbestimmte Ferne, sondern im Zickzack wie durch einen Irrgarten. Dann umrundet die Linie eine Figur. Allerdings, wie diese Figur aussieht, kann ich vom Erdboden aus nicht erkennen, dazu ist sie zu groß. Aber es muss eine Figur sein, weil die Linie sich immer wieder rundet und Kurven beschreibt. Während ich Schritt um Schritt der Linie folge, meine ich plötzlich zu verstehen, wozu die Wüstenzeichen dienten. Es könnten Prozessionswege gewesen sein, um mit den Göttern in Kontakt zu treten.

Ich stelle es mir so vor: Einer hinter dem anderen, in langen Reihen, folgten die Menschen den Priestern entlang der heiligen Wege.

Durch das Labyrinth der Linien gelangten sie schließlich zu der Figur, die ihr Anliegen verkörperte. Vielleicht zum Affen, der Fruchtbarkeit versprach, oder zum Kolibri, dem Boten, der zu den Berggöttern fliegt und ihnen die Bitten der Menschen überbringt, oder zum Fisch, der dem Wassergott geweiht ist. Wenn die Umrisslinie einer Figur erreicht war, begann das Ritual. Gebete murmelnd, beschritt einer nach dem anderen die magische Linie der Figur. Sie konnten die Figur nicht erkennen, weil sie zu groß war. Aber sie wussten, wie sie aussah, denn sie hatten gleiche Figuren in ihre Stoffe gewebt und auf ihre Keramiken gebrannt. Wenn sie wieder und wieder der Umrisslinie der Figur folgten, bildete diese sich in ihrem Bewusstsein ab und stellte so die Verbindung zu den Göttern her. Um diese günstig zu stimmen, opferten die Menschen als Höhepunkt ihrer Zeremonie Mais und Wasser. Dass es so gewesen sein könnte, beweisen Tonscherben von Wasserkrügen, uralte vertrocknete Maiskörner und Meeresmuscheln, die für die Wüstenbewohner einen besonderen Wert hatten. Diese Opfergaben fanden Archäologen inmitten der Figuren und jeweils am Beginn einer Linie.

Wenig wissen wir über das Leben und die Glaubensvorstellungen des verschwundenen Volkes, das in Nazca und den Nachbartälern, die das Wüstenplateau durchziehen, lebte. In Gräbern gefundene bemalte Tongefäße und Stoffe, in die mystische Figuren eingewebt sind, lassen viel Spielraum für Spekulationen. Woran diese Menschen glaubten, was sie hofften und fürchteten, können wir uns nur in der Fantasie ausmalen.

Als der spanische Seefahrer Pizarro und seine Gefolgsleute Peru eroberten, lebten die Nachfahren dieser 2000 Jahre alten Kultur noch immer im Nazca-Tal. Sie hätten vielleicht Auskunft geben können über ihre Ahnen, aber nur wenige überlebten diese Invasion. Die Bevölkerung kam bei den Kämpfen ums Leben und starb an ihr vorher unbekannten Krankheiten, gegen die sie keine Abwehrkräfte besaß. Später besiedelten indigene Gruppen aus den Anden die entvölkerten Küstengebiete. Sie hatten als Gebirgsbewohner andere Bräuche und wussten nichts von den Wüstenzeichen. So werden es wohl immer Vermutungen bleiben, mit denen wir versuchen, die Zeichen zu deuten. Maria Reiche sagte dazu: »Wir werden niemals für alles eine Erklärung finden, denn aus jeder Antwort entstehen neue Fragen. Aber gerade das macht das Leben so interessant.«

Das Rätsel von Nazca fordert uns immer wieder aufs Neue heraus, beansprucht unsere Vorstellungskraft und vermittelt uns die Ahnung von einer anderen Weltsicht. Die Menschen, welche die Linien und Figuren schufen, lebten im Einklang mit ihrer Umwelt. Das Leben war bestimmt von dem Willen der Götter, die oft unberechenbar und sogar grausam sein konnten. Um den Launen der Naturgötter nicht ohnmächtig ausgeliefert zu sein, mussten die Menschen versuchen, Kontakt zu ihnen aufzunehmen und sie in ihrem Sinn zu beeinflussen.

WILDNIS UND TIERE

Entdecken und beobachten

TANSANIA
MEXIKO
ARGENTINIEN
NAMIBIA

TANSANIA
Geparde im Ngorongoro-Krater

Die Besteigung des Kilimandscharo und des Mount Kenia im Jahr 1980 hatten meine Begeisterung für Afrika noch verstärkt. Deshalb war ich sehr davon angetan, als ich im Jahr 2009 den Auftrag erhielt, Tiere in afrikanischen Nationalparks zu fotografieren. Als Gebiet für meine Beobachtungen und Aufnahmen wählte ich den Ngorongoro-Krater.

In den nachtschwarzen Himmel fließt am Horizont ein rötlicher Schimmer, der sich immer weiter ausbreitet und schließlich das Firmament blutrot färbt. Noch ist die Sonne nicht aufgestiegen, da beginnen die Tiere schon den neuen Tag.

Die Ersten, denen ich begegne, sind die Gepardenmutter und ihre zwei Jungen, die ich schon am Tag zuvor beobachtet habe. Sie hockt auf einem Termitenhügel, die beiden Kleinen rechts und links neben ihr. Dunkel heben sich ihre Silhouetten gegen den Morgenhimmel ab. Das Bild scheint wie eingefroren. Die drei Gestalten verharren bewegungslos und starren in die Weite. Mit dem Fernglas kann ich in einiger Entfernung Antilopen erkennen, und jetzt bemerke ich auch, dass der Körper der Gepardin angespannt ist wie eine Stahlfeder. Vermutlich wird sie gleich lossprinten, um Beute zu machen. Gestern, am späten Nachmittag, hatte ich beobachtet, wie sie eine junge Antilope erlegte. Doch noch bevor sie und die Kleinen ihren Hunger stillen konnten, kamen die Hyänen. Alles Fauchen und das Sträuben der Nackenhaare nutzten der Katze nichts. Gegen die Übermacht hatte sie keine Chance.

Ich befinde mich im Ngorongoro-Krater, einem der tierreichsten Nationalparks Afrikas. Er liegt im Norden Tansanias und ist der größte vollständig erhaltene und nicht mit Wasser gefüllte Vulkankrater der Welt. Die Riesenschüssel hat einen Durchmesser von rund 20 Kilometern. Geschützt von 600 Meter hohen Felswänden finden hier unzählige Lebewesen günstige Bedingungen.

Mein Blick schwenkt von dem mit Buschwerk und Bäumen dicht bewachsenen Kraterwall zurück zur Gepardin. Noch immer beobachtet sie voller Anspannung die Beute, doch statt loszupreschen, wie ich es erwartet hatte, kriecht sie langsam von ihrem Aussichtsplatz herunter, schleicht geduckt, jede Bodenwelle nutzend, an die Herde heran. Geparde sind zwar die schnellsten Läufer im Tierreich und erreichen Geschwindigkeiten von über 110 Stundenkilometern, allerdings sind die Sprintstrecken selten länger als 500 Meter.

Die Raubkatze, die mit ihrem gefleckten Fell im hohen Gras fast unsichtbar ist, kriecht näher und näher. Es wird nicht mehr lange dauern, dann werden die Antilopen die Gefahr wittern. Vor Aufregung halte ich den Atem an. Nur noch wenige Meter. Da – sie schnellt vor, fliegt durch die Luft. Gezielt steuert sie ein Jungtier an, das kleinste in der Gruppe. Es hat keine Chance zu entkommen, die Gepardin wirft es mit einem Prankenhieb zu Boden. Erde und Grasbüschel wirbeln auf. Einen Moment lang kann ich nichts erkennen. Dann verzieht sich der staubige Vorhang, und ich sehe die Katze über ihrem Opfer liegen, den Hals des Kitzes in ihrem Maul. Geparde haben nicht so kräftige Kiefer wie Löwen oder Leoparden, die mit einem Biss töten, sie müssen das Opfer würgen, bis es erstickt. Es dauert einige Minuten, dann packt die Jägerin das Kitz am Nackenfell und trägt es zu ihren Jungen, die sich in den Schutz eines Gebüsches verkrochen und dort gewartet haben. Die wuscheligen Kleinen sind erst zwei oder drei Monate alt und somit zu jung, um die Mutter bei der Jagd zu begleiten. In diesem Alter werden sie noch gesäugt, doch probieren sie auch schon vom Fleisch.

Wer bei einer Safarireise den Reichtum der Tierwelt in Ostafrika erlebt, wird begeistert glauben, in einem Paradies zu sein, doch paradiesische Zustände herrschen keinesfalls. Es geht bei allen Arten ums Überleben, ums Jagen und Töten, ums Fressen und Gefressenwerden und darum, sich fortzupflanzen. Mit dem Nachwuchs wird die nächste Generation in das Karussell des Lebens entlassen. Bei meiner Gepardenfamilie, die ich nun schon seit Tagen beobachte, wird mir das ganz besonders deutlich.

Die Sonne steigt höher. In der Mittagshitze jagt die Gepardin nicht. Sie liegt mit ihren Jungen im Schatten, gut getarnt zwischen hohen gelben Gräsern.

Mein nächstes Beobachtungsziel ist der in der Mitte des Kraters gelegene Lake Magadi, ein salzhaltiger See. Dort hatte ich in den Tagen zuvor Flamingos gesehen, und mir schien, dass sie bald in Paarungsstimmung kommen könnten. Tatsächlich, schon von Weitem höre ich ihre tiefen Trompetenrufe und das glucksende Geschnatter. Was für ein Anblick! Eine riesige Ansammlung bevölkert den Natronsee. Er schimmert rosarot durch die Menge der hin und her wogenden Flamingos.

Ich spüre ein tiefes Glücksgefühl. So hatte ich mir mein Leben vorgestellt, inmitten von Tieren in einer grandiosen Landschaft zu sein. Genau das wollte ich seit meiner Kindheit. Viel habe ich dafür getan, dass sich dieser Wunsch erfüllt. Und doch empfinde ich es jetzt als Wunder, hier in Afrika sein zu dürfen, zu schauen, zu beobachten und mit allen Sinnen an diesem grandiosen Erlebnis teilzunehmen. Was habe ich für ein Glück, im Ngorongoro-Krater genau zu dem Zeitpunkt zu sein, als gerade die Balz der Flamingos beginnt. Die

Männchen, auffallend rot gefärbt, haben sich inmitten des Gewässers zu einem Pulk zusammengeschlossen. Den langen Hals und den Schnabel hochgereckt, drehen sie ihre Köpfe ruckartig nach links und rechts, dabei marschieren sie vorwärts. Tatsächlich, sie gehen nicht oder schreiten, sie marschieren. Dann, wie auf ein geheimes Kommando, wechseln alle gleichzeitig die Richtung. Einer dicht hinter dem anderen marschieren sie hin und her, ändern immer wieder die Richtung wie eine rosarote Truppe beim Exerzieren. Mit dieser Gruppenbalz versuchen sie, die Aufmerksamkeit der blassrosa gefärbten Weibchen zu erringen, die bislang völlig unbeteiligt nach Futter suchen. Der Marschiertanz der Flamingos bezweckt, dass sie alle möglichst schnell und synchron in Brutstimmung kommen, denn die Fortpflanzungszeit ist kurz, sie beginnt meist nach ausgiebigem Regen, weil es dann reichlich Nahrung gibt.

Schon im Jahr 1951 wurde der Krater zum Schutzgebiet erklärt. Bis 1919 war hier die Farm des deutschen Siedlers Adolf Siedentopf, der mit seiner Frau und seinem Bruder Rinder züchtete. Nachdem Deutschland den Ersten Weltkrieg verloren hatte, wurde Siedentopf von der britischen Kolonialverwaltung enteignet, das Farmhaus verfiel, nur noch ein paar Mauerreste sind zu sehen. Schon zur Zeit, als Siedentopf seine Farm betrieb, und verstärkt, nachdem er sie aufgeben musste, trieben die Massai ihr Vieh in den Ngorongoro-Krater und ließen es auf dem fruchtbaren Vulkanboden weiden. Der Viehbestand wuchs ständig, denn der Besitz möglichst vieler Rinder erhöht das Ansehen einzelner Massai in der Gemeinschaft und ist zudem als Brautpreis wichtig. Bald war der Krater überweidet und die Existenz der Wildtiere bedroht.

Dass der Lebensraum für die Wildtiere erhalten blieb, verdanken wir Bernhard Grzimek und seinem Sohn Michael, die mit ihrem Film

»Serengeti darf nicht sterben« eine breite Öffentlichkeit aufrütteln. Damals wurde auch der an die Savanne der Serengeti grenzende Ngorongoro-Krater in das Schutzprogramm integriert. Michael Grzimek starb, als er bei Filmaufnahmen mit seinem Flugzeug über der Serengeti abstürzte. Er wurde am Kraterrand beigesetzt, ebenso wie später die Urne seines Vaters. Eine kleine Steinpyramide kennzeichnet die Stelle.

Für meine Fotoaufnahmen und Tierbeobachtungen ist der Ngorongoro-Krater besonders gut geeignet. Der Tierreichtum ist größer als in anderen Nationalparks Afrikas, weil das Gras besonders gut wächst – Nahrung für zahlreiche Antilopen, Zebras und andere Pflanzenfresser, die wiederum zur Beute von Löwen, Leoparden, Hyänen, Schakalen und Geparden werden.

Eine Herde von 30 Kaffernbüffeln erregt meine Aufmerksamkeit. Die aufwärts geschwungenen Hörner setzen mittig am Kopf an und bilden dort beidseits einen Wulst, was mich an eine Mittelscheitelfrisur erinnert und den Tieren einen gemütlichen Ausdruck verleiht. Doch lasse ich mich von ihrer scheinbaren Friedfertigkeit nicht täuschen und halte vorsichtig Abstand. Sie gelten als reizbar und angriffslustig. Ich vermute allerdings, dass sie zu Unrecht zum gefährlichsten Wild Afrikas erklärt wurden, denn fast immer war auf die Büffel zuvor geschossen worden, ehe sie zum Angriff übergingen.

Zwischen den mächtigen Kaffernbüffeln stolzieren weiße Vögel umher, ein Trupp Kuhreiher. Sie picken die Insekten auf, die von der weidenden Herde aufgescheucht werden. Ab und zu fliegt einer der Reiher einem Büffel auf den Rücken und hält von oben Ausschau. Der weiße, zarte Vogel bildet einen interessanten farblichen Kontrast zu dem tiefschwarzen Fell. Es wird erzählt, Kuhreiher würden sich den Büffeln bei Gefahr auf den Kopf setzen und kräftig mit dem

Schnabel in die empfindliche Schnauze hacken, um sie so zu warnen. Der einzige Feind für die wehrhaften Tiere sind allerdings die Löwen – und der Mensch, der aber hier im Nationalpark nicht jagen darf.

Im Krater beobachte ich nicht nur die Big Five, also Elefant, Nashorn, Kaffernbüffel, Löwe und Leopard, sondern auch zahlreiche Gnus und Zebras. Ein besonderes Erlebnis habe ich am Gorigor Swamp, einem sumpfigen Gewässer. Ich bin gerade in die Beobachtung von Kronenkranichen, Trappen, Marabus und Sattelstörchen vertieft, da platscht es plötzlich heftig. Nahe am Ufer teilt sich das Wasser, schnaufend und prustend taucht der gewaltige Schädel eines Flusspferdes auf. Das Tier reißt sein Maul weit auf, und ich blicke hinein in einen rosaroten Schlund mit breiten, gelblichen Zähnen. Noch bevor ich mich von meinem Schreck erholt habe, taucht neben dem ersten Tier ein zweites auf und sperrt ebenfalls sein Maul auf. Erleichert stelle ich fest, dass die Aggression nicht gegen mich gerichtet ist, sondern die beiden Kontrahenten sich miteinander beschäftigen. Sie nähern sich mit weit geöffneten Mäulern, schnauben sich Wasserfontänen entgegen und wälzen ihre schweren Körper gegeneinander. Allmählich beruhigen sie sich, liegen nach der Auseinandersetzung träge im Wasser, und nur noch ab und zu prusten und schnaufen sie energisch. Es ging wohl um eine relativ harmlose Rangstreitigkeit. Dringt jedoch ein Rivale in das Gebiet eines Altbullen ein, kommt es zu erbitterten Revierkämpfen, bei denen sie sich mit ihren kräftigen Hauern oft schlimme Verletzungen zufügen.

Die Geschichte des Ngorongoro-Kraters begann vor 35 Millionen Jahren, als das Rift Valley, der 6500 Kilometer lange afrikanische Grabenbruch, entstand, der vom Sambesi bis zum Roten Meer reicht. Von gewaltigen Kräften im Erdinneren, der Plattentektonik, wurde die Erdkruste auseinandergerissen. An diesen Bruchlinien stieg Magma empor, Vulkane bildeten sich. Einer dieser Vulkane stieß gewaltige Mengen glutflüssigen Gesteins aus und wuchs höher als der Kilimandscharo. Dann, vor zweieinhalb Millionen Jahren, war die Magmakammer leer, und der riesige Hohlraum brach zusammen. Durch diesen Einsturz entstand der Ngorongoro-Krater.

Damals lebten in dieser Gegend bereits Hominiden, also unsere Vorfahren, die die vulkanischen Aktivitäten miterlebten. Nur wenige Kilometer vom Krater entfernt fand die britische Archäologin Mary Leakey in der Olduvai-Schlucht versteinerte Fußspuren. Zwei aufrecht gehende Vormenschen waren nach einem Vulkanausbruch dort unterwegs gewesen. Ihre Abdrücke haben sich tief in die weiche Asche geprägt. Es sind Spuren von großen und etwas kleineren Füßen, entweder von einem Mann und einer Frau oder von einem Erwachsenen und einem Kind. Bei einem erneuten Ausbruch wurden die Abdrücke mit Lava gefüllt und so konserviert. Auch 3,8 Millionen Jahre alte Knochen dieser Frühmenschen wurden entdeckt, allerdings etwas weiter entfernt im sogenannten Afar-Dreieck Äthiopiens. Wissenschaftler gaben ihnen die Bezeichnung *Australopithecus afarensis*. Das berühmteste Fossil ist »Lucy«, benannt nach dem bekannten Beatles-Song, der aus Freude über den Fund im Camp des Ausgrabungsleiters Donald Johanson wieder und wieder abgespielt wurde.

Genau hier war also die »Wiege der Menschheit«. Vielleicht fühlen wir uns deshalb von der Weite und Schönheit dieser Savannen-Landschaft so berührt, weil sie uns an eine ferne, längst vergangene Zeit der Menschheitsgeschichte erinnert.

Gegen Mittag ballen sich dunkle Wolken zusammen, von denen ein grauer Schleier über die Kraterwände hinabweht. Schwere Tropfen treffen auf den Boden. Eine Herde Gnus, die ich gerade beobachtet hatte, drängt sich eng zusammen. Gnus, man nennt sie auch Kuhantilopen, haben einen kuriosen Körperbau, das Vorderteil ähnelt einem Rind, das Hinterteil einer Antilope, und der Schwanz ist der eines Pferdes. Die Tiere stellen sich alle mit den Köpfen zum Wind, sodass der Regen mit dem Strich der Haare am Körper ablaufen kann. Kaum ist das Unwetter vorbei, verteilen sie sich erneut und rupfen Gras. Wenig später hat die Sonne das Fell getrocknet, und im Gegenlicht leuchten die hellen Haare an den Kehlen der Weißbartgnus wie Lichtfäden.

Die Gnus im Krater sind ortstreu, weil das günstige Klima dauerhaft genug Futter für alle wachsen lässt. In der Serengeti aber sind die Gnus, um nicht zu verhungern und zu verdursten, zu jährlichen Wanderungen gezwungen, immer dorthin, wo Regen gefallen ist. Im Verlauf eines Jahres wandern sie im Uhrzeigersinn vom Südosten der Serengeti nach Westen, dann wieder nordostwärts. Dabei legen sie eine Strecke von mindestens 1500 Kilometern zurück und müssen zweimal den Mara-Fluss überqueren, ein dramatisches Ereignis, bei dem vor allem zahlreiche Kälber ihr Leben verlieren.

Noch vor 60 Jahren wusste niemand, wohin die Tiere ziehen. Plötzlich waren sie verschwunden und tauchten dann wieder auf. Mit Fahrzeugen konnte man ihnen in der Regenzeit nicht folgen. Vater und Sohn Grzimek lösten das Geheimnis aus der Luft. Im Jahr 1958 beobachteten sie erstmals vom Flugzeug aus diese gewaltige Tierwanderung, bei der Gnus gemeinsam mit Zebras, Antilopen und Gazellen unterwegs sind, begleitet von lauernden Löwenrudeln und anderen Beutegreifern.

Am Nachmittag erwartet mich ein ungewöhnliches Bild bei den Geparden. Die Mutter hockt wachsam auf einem Erdhügel, die Jungen liegen im Gras, in ihrer Mitte befindet sich ein Antilopenkitz. Raubtier und Opfer auf paradiesische Weise vereint? Die Idylle trügt, die Gepardin hat ihrem Nachwuchs ein lebendes Objekt gebracht, damit sie die Jagd erlernen. Was ich nun erlebe, ist für menschliches Empfinden äußerst grausam. Die jungen Geparde haben wohl schon länger mit der Beute gespielt, jetzt haben sie sich ausgeruht und beginnen erneut. Sie schleichen sich an, versetzen dem Kitz Tatzenhiebe, werfen es um, beißen und kneifen. Das kleine Impala steht unter Schock, fiept verzweifelt nach seiner Mutter, versucht immer wieder wegzulaufen. Die jungen Geparde setzen hinterher, nehmen das Jungtier in ihre Mitte und umkreisen es, als würden sie Ringelreihen spielen. Die Gepardin greift nicht ein, beobachtet aus einigen Metern Abstand.

Nach einer Stunde tötet sie das Übungsobjekt, und alle zusammen fressen es auf. Vom menschlichen Standpunkt aus gesehen brutal, aber für die Geparden überlebenswichtig. Würden sie die Jagdtechniken nicht einüben, wären sie selbst die Todeskandidaten.

Ein erlebnisreicher Tag im Krater geht zu Ende. Die Sonne sinkt dem Horizont entgegen. Elefanten, einer hinter dem anderen, ziehen durch das weite Rund. Die Dämmerung beginnt, und die Tiere der Nacht, Hyänen, Schakale, Löwen und Leoparden, erwachen. Das Leben im Krater geht weiter und zieht seinen Kreis vom Tag zur Nacht. Auf jeden Abend folgt ein neuer Morgen, den nicht alle Tiere erleben werden.

MEXIKO
Bunte Gaukler – Schmetterlinge auf Reisen

Im Jahr 1985 wanderte ich auf dem Rückweg vom Vulkan Popocatépetl, dem mit 5482 Metern höchsten Berg Mexikos, durch die Sierra Nevada. Diese Gebirgskette ist 120 Kilometer lang und etwa 30 Kilometer breit. Bei meiner Wanderung gelangte ich in den kleinen Ort El Rosario in der Provinz Michoacán und erlebte eine Überraschung.

Es ist kalt im Hochland Mexikos. Ich bin spät dran, es ist Ende Oktober, und der Winter hat schon Einzug gehalten. Trotz des Namens »Schneegebirge«, wie die Sierra Nevada übersetzt heißt, sind die Berge bis 3000 Meter Höhe schneefrei und bewaldet. Es sind vor allem Tannen, die bis hinauf zur Baumgrenze reichen, aber auch Kiefern und Eichen gedeihen an den Berghängen. Im Dorf El Rosario erzählt mir ein Einheimischer von den Schmetterlingen.

»Sie sind schon da! Viele, viele, *milliones de mariposas*. Früher glaubten wir, es sind die Seelen unserer Vorfahren. Jedes Jahr am *día de muertos*, unserem großen Fest, an dem wir der Toten gedenken, erscheinen sie und fliegen erst wieder davon, wenn es Frühling wird.«

Meine Neugier ist geweckt, und ich bitte Don Ramos, mich dorthin zu führen, wo sich die Millionen von Faltern versammelt haben sollen.

»Morgen«, sagt er. »Heute ist es schon zu spät.« Denn wir müssen aus dem Tal bis zu einer Höhe von über 2500 Meter hinaufsteigen, behauptet er. Ich staune, so weit oben!

»Was machen die Falter denn dort? Sterben sie?«

»Nein«, entgegnet der Mexikaner, »sie schlafen.«

Schlafende Falter? Dieser ungewöhnlichen Aussage von Don Ramos kann ich kaum Glauben schenken, doch wie überrascht bin ich am nächsten Tag. Schlanke Tannen wachsen am Berghang des Cerro Pelón, und sie sind über und über mit orangefarbenen Schmetterlingen bedeckt. Die Falter hängen an den Ästen und Zweigen, selbst die Baumstämme sind mit einem bunten Schleier überzogen. Tatsächlich, es müssen Millionen, ja vielleicht Milliarden Schmetterlinge sein. Die leuchtend orange gefärbten Tiere mit den schwarzen Flügeladern sind Monarchfalter, *Danaus plexippus*. Sie pressen sich dicht an dicht aneinander, bilden an Zweigen hängende Trauben und Girlanden. Sie sind nur etwa fünf Zentimeter groß und federleicht, wiegen weniger als ein halbes Gramm, aber manchmal hängen an einem Ast so viele, dass er abbricht, erfahre ich von meinem Führer. Kein einziger Schmetterling flattert herum. Bewegungslos, wie erstarrt, scheinen sie festzukleben. Es sieht aus, als wären die Bäume vom Wipfel bis zur Wurzel verhüllt, als sei hier der Verpackungskünstler Christo am Werk gewesen.

»Da sehen Sie, die Schmetterlinge sind nicht tot, sie schlafen nur«, wiederholt Don Ramos seine Worte vom Vortag. Die Sierra bietet mit durchschnittlich sieben Grad über Null, selten wird es kälter als drei Grad, die perfekte Temperatur, damit die Tiere in Kältestarre fallen, eine Art Energiesparmodus, den Biologen als Diapause bezeichnen. Fünf Monate, bis Anfang März, verharren sie inaktiv. Warum aber diese Massenansammlung? Der Grund ist, dass ein Schmetterling inmitten vieler anderer bessere Chancen hat zu überleben, wenn es doch mal eisig kalt werden sollte und Stürme wüten.

Aber wo kommen sie her, und wohin fliegen sie im Frühjahr? Der Mexikaner hat eine unglaubwürdige Antwort parat: »Sie kommen aus Nordamerika.«

»Was? Die Schmetterlinge sind von so weit bis hierher geflogen?«, frage ich völlig perplex.

»Ja, ja, so ist es«, bestätigt Don Ramos. »Wir wussten lange nicht, woher sie kommen, bis es vor einigen Jahren in der Zeitung stand.«

Der Monarch ist tatsächlich ein Weitstreckenflieger und bewältigt Entfernungen von 4000 Kilometern. Im Norden Amerikas an den Großen Seen oder sogar im Süden Kanadas sind sie als winzige Raupen aus Eiern geschlüpft, die das Schmetterlingsweibchen fürsorglich an der Pflanze festgeklebt hat, die den Raupen als Nahrung dient. Sie müssen nichts anderes tun als fressen und fressen und nochmals fressen, immerzu. So wachsen sie von einem Winzling zu einer etwa sechs Zentimeter großen Raupe heran, häuten sich mehrmals und werden immer schöner. Den prallen Körper schmücken gelbe, weiße und schwarze Querstreifen, was sehr attraktiv wirkt. Sowohl am Kopf als auch am Hinterleib haben sie je zwei lange schwarze Ausstülpungen, die aussehen wie Fühler oder Hörner. Hat die Raupe die richtige Größe erreicht, verpuppt sie sich, umgibt sich also mit einer festen Hülle, die wie kostbare Jade schimmert. Von außen kann man nicht wahrnehmen, welch gewaltige Umgestaltung im Inneren der Puppe vor sich geht, bis die Puppenhaut aufreißt und ein wunderschöner Schmetterling erscheint, der über die Wiesen Kanadas und Nordamerikas gaukelt. Im Spätsommer, wenn die Tage kürzer werden und die Temperaturen sinken, verlassen sie ihre Heimat und machen sich auf die lange Reise nach Süden. Von einem Tag auf den anderen sind alle Monarchfalter verschwunden. Den strengen nordamerikanischen Winter könnten sie nicht überleben, doch sie suchen nicht etwa Zuflucht in tropischer Wärme, wie Zugvögel, sondern wählen das unwirtliche Hochland Mexikos. Bis 1975 wusste man nicht, wohin die Falter im Herbst fliegen. Dass sie es bis Mexiko schaffen, hätte niemand vermutet.

Dem Biologen Frederick Albert Urquhart ließ das Rätsel keine Ruhe. In der Nähe von Toronto, wo er an der Universität lehrte, beobachtete er jedes Frühjahr das gleiche Spiel. Am Tag zuvor war noch kein einziger Falter zu sehen, am nächsten Morgen flatterten sie zu Hunderten über die Wiesen. Zarte Wesen mit orangekupferroten Flügeln, markant schwarz eingerahmt und mit lackschwarzen Adern verziert.

Fred Urquhart wollte unbedingt das Geheimnis lüften. Woher kamen die Falter, und wohin verschwanden sie im Herbst? Im Jahr 1937 begann er seine Forschungsarbeit. Er beobachtete, zählte und wog die Tiere, sammelte die Raupen und fütterte sie sorgsam, bis sie sich verpuppten und aus den Puppen Falter schlüpften. Jedem Tier klebte er ein winziges Etikett mit einer Nummer und der Universitätsadresse auf die Flügel. So markierte er im Lauf vieler Jahre Tausende und Abertausende Schmetterlinge. Ein zeitaufwendiges Geduldspiel. Doch der Erfolg blieb aus. Keiner der markierten Falter wurde je gefunden. Wohin verschwanden sie nur?

Jahre vergingen. Jahre der Frustration. Aber der Biologe gab nicht auf. Seine Frau Norah half unermüdlich beim Aufziehen der Raupen und dem Markieren der Falter. Auch sie glaubte daran, dass die mühevolle Arbeit letztlich zum Erfolg führen würde. Schließlich hatte sie die entscheidende Idee: In diversen Zeitungen veröffentlichte sie einen Aufruf und bat Menschen in ganz Amerika um Hilfe. Sie sollten markierte Falter melden. Zuerst waren es nur elf Personen, zuletzt über 3000 »Schmetterlingsdetektive«, die ihre Funde der Universität in Toronto meldeten. Nun nahm das Projekt Fahrt auf. Exakt wurden die gemeldeten Fundorte auf einer großen Landkarte eingezeichnet, so entstanden Fluglinien, die immer weiter nach Süden führten, Texas erreichten und Louisiana. Dass die luftigen Wesen so weit fliegen würden, hätte das Forscherpaar nicht für möglich gehalten. Doch irgendwo in Texas verlor sich ihre Spur. Die Monarchfalter schienen ihr Geheimnis nicht preisgeben zu wollen.

Gefunden wurde der Überwinterungsplatz schließlich von Kenneth Brugger, der sich nie zuvor mit Schmetterlingen beschäftigt hatte. Zufällig las er in der Zeitung Norahs Aufruf, ließ sich von den Urquharts Fotos des rätselhaften Falters schicken und machte sich im Wohnwagen mit Frau und Hund auf die Suche. Kreuz und quer fuhr er von Texas nach Mexiko bis zur Sierra Nevada. Dort zeigte er einer Gruppe von Holzfällern die Fotos. Die Männer nickten, ja, diesen Schmetterling kennen wir, sagten sie, und führten Brugger hinauf in die Berge.

Am 9. Januar 1975 erhielten die Urquharts einen Anruf, den sie nie vergessen sollten. Kenneth Bruggers Stimme überschlug sich vor Freude und Erregung: »Ich habe sie gefunden! In Mexiko, oben in der Sierra Nevada! Millionen über Millionen! Alles voller Falter, überall!«

Fred Urquhart, inzwischen ein alter Mann, reiste ein Jahr später nach Mexiko. Endlich, 40 Jahre nach Beginn seiner Forschungen, sah er seine Monarchfalter am Winterplatz. Myriaden orangefarbener Schmetterlinge, die wie ein zartes, buntes Gewand die Bäume einhüllten. Da waren sie, die Fernflugexperten, fast 4000 Kilometer von der Heimat entfernt. Die Nachricht erregte in der Fachwelt unter den Schmetterlingskundlern ungläubiges Staunen, doch Urquhart lieferte den eindeutigen Beweis: In Kanada markierte Falter waren unter den Winterschläfern.

Noch immer fliegen die Monarchfalter jedes Jahr nach Mexiko und versammeln sich im Bergland der Provinz Michoacán an zehn Plätzen auf einer Fläche von insgesamt 20 Hektar, nirgendwo sonst. Die Frage, was die Falter alle Jahre wieder auf den Langstreckenflug von Kanada nach Mexiko treibt, kann man auch getrost umkehren: Was suchen die Falter eigentlich so weit im Norden? Denn ihre Vorfahren lebten vor rund zwei Millionen Jahren in den Tropen Lateinamerikas. Erst nach der letzten Eiszeit konnten sie den Norden besiedeln. Als vor 10 000 Jahren die Eismassen abtauten und in der Folge Pflanzen wuchsen, wurde Nordamerika zum Schmetterlingsland. In den Steppengebieten, den Prärien, gediehen Pflanzen, von denen sich die Monarchraupen ausschließlich ernähren. Auf diese Futterpflanzen sind sie angewiesen, verhungern lieber, als etwas anderes zu fressen. Es sind Schwalbenwurzgewächse wie die nordamerikanische Seidenpflanze. Wissenschaftler fanden heraus, dass die Pflanzen ein giftiges Glykosid enthalten. Die Monarchen sind gegen das für andere Tiere tödliche Gift immun und speichern es in ihrem Körpergewebe. Deshalb sind sowohl die Raupen als auch die Falter vor Feinden geschützt. Fressfeinde, das sind vor allem Vögel, warnen sie durch ihre auffällige Färbung, die signalisiert: »Versucht es gar nicht erst!« Und tatsächlich, wenn ein unerfahrener Vogel eine Raupe oder einen Falter geschnappt hat, spuckt er ihn sofort wieder aus und rührt fortan nie wieder eines der auffällig gefärbten Tiere an.

So war es also das reiche Nahrungsangebot an Seidenpflanzen in den baumlosen Weiten der Prärie, das die Falter immer weiter hinauf in den Norden lockte, wo sie aber den Winter nicht überleben konnten. Sobald es kalt wird, fliegen sie zurück in die alte Heimat, wo aber keine Seidenpflanzen wachsen. Um Energie für die Rückkehr ins Futterparadies zu sparen, müssen sie ihre Fettreserven schonen und suchen eine Gegend im Bergland auf, wo der Winter so mild ist, dass sie die unwirtliche Jahreszeit im Schlaf überdauern können.

Aber wie finden die Weitstreckenflieger den Weg? Sie nutzen wie Zugvögel eine Reihe von Orientierungshilfen. Die wichtigste ist die Sonne. Ist diese durch Wolken verdeckt, nutzen sie das polarisierte ultraviolette Licht, dessen Schwingung sie selbst bei bedecktem Himmel wahrnehmen. Auch das Erdmagnetfeld dient ihnen als Kompass. Zudem orientieren sie sich an auffälligen Landmarken wie Flüssen, Seen, Gebirgen, Küstenlinien.

Entomologen, die in der Nachfolge von Fred Urquhart die orangeschwarzen Schönheiten erforschten, staunten immer wieder von Neuem. Woher wissen die Schmetterlinge die Richtung, fragten sich die Wissenschaftler. Die Falter, die in Kanada starten, waren nie zuvor in Mexiko. Zwar haben ihre Mütter in Mexiko überwintert, aber ihr eigenes bisheriges Leben als Raupe und Schmetterling hat sich nur in der Prärie des Nordens abgespielt. Wie können sie dann wissen, wohin sie fliegen sollen und nach welchen Landmarken sie Ausschau halten müssen? Die Forscher vermuten, dass dieses Wissen im Erbgut kodiert ist.

Anfang März dreht sich dann alles um den Rückflug nach Norden. Gelingt er nicht, gibt es keine neue Faltergeneration, die bunten Gaukler würden von unserer Erde verschwinden. Bevor sie starten, paaren sie sich. Dafür ist die Massenansammlung besonders günstig. Am Hinterleib der Männchen entfalten sich Haarbüschel, denen ein pheromonhaltiger Duftcocktail entströmt, der die weiblichen Schmetterlinge in die richtige Stimmung bringt. Sie lassen sich von so vielen Männchen wie möglich begatten. Dieses über das Ziel hinausschießende Paarungsverhalten gab den Forschern erneut Rätsel auf. Wieder waren die Schmetterlinge für eine unerwartete Überraschung gut: Die Kopulation dient nicht allein der Fortpflanzung, sondern gleichermaßen auch der Ernährung, denn die männlichen Samen sind reich an Eiweiß. Monarchweibchen können diese Nährstoffe aus ihrem Fortpflanzungstrakt absorbieren und als Nahrung verwenden. Je öfters sich also ein Weibchen paart, umso kräftiger wird es. So verbessern sich seine Chancen, im Norden anzukommen und Eier zu legen.

Endlich ist es so weit. Die Falter verlassen das Überwinterungsgebiet. Orangerote Schwärme steigen in die Luft. Bei Gegenwind halten sie sich nahe am Boden, wo sie den Windschatten von Wäldern, Bergen und Hügeln nutzen. Bei Rückenwind steigen sie hinauf bis weit über die Wolken.

ARGENTINIEN
Wilder Ritt durch Feuerland

Im Jahr 2007 reiste ich sechs Monate durch den Süden Argentiniens, von Ushuaia auf Feuerland bis zum Lago Nahuel Huapi in Patagonien. Nachdem ich Jahre zuvor mit dem Pferd Tuco im Norden Argentiniens in der Provinz Salta unterwegs war, hatte mich der Wunsch nicht verlassen, auf Pferden das Land zu durchstreifen. Doch in den Estancias, wie die Farmen im Süden Argentiniens heißen, hatte ich kein Glück. Niemand wollte mir Pferde verkaufen, immer hieß es, die bräuchten sie selbst zum Hüten der Schafe, zum Transport und um zu jagen. Endlich, bei der Estancia Harberton, fand ich Verständnis für meinen Plan. Ein Kauf war zwar auch hier nicht möglich, jedoch konnte ich vier Pferde mieten, und als Begleiter gab man mir den jungen Farmarbeiter Ruben mit. Gemeinsam durchquerten wir Feuerland von der Westküste bis zum Atlantik.

Am Morgen unseres Aufbruchs ist es windstill. Nicht einmal ein Hauch ist zu spüren. Ungewöhnlich ist diese Windstille, als würde sich ein Unheil anbahnen. Doch die Pferde sind gesattelt, die Packtiere beladen, es kann losgehen. Ich reite einen Schwarzen mit Namen Negro; bei Tagesausritten haben wir uns angefreundet. Der sechsjährige Wallach scheint ruhig, zuverlässig und ausdauernd zu sein, neigt aber zu Temperamentsausbrüchen und liebt es zu galoppieren. Dazu wird er bei unserer Tour wenig Gelegenheit haben, schließlich wird das Tempo von den Packtieren bestimmt.

Ruben sitzt auf einem vierjährigen Falben, seinem Lieblingspferd, das er selbst zugeritten hat, wie er mir stolz erzählt. An je einer langen Führungsleine ziehen wir die Lasttiere hinter uns her. Natalie, die Besitzerin der Estancia Harberton, hat mir die Pferde geliehen. Sobald wir die Ostküste erreicht haben, wird Ruben die vier Tiere zurückbringen, während ich am Atlantik weiter nach San Pablo wandern werde.

Natalie wünscht uns eine gute Reise. Neben ihr stehen die Mitarbeiter der Estancia, und alle winken zum Abschied. Ein Glücksgefühl durchflutet mich, wie ich es schon so oft erlebt habe zu Beginn eines Abenteuers. Es begeistert mich immer wieder, einen Plan zu verwirklichen, der in meiner Fantasie nach und nach konkrete Formen angenommen hat. Nun wird sich das Ausgedachte in erlebte Wirklichkeit verwandeln.

Seit zwei Stunden sitzen wir im Sattel, aber noch immer bewegt kein Windhauch die Luft, sehr ungewöhnlich für Feuerland, wo fast immer heftiger Wind bläst. Was mag diese Stille bedeuten? Ich frage Ruben, doch er wiegt nur leicht den Kopf, er redet nicht gern. Der Wind, der sich heute irgendwo versteckt, hat aber ganz eindeutig die Landschaft geprägt. Jedes Detail erzählt von ihm, am auffälligsten tun es die Bäume. Zerzaust und krumm gebogen künden sie von seiner Macht.

Die erste Etappe ist einfach, weil wir einem Pfad folgen, den ich von den Ausflügen während meines dreitägigen Aufenthalts kenne. Nach einigen Reitstunden liegt der See Quintana vor uns. Am Seeufer steigen wir ab, nehmen den Pferden die Sättel ab und fesseln ihnen die Vorderbeine, damit sie grasen, aber nicht davongaloppieren können. Wir hocken uns zu einer Rast nieder und packen aus, was Natalie uns aus ihrer Vorratskammer mitgegeben hat.

Die Umgebung ist traumhaft. Einsam und zeitlos wirkt die Landschaft, als wäre sie aus der Betriebsamkeit der Welt herausgefallen. Im klaren Wasser des Sees spiegelt sich der 1150 Meter hohe Berg Quintana, hinter dem die Gipfelkette der Sierra Lucio López in den wolkenlos blauen Himmel ragt. Dunkle Punkte kreisen dort oben. Aufgeregt greife ich zum Fernglas. Meine ersten Kondore? Doch dann sehe ich, dass es Chimangos sind, bussardartige Greifvögel mit einfarbig braunem Gefieder und rahmgelben Flügelflecken.

Rubens Schweigsamkeit bin ich von unseren bisherigen Tagesausflügen schon gewöhnt. Nachdem er seinen Hunger gestillt hat, legt er sich ins Gras und schließt die Augen. Kein anderer Laut ist zu hören als das Abreißen der Gräser und das Zermalmen durch die kräftigen Pferdezähne. Mein Blick ruht auf unseren Reittieren. Ich liebe es, ihnen beim Fressen zuzuschauen. Ein berauschendes Gefühl von Freiheit breitet sich in mir aus und die Gewissheit, im Einklang mit der Natur zu sein. Weiter schweift mein Blick von den Pferden zum See, dann zu den Bergen, die den Horizont begrenzen, und schließlich zum Himmel. Blau, ohne eine einzige Wolke, wölbt er sich über die Erde.

Ruben erwacht, springt auf. Wir satteln unsere Reittiere und beladen die zwei Lastenträger. Von nun an wird es schwierig, denn der Pfad hat am See sein Ende gefunden. Weglos reiten wir auf das Gebirge zu. Der mit harten Gräsern und Sträuchern bedeckte Berghang geht über in einen dichten Wald aus Südbuchen. Über 500 Jahre sollen diese Baumriesen alt werden können, oft erreichen sie eine Höhe von 30 Metern. Das Gefühl, durch einen verzauberten Wald zu reiten, wird durch lichtgrüne Flechten verstärkt, die von den Ästen wie zarte Gewebe herabhängen. Zahlreiche gelbe und rote Farbtupfer schmücken die Kronen der Buchenbäume. Es sind Misteln, die zwar die Wasserleitungsbahnen der Bäume anzapfen, sich aber durch Fotosynthese selbst ernähren. Am Boden leuchten hin und wieder die zinnoberroten Blütenampeln der wilden Fuchsien, die als Zuchtpflanzen in unseren Gärten verschiedene Farbvarianten zeigen. Kolibris stehen im Schwirrflug in der Luft und laben sich am Nektar der

Blüten. Unzählige Bäume sind umgestürzt. Dicke Moospolster hüllen ihre Stämme ein. Sie liegen sicherlich schon lange am Boden, aber wegen des kalten Klimas verrottet ihr Holz nur langsam.

Mühsam kämpfen wir uns durch den dicht verwachsenen Wald mit den kreuz und quer liegenden toten Bäumen. Nur ungefähr können wir uns orientieren. Immer wieder öffnen sich plötzlich vor uns tiefe Abgründe oder steile Felswände, dann müssen wir umkehren und einen anderen Aufstieg versuchen. Für mich ist die Tour äußerst anstrengend. Trotz der Reitausflüge der letzten Tage bin ich noch nicht fit genug, stundenlang im Sattel zu sitzen. Nur gut, dass mein Negro so fügsam ist und mir durch seine ruhige Art Sicherheit gibt.

An diesem ersten Tag kommen wir nicht allzu weit. Bevor wir die Felsregion erreichen, errichten wir lieber unser Nachtlager auf einer Lichtung im Wald. Auch sollen die Pferde genügend Zeit zum Fressen und zum Ausruhen haben.

In der Nacht wecken mich seltsame Geräusche. Eine Weile liege ich still und lausche. Es kratzt und keucht, stöhnt und rasselt, doch kein wildes Tier, wie ich zuerst erschrocken glaubte, stört unsere Nachtruhe. Es ist der lang vermisste Wind, besser gesagt ein Sturm. Die Bäume biegen sich ächzend, ihre Kronen werden geschüttelt, als sollten sie entlaubt werden. Beunruhigt krieche ich aus dem Zelt und schaue nach den Pferden, doch die vier stehen ruhig da und bilden einen Kreis mit den Köpfen nach innen. Auch Ruben ist wach geworden. Gemeinsam prüfen wir im Licht der Taschenlampen die Verankerung der Zelte und verstärken sie, so gut wir können. Dann legen wir uns wieder hin, bemüht, trotz des höllischen Lärms einzuschlafen. Lange liege ich wach und versuche mir vorzustellen, was uns der neue Tag bringen wird.

Als ich am Morgen das Zelt öffne, würde ich es am liebsten gleich wieder schließen und in den kuscheligen Schlafsack zurückkriechen. Nasskalter Nebel schlägt mir entgegen und eine klamme Kälte. Aber es bringt nichts, auf Besserung zu warten; dieses feuchte Wetter kann tagelang andauern. Nach einem kurzen Frühstück im Stehen, denn der Nebel hat sich inzwischen in Regen verwandelt, schwingen wir uns auf die Rücken unserer Pferde und reiten los. Ich blicke mich noch einmal um und nicke befriedigt. Nichts außer ein paar geknickten Halmen und zusammengepressten Gräsern deutet darauf hin, dass wir dort übernachtet haben.

Weiter geht es steil bergan durch den Wald. Von den Bäumen tropft es auf uns herab. Negro scheint das trübe, graunasse Wetter nicht sonderlich zu stören, schließlich ist er ein gebürtiger Feuerländer und an derartige Witterung gewöhnt. Sein nasses Fell glänzt wie schwarzer Lack, und in seiner Mähne sammeln sich Wassertropfen. Der Boden ist glitschig. Manchmal rutscht Negro mit den Hufen aus, doch er fängt sich jedes Mal und geht zielstrebig weiter. Konzentriert blickt er auf den Boden und mustert genau die Umgebung, bevor er seine Schritte setzt. Seine Ruhe und Sicherheit übertragen sich auf mich. Endlich hört es auf zu regnen, dafür bläst der Wind umso heftiger.

Je weiter wir vordringen, desto düsterer und unheimlicher wirkt die Gegend. Krüpplige Büsche lösen den Wald ab, nun gedeihen nur noch Gräser und Polsterpflanzen. Nebelschwaden geistern um Felskuppen und Berggipfel. Immer höher gelangen wir in die Felsregion, bald werden wir den Pass erreicht haben, so hoffe ich. Seit Stunden sitzen wir im Sattel, meine Muskeln verkrampfen sich und schmerzen heftig. Ich bin völlig erschöpft. Das mühsame Reiten durch den verwachsenen Wald, bei dem ich zusätzlich noch das Lastpferd an sperrigen Ästen vorbeimanövrieren musste, war äußerst anstrengend. Nicht weniger beschwerlich ist es jetzt, zwischen den steilen Felsen einen Reitweg zu bahnen. Wir sind ganz davon in Anspruch genommen, für die Tiere den günstigsten Aufstieg zu finden. Eine Rast, wie ich sie schon lange nötig hätte, können wir uns in dem unwegsamen Gelände nicht leisten.

Wir reiten wieder einmal um eine Felswand herum – und vor uns öffnet sich ein liebliches Tal. Die raue Felsenwelt, in die es eingebettet liegt, verstärkt noch den Eindruck einer Idylle. Von den Gletschern der Eiszeit muss dieser Einschnitt in das Gebirge geschürft worden sein. Fruchtbarer Lössboden lässt Wiesen gedeihen und einen lichten Buchenhain, durch den sich ein Bach schlängelt. Ich fühle mich beim Anblick dieses grünen Tals inmitten der rauen Berge wie eine Auserwählte, der nach entbehrungsreichem Weg ein kleines Paradies zum Ausruhen geschenkt wird.

Wir finden einen sanften Abstieg, und bald reiten wir durch saftiges Gras, das an unseren Steigbügeln entlangstreift. Als wir den Hain aus Buchen und Eichen erreichen, beschließen wir, zu bleiben und die Nacht hier zu verbringen. Die Bäume geben uns Windschutz, und der Boden ist eben und weich. Wir packen die durchfeuchteten Zelte aus und lassen sie trocknen, bevor wir sie aufbauen. Erst als das Lager eingerichtet ist, wir gekocht und gegessen haben, fällt mir auf, wie lautlos es hier ist. Als wäre alles Leben in diesem verlorenen Winkel erloschen, nur Gräser und Bäume sind geblieben.

Schrilles Kreischen lässt mich zusammenzucken. Wie grünschillernde Pfeile jagt ein gefiedertes Geschwader durch die Luft, umkreist die Bäume und fällt lärmend in die Kronen ein. Ich wusste, dass auf Feuerland Papageien leben, und bin jetzt freudig überrascht, ihnen in diesem stillen Tal zum ersten Mal zu begegnen.

Mit Papageien verbindet man die Vorstellung von Palmenstränden und feuchtheißen Urwäldern. Wer würde daher vermuten, dass sich diese farbenprächtigen Tropenvögel in eine raue Gegend aus Fels, Eis und Schnee verirren. Doch die Natur ist vielfältiger und wandlungsfähiger, als wir uns das oft vorstellen, und so haben sich die Papageien an das raue Klima angepasst. Ihre Vorfahren lebten in Australien und Neuseeland, einige Vögel wurden wahrscheinlich einst von Stürmen erfasst und nach Feuerland verschlagen. Hier entwickelten sie sich zu einer neuen Papageienart. Etwa so groß wie eine Dohle, wirken sie robust und widerstandsfähig.

Mithilfe meines Fernglases kann ich sie nah genug sehen und bewundern. Ihr Gefieder changiert von Smaragd über Olivgrün zu Metallic, die langen Schwanzfedern leuchten rostrot. Im nasskalten Feuerland wirken sie wie Boten des Lichts und der Sonne.

»Das sind *cachañas*«, sagt mein Begleiter mit einem kurzen Blick auf die Vögel.

Ich freue mich, dass er wieder mal etwas sagt. Es fällt mir schwer, mich an Rubens schweigsames Wesen zu gewöhnen. Er war erstaunt, als ich ihn am Abend zuvor fragte, ob ihn etwas bedrücke, weil er so still sei.

»Warum sprechen, wenn es nichts zu sagen gibt?«, meinte er darauf lakonisch.

»Da hast du recht«, stimmte ich ihm zu. »Aber über das, was uns umgibt, denken wir doch nach und bilden uns eine Meinung. Darüber könnten wir reden.«

»Ja, tun wir das«, stimmte er eilfertig zu. Aber sein Beitrag zu unseren Gesprächen erschöpft sich dann wieder in wenigen Worten.

Am dritten Tag überqueren wir die Sierra Lucio López und gelangen in die weite Ebene eines von eiszeitlichen Gletschern ausgeschliffenen Trogtals. Begrenzt wird das Tal fern im Osten von einer dunklen Bergkette, den Montes Negros, unserem nächsten Ziel.

Wir hätten gewarnt sein sollen, denn die rötlichen Stellen, die uns beim Abstieg als erfreuliche Farbtupfer erschienen, erweisen sich in der Nähe als Torfmoose, die einen morastischen Sumpf bedecken. Er liegt inmitten des Tals und wirkt wegen der Farbe auf mich wie ein verwundetes Wesen. Diese Assoziation hebt nicht gerade meine Stimmung, denn unsere Versuche, das Moor zu queren, enden immer wieder mit eiligem Rückzug. Wir haben Bedenken, dass die Pferde stecken bleiben oder gar versinken könnten. Wir steigen ab und führen die Tiere am Zügel. Vorsichtig gehe ich vor Negro her, mache große Schritte von einem Graspolster zum nächsten. Unter meinen Tritten schwanken sie gefährlich. Moorbraunes Wasser quillt zwischen den Pflanzeninseln hervor. Fauliger Geruch steigt auf und reizt meine Nase.

Dann geschieht es! Negro springt auf einen Torfmoosbuckel, rutscht ab und versinkt bis zum Bauch im Morast. Mit aller Kraft bäumt er sich auf. Während er mit den Hinterbeinen tief im Sumpf steckt, reißt er seine Vorderbeine hoch in die Luft. Voller Panik verdreht er die Augen. Allmählich gelingt es mir, ihn zu beruhigen, dabei habe ich selbst große Angst. Doch mit dem Mut der Verzweiflung packe ich ihn fest am Zaumzeug und ziehe ihn zurück auf festen Boden.

Müde geben wir gegen Abend auf und errichten unser Lager am Rand des Sumpfes. In der Nacht schlafe ich schlecht, höre ständig ein Schmatzen und Glucksen, hervorgerufen durch rinnendes Wasser und aufsteigende Sumpfgase. Je länger ich lausche, umso Unheil verkündender erscheinen mir die gurgelnden Geräusche aus dem Bauch des Moores. Schließlich schlafe ich doch ein und erwache am Morgen mit neuem Mut.

Zwei Tage benötigen wir, um den Fängen des Sumpflandes zu entkommen, indem wir es in weitem Bogen umrunden. Trotz der Mühsal verliere ich nicht den Blick für die Schönheit dieser Landschaft, die mit ihrer Weite und Gleichförmigkeit melancholisch und zugleich geheimnisvoll wirkt. Das Moor ist eine Gemeinschaft angepasster und fein aufeinander abgestimmter Lebensformen. Die verschiedenen Binsen, Seggen, Schilfgräser und Moose können nur in dieser Umwelt gedeihen. Ich freue mich beim Anblick des blauen Fettkrauts, auf dessen klebrigen Blättern winzige Fliegen und andere Kleininsekten haften bleiben und verdaut werden, um den Stickstoffmangel im Boden auszugleichen. Den gleichen Trick wendet der unscheinbare, nur drei Zentimeter kleine Sonnentau an, dessen rundliche Blättchen mit Tröpfchen bewaffnet sind, an denen Insekten wie an Leim hängen bleiben. Sonnentau und Fettkraut sind mir gut bekannt, sie wachsen auch in unseren heimischen Hochmooren. Zauberhaft die filigranen Torfmoose, mit regelmäßig angeordneten Blättchen am runden Stängel und einem Schopf an der Spitze, der sich erst gelblich, dann rötlich und schließlich scharlachrot färbt. Dicht an dicht wachsen diese Sphagnum-Moose und bilden ausgedehnte Teppiche, die beim Gehen über die Pflanzendecke auf- und niederfedern. Ein unsicherer Boden, bei dem man nie Gewissheit hat, wie lange er trägt und ob man nicht beim nächsten Schritt einsinkt und vom Moor verschlungen wird.

Wir wollen weder uns noch die Tiere gefährden, deshalb ziehen wir am Rand des Sumpfes entlang, bis uns die Querung endlich gelingt. Tief atme ich durch und blicke unwillkürlich hinauf zum Himmel, und da ist er – ein Kondor. Er zieht seine weiten Kreise und segelt davon.

Weiter kämpfen wir uns die nächsten Tage über steile Berge und immer wieder durch neue Sümpfe. So schwierig hatte ich mir den Ritt quer durch Feuerland nicht vorgestellt. Ich muss meine ganze Kraft aufwenden. Wie durch einen Schleier nehme ich die Schönheit der Natur wahr: die in Rot- und Gelbtönen leuchtenden Hochmoore, die wilden Urwälder und die einsamen und kargen Berge, über denen immer wieder ein Kondor kreist. Am Abend möchte ich mich am liebsten einfach auf die Erde fallen lassen, aber stattdessen müssen die Pferde vom Gepäck befreit, die Sättel abgenommen und das schweißnasse Fell trocken gerieben werden. Dann folgt das Aufbauen der Zelte, das Auspacken der Packsäcke, Kochen und Essen, bis ich völlig erschöpft in den Schlafsack kriechen kann. Doch trotz aller Entbehrungen empfinde ich es als Privileg, diese wilde, unberührte Gegend erkunden zu dürfen.

Beim Abstieg von den Montes Negros liegen dunkelgrüne Südbuchenwälder und weite Hochmoore vor uns, durch die sich das braune Band des Río Noguera schlängelt. Seine vielen Windungen werden uns zur Atlantikküste führen. Vorerst reiten wir hinab zum Flussufer. Entwurzelte Bäume, von der Sonne silbergrau gebleicht, künden von gewaltigen Überschwemmungen. Federgräser wiegen sich im Wind, und blühende Kräuter wachsen zwischen hellen Kieseln. Lauschend stehe ich am Ufer und höre, wie der Fluss die Steine in seinem Bett rollen lässt.

Wir reiten am Ufer entlang und kommen jetzt schnell voran. Endlich ist das Reiten einfach. Wir und die Pferde genießen es, keine Hindernisse mehr überwinden zu müssen.

Bevor wir es sehen, hören wir es – das Meer. Zuerst die hellen Schreie der Möwen, das Krächzen der Kormorane und die schnatternden Gänseschwärme am Abendhimmel, dann das Rauschen der Brandung. Nach zwölftägigem Ritt erreichen wir die Küste. Vor uns erstreckt sich eine wellenbewegte Fläche, weit bis zum Horizont.

NAMIBIA
Löwenkinder auf Bäumen

Im Jahr 2003 reiste ich nach Namibia, um mich von der Arbeit an meinem autobiografischen Buch »Solange ich atme« zu erholen. Endlich, nachdem ich fast ein Jahr lang am Schreibtisch gesessen hatte, wollte ich wieder einmal Natur pur erleben und wurde nicht enttäuscht. Sieben Wochen von Januar bis März war ich unterwegs, im Etosha-Nationalpark, aber auch in der Dornbuschsavanne und in der Namib-Wüste.

Der Löwin scheint es schlecht zu gehen. Unaufhörlich stößt sie klagende Laute aus: »Uok! Uok! Uok!« Ihr Fell ist abgeschabt wie ein alter Bettvorleger, der Bauch hängt tief, berührt fast den Boden, und Fliegen umschwirren ihr Maul. Warum jammert sie so grauenvoll? Ob Schmerz sie plagt? Wurde das kranke Tier vom Rudel verstoßen?

Als ich meinen Blick von der Löwin abwende, entdecke ich unter einem Gebüsch die blutverschmierte Beute der Löwin – ein totes Gnu. Dieselbe Szene stellt sich mir nun in einem völlig anderen Licht dar. Die Löwin ist mitnichten krank, sondern hat sich satt gefressen, deswegen hängt ihr Bauch übervoll bis zum Boden, und der Blutgeruch an ihren Lefzen hat Massen von Fliegen angelockt.

Aber warum brüllt sie unablässig? Will sie dem Rudel ihren Jagderfolg signalisieren? Während ich die Löwin betrachte, nehme ich aus dem Augenwinkel eine Bewegung wahr. Ich wende den Kopf und schaue genauer hin: Auf einem Baum krabbelt ein plüschiges Etwas herum. Was für ein Tier mag das sein? Erst beim Blick durchs Fernglas erkenne ich es. Ein Löwenbaby! Es hängt dort oben wie eine reife Frucht. Da, noch eines, und ein drittes, viertes, fünftes! Fünf kleine

Löwen! Jetzt wird mir alles klar. Bevor die Löwin zur Jagd aufbrach, hatte sie ihren Nachwuchs auf dem Baum in Sicherheit gebracht. Nun sitzen die Löwenkinder oben in etwa vier Meter Höhe und trauen sich nicht mehr herunter.

Schließlich fasst ein Kleines Mut, hangelt sich tiefer von Ast zu Ast und rutscht schließlich am glatten Stamm hinab. Seinem Beispiel folgen bald darauf die anderen, keines will allein zurückbleiben. Das Kleinste hat schlecht aufgepasst und sich nicht umgedreht. Kopfüber hängt es am Stamm, miaut voller Angst. Niemand kann ihm helfen, wenn es sich nicht selbst hilft. Eine wichtige Lehre, die prägend für sein weiteres Leben sein wird. Vorsichtig löst es eine Tatze von der Rinde, schiebt sie ein Stück nach unten, hakt sie wieder fest. Dann die andere Tatze, und nun mit beiden Hinterbeinen nachziehen. Das ging ganz gut. Gleich noch mal.

Die Geschwister sind inzwischen mit aufgerichteten Schwänzen zur Mutter marschiert, werden von ihr liebevoll knurrend begrüßt und abgeleckt. Das Kleinste will auch dabei sein. Mit dem Mut der Verzweiflung stößt es sich ab und springt. Es landet am Boden, kugelt ins Gras, rappelt sich auf und tapst zur Löwin. Die legt sich zur Seite, und die Kleinen suchen nach den Zitzen an ihrem Bauch.

Ich wundere mich, dass die Löwin mit ihren Jungen nicht mit anderen Löwen zusammen in einem Rudel lebt, wie es üblich ist. Da wäre der Nachwuchs geschützt, während sie jagt, und müsste nicht auf hohen Bäumen versteckt werden. Warum sie sich für eine andere Lebensweise entschieden hat oder nur vorübergehend allein lebt, habe ich nicht feststellen können. Vielleicht ist sie auch durch ein mir unbekanntes Ereignis von ihrer Truppe getrennt worden.

Ich bin mit dem Auto unterwegs im Etosha-Nationalpark. Die Sonne steht schon tief. Viele Tiere sind jetzt unterwegs, um ihren Durst an den Wasserlöchern zu stillen. Antilopen, Gazellen, Zebras,

Gnus, Schakale und sogar Hyänen kann ich beobachten. Hinter einem Busch entdecke ich ein Nashorn. Für einen Moment halte ich die Luft an. Es ist ein besonderes Glück, eines dieser Tiere zu sehen, denn sie sind selten und vom Aussterben bedroht. Ich glaube meinen Augen nicht zu trauen, als sich neben dem grauen Koloss etwas Kleines bewegt – ein Nashornbaby, das sich eng an die Mutter drückt. Diese spitzt die Oberlippe zu einer Art Greiffinger und zupft ruhig Blättchen um Blättchen vom Busch. Das Baby bekommt Hunger, mehrmals stößt es heftig mit seinem dicken Kopf zwischen die Hinterbeine der Mutter und beginnt schmatzend am Euter zu saugen. Ich empfinde eine tiefe Dankbarkeit, dass es mir vergönnt ist, die letzten großen Wildtiere in ihrer natürlichen Umwelt erleben zu dürfen.

Die sogenannte Etosha-Pfanne, ein riesiger ausgetrockneter Salzsee, ist das Herzstück des Nationalparks. In guten Regenjahren füllt sich der See mit Wasser, dann brüten Flamingos, Pelikane und viele andere Vögel am Uferrand. Dieses Jahr sind die großen Regenfälle im Januar und Februar ausgeblieben, und so ist die Etosha-Pfanne noch immer ausgetrocknet. Jenseits der weißen, durch das Salz verkrusteten Seefläche verschwimmt der Horizont wie bei einem Aquarell. Dunkle Gestalten schweben über dem Weiß. Im gleißenden Licht zittern und verzerren sich ihre Umrisse wie tanzende Spukgestalten. Sie nähern sich und werden größer, bis sie endlich klare Formen annehmen und ich sie als Zebras identifizieren kann, die über die feste Salzkruste wandern. Durch die Erlebnisse im Ethosa-Nationalpark fühle ich mich in eine Zeit versetzt, in der der Mensch noch unbedeutend war und wilde Tiere die Erde überall bewohnten.

Während man sich innerhalb des Nationalparks nur mit Fahrzeugen bewegen darf und es strikt verboten ist, das Auto zu verlassen – auch muss man in den dafür vorgesehenen und umzäunten Camps übernachten –, gibt es außerhalb des Parks solche Einschränkungen nicht. In der Nähe des Trockenflusses Uniab habe ich mein Zelt aufgebaut und erkunde zu Fuß die Umgebung.

Allein durch die Wildnis zu streifen, übt einen verführerischen Reiz auf mich aus. Beim ersten Morgenlicht steige ich zum Trockenfluss hinab. Rund geschliffene Kiesel und blank polierte Felsen liegen im Flussbett, dann wieder wandere ich über feinkörnigen Sand, der manchmal dunkel vor Feuchtigkeit ist. Bei jedem Schritt spüre ich, wie der Boden unter den Füßen entweder weich federt oder hart und fest ist. Das Geräusch der eigenen Schritte lässt die Sinne vibrieren. Anders als im Auto, bin ich zu Fuß der Umwelt unmittelbar ausgesetzt. Inmitten der Natur ein Teil von ihr zu sein, ist eine beglückende Erfahrung, die ich mir immer wieder von Neuem ersehne.

Ovale Spuren im Sand erregen meine Aufmerksamkeit. Kein Zweifel, nur ein Tier hat eine flache Sohle ohne vorragende Zehen oder Klauen – der Elefant! Wie alt mögen die Abdrücke sein? Sie sehen frisch aus, kein Sand ist hineingeweht. Vor Aufregung bekomme ich eine Gänsehaut. Vielleicht sind die Elefanten weitergezogen, aber genauso gut kann die Herde noch in der Nähe sein. Ich folge der Spur. Solange ich genügend Abstand zu den Tieren bewahre und sie sich durch mich nicht gestört fühlen, besteht keine Gefahr, trotzdem bin ich sehr vorsichtig, und mein Herz schlägt schnell. Das erste Mal in meinem Leben würde ich Elefanten in Freiheit gegenüberstehen. Wohl habe ich die grauen Riesen in Kenia und Tansania beobachtet, aber immer nur vom Geländewagen aus.

Als der Sand vom Geröll abgelöst wird, kann ich die Spur nicht mehr sehen. Schon befürchte ich, dass ich sie verloren habe, da liegt ein Kotballen vor mir. Er ist frisch, als wäre er eben aus dem Körper des Elefanten gefallen. Auf einer Sandbank kann ich dann wieder die

Spur verfolgen. Jetzt erkenne ich auch, dass es die Abdrücke nur eines Tieres sind. Ein Elefant allein ohne Herde, das kann nur ein Bulle sein. Einem Einzelgänger will ich aber nicht so gern begegnen; sie gelten als reizbar und können aggressiv auf Menschen reagieren, besonders wenn sie schon schlechte Erfahrungen gemacht haben. Äußerste Vorsicht ist geboten.

Nach einigen Kilometern habe ich die Fährte erneut verloren, und ich frage mich, ob der Elefant sich noch im Flussbett befindet oder das Ufer hinaufgestiegen ist. Deshalb klettere ich den Abhang nach oben, wo ich die Ebene gut überblicken kann. Einen Elefanten sehe ich jedoch nicht, deshalb bin ich mir ziemlich sicher, dass er noch im Flussbett sein muss. Ich steige wieder hinab und wandere weiter über den Geröllkies, so leise es mir möglich ist.

Auf einmal bemerke ich zwischen dem grünen Gebüsch eine Farbe, die dort nicht hingehört. Ich schaue genauer hin, und die rotbraune Verfärbung entpuppt sich als riesiger Elefant. In Namibia nehmen die Elefanten die Farbe der rötlichen Erde an, mit der sie ihren Körper bewerfen. Hinter Stämmen und Ästen versteckt verharrt er völlig bewegungslos. Er dreht mir sein Hinterteil zu, hat aber den Kopf zur Seite gewandt. Ich sehe sein Auge, es blickt mich an. Ein Schauer rieselt über meine Haut. Eines der größten Landtiere steht direkt vor mir. Zwischen uns fließt ein Strom gegenseitigen Erkennens. Vollkommen ruhig, ohne Bewegung blicken wir einander in die Augen.

Der Elefant ist nur wenige Meter von mir entfernt, aber weit genug, dass er sich nicht bedroht fühlt, so hoffe ich. Um ihm meine Friedfertigkeit zu demonstrieren, setze ich mich auf einen Stein und warte ab, was der Elefant tun wird. Wahrscheinlich hat er denselben Entschluss gefasst und wartet seinerseits auf eine Reaktion von mir. Gerade will ich mich langsam zurückziehen, da tritt er aus dem Gebüsch heraus und steht mir ohne Deckung völlig frei gegenüber. Er schaukelt seinen schweren Kopf einige Male hin und her, wedelt mit den großen Ohren, wirft mir noch einen prüfenden Blick zu, bevor er mit gemächlichem Schritt weiterzieht.

Auch mein Weg führt mich weiter, zum Brandberg, wo Menschen in Vorzeiten die Felsen bemalt haben; berühmt ist die »Weiße Dame«.

In der Schlucht liegt noch der Schatten der Nacht, während die Felsgrate schon im rosa Licht der Morgensonne glühen. Zarte Schleier schweben über dem Brandberg und verstärken die geheimnisvolle Stimmung des frühen Tages. Plötzlich spüre ich, dass ich nicht mehr allein bin. Kleine Steinchen poltern herab. Erschrocken verharre ich, suche die Schründe, Simse und Felsflanken ab. Da entdecke ich sie: ein Pärchen Klippspringer. Vom Licht des hellen Morgens bestrahlt, stehen die Zwergantilopen anmutig auf einem Felsvorsprung, bewegungslos wie zwei Bronzefigürchen. Sie drehen mir ihre Köpfe zu und blicken mich mit großen dunklen Augen an – treuherzig, als wollten sie Bambi Konkurrenz machen. Die großen Lauscher sind auf Empfang gestellt, ihre Nasen nehmen Witterung auf. Vielleicht habe ich eine unbewusste Bewegung gemacht, denn auf einmal geht ein kurzes Zucken durch ihre Körper, sie spannen die Muskeln an und springen auf und davon. In waghalsigen Sätzen jagen sie durch das felsige Gelände mühelos bergauf. Ihre Sprünge sind dabei wunderbar synchron, als wäre einer des anderen Spiegelbild.

Trügerisch ist die kühle Morgenluft, denn die Sonne klettert schnell höher, und von Minute zu Minute wird es heißer. Der ockerfarbene Granit speichert die Gluthitze und verströmt sie wie ein Backofen. Der Brandberg ist eigentlich kein Berg, sondern ein ausgedehntes Bergland, eine Gebirgsinsel, die aus der Ebene herausragt.

Seine Hänge und Schluchten bedecken Gesteinsbrocken, die sich wild übereinandertürmen. Einen markanten Gipfel gibt es nicht, denn der Granitkoloss ist oben abgeplattet und ähnelt aus der Ferne dem Panzer einer Schildkröte.

Das Brandberg-Massiv entstand auf ungewöhnliche Weise. In Urzeiten schleuderte ein Vulkan gewaltige Mengen von Lava auf die Erdoberfläche, bis schließlich die aufgetürmte Masse unter ihrem eigenen Gewicht zusammenbrach. Eine Caldera, ein tiefer Einsturzkrater, war die Folge. Dann drängte erneut Magma aus dem Inneren der Erde, ohne jedoch die Oberfläche zu erreichen. Stattdessen erkaltete das glutheiße Magma unterirdisch zu mächtigen Granitmassen. Als die Erosion den alten Vulkan und seinen Krater gänzlich abgetragen hatte, kam allmählich der Brandberg zum Vorschein. Seine wechselvolle Geschichte macht mir wieder einmal deutlich, dass die Welt der Steine keineswegs starr, sondern wie alles im Universum einer ständigen Veränderung unterworfen ist. In der Natur bleibt nichts, wie es ist. Alles wird umgeformt, verwandelt sich, eins geht ins andere über, und alles ist untrennbar miteinander verknüpft.

Die letzten Tage meiner Reise verbringe ich auf einer Farm im Khomas-Hochland. Mit einzelnen Tageswanderungen verabschiede ich mich von Namibia, starte meist schon früh, noch vor Sonnenaufgang. Im bleichen Mondlicht glänzt das Gras silberweiß. Unter den Bäumen zeichnen sich Schatten ab, schwarz und wirr wie Ungeheuer. Ein aufgeschreckter Vogel flattert davon. Dann ist wieder alles still. Ich höre nur das Geräusch meiner Schritte und den säuselnden Wind. Ich gehe schnell. Bei Sonnenaufgang will ich weit draußen in der Savanne sein, einen Tag lang Wildnis erleben. In meinem Rucksack habe ich Proviant und Wasser verstaut – ausreichend bis zum Abend.

Langsam wird es hell, die morgendliche Kühle lässt mich erschauern. Ich folge einem Wildwechsel. Dornbüsche spreizen ihre Äste wie tastende Finger, verhaken sich in meiner Kleidung oder ziehen mir den Hut vom Kopf. Die ersten Strahlen der afrikanischen Sonne schlagen Lichtschneisen ins Grau der Savanne. Der Himmel ist klar wie blaues Glas.

Auf einmal stehen sie vor mir, riesengroß. Drei saurierartige Köpfe überragen die Kronen der Bäume: Giraffen. Nur fünf Meter sind sie von mir entfernt. Im Dickicht der Dornbüsche habe ich sie erst bemerkt, als es zu spät ist, ihnen auszuweichen, und sie konnten mich nicht wittern, da ich mich ihnen gegen den Wind näherte. Im Vergleich zu ihnen komme ich mir winzig vor, wie ein Zwerg. Wahrscheinlich könnte ich aufrecht zwischen ihren Beinen hindurchgehen. Doch ich werde mich hüten, mich ihnen noch weiter zu nähern. Mit treffsicheren Schlägen ihrer harten Hufe können sie selbst einem Löwen den Schädel zertrümmern.

Aus ihrer enormen Höhe blicken sie auf mich herab; mit fünf bis sechs Metern gehören Giraffen zu den größten landlebenden Tieren der Welt. Keiner von uns bewegt sich. Die Szene scheint wie eingefroren. Gefährlich für mich, denn die Fluchtdistanz ist längst überschritten. Wenn ein Tier nicht mehr ausweichen kann, flüchtet es meist nach vorn. Die Giraffen werden mich überrennen, schießt es mir durch den Kopf. Langsam will ich rückwärts gehen, befürchte aber, Panik auszulösen, sobald ich die erste Bewegung mache. Um die Situation zu entspannen und weil mir nichts Besseres einfällt, begrüße ich die Giraffen betont unbeschwert: »Guten Morgen, ihr Schönen!« Einen Schritt zurück. »Das Frühstück schmeckt wohl heute besonders gut?« Wieder ein Schritt. In heiterem Ton plaudere ich weiter. Endlich ist die Distanz groß genug. Die Giraffen lösen sich aus ihrer Starre, wenden sich um und eilen im schwingenden Passgang davon.

Ich atme durch. Noch einmal gut gegangen! Danach brauche ich eine Weile, bis sich mein Herzschlag beruhigt. Gleich drei Giraffen Aug in Aug gegenüberzustehen, hat schon etwas Aufregendes. Sie sind die größten Landtiere auf unserem Planeten und übertreffen dank ihres langen Halses selbst den Elefanten.

Ich wandere weiter, der Pfad senkt sich in Täler hinab, erklimmt Hügel und Berge. Eine Rotte erschrocken quiekender Warzenschweine kreuzt meinen Weg. Mit kerzengerade in die Höhe gereckten Schwänzen verschwinden sie im Steppengras. Bevor ich den Rückweg einschlage, steige ich auf die höchste Kuppe. Mit einem Rundumblick nehme ich Abschied von Afrika. Weit breitet sich das Panorama vor mir aus, ein sanft gewelltes Hügelmeer, gesprenkelt mit Dornbüschen und bedeckt mit gelbgrünem Gras. Wieder ergreift mich die eigentümliche Schönheit der kargen Landschaft, die mit ihrer Weite der Fantasie freien Flug verleiht.

Im Westen versinkt die Sonne in orangerot glühenden Wolkenschleiern. Tief atme ich die trockene Luft ein. Da bewegen sich einzelne Gräser, teilen sich wie ein sich öffnender Vorhang, und zwei fuchsnäsige Köpfe schieben sich heraus. Es sind Schakale. Beide springen mit einem Satz auf den Pfad. Ohne mich zu bemerken oder zu beachten, balgen sie sich wie junge Hunde. Sie sind so nah, dass ich ihre Augen blitzen sehe. Sie stoßen helle Laute aus, wenn ihre Fangzähne einmal tiefer ins Fell kneifen. Ermattet hocken sich die Tiere schließlich nieder und belecken sich gegenseitig die Schnauzen. Nur wenige Meter entfernt sitze auch ich auf der Erde, fühle mich wunderbar eins mit der Wildnis und wünsche, dieser Augenblick möge nie vergehen.

BEGEGNUNGEN

In fremden Kulturen

HAWAII
JEMEN
PORTUGAL
KENIA

HAWAII
Taro, die Kulturpflanze der Polynesier

Im Jahr 1994 unternahm ich eine mehrmonatige Reise nach Hawaii, um eine Reportage über die einzelnen Inseln des Archipels zu schreiben. Dabei galt mein Interesse vor allem den Vulkanen. Ich erkundete die tropische Natur auf Kaua'i, wo die Vulkanaktivität seit Langem schon erloschen ist, stieg auf der Insel Maui zum Krater hinauf, wanderte tagelang in seiner imposanten Caldera und erlebte auf Big Island, wie der glühende Lavafluss ins Meer strömt. Dort war es auch, wo ich in Kontakt mit der hawaiianischen Bevölkerung kam.

Schwapp! Bis zu den Knien stehe ich plötzlich im Wasser. Blaugrüne Blätter hatten den Wasserspiegel verdeckt. Wieder auf dem Trockenen, wringe ich meine Socken aus und höre hinter mir ein herzhaftes Lachen. Ich drehe mich um und sehe eine kräftige Frau mit breitem Gesicht, schwarzer Haarmähne und brauner Haut. Auf dem Rücken trägt sie einen Korb, gefüllt mit den Knollen der blaugrünen Sumpfpflanze.

»Na, wollest du Taro ernten?«, fragt sie mich auf Englisch.

»Taro?«, frage ich. »Was ist das?«

Sie zeigt auf den Inhalt ihres Korbs. »Aus den Wurzeln bereiten wir poi, unser Nationalgericht.«

Mein Gesicht muss wohl meine ganze Unwissenheit verraten, denn sie schmunzelt und sagt: »Ich sehe schon, du bist fremd hier. Komm doch mit, ich koche uns poi. Das dauert seine Zeit, dabei kann ich dir erzählen, wie meine Vorfahren diese Pflanze nach Hawaii gebracht haben.«

241

Eli Kaona führt mich zu ihrem Haus. Umgeben von einem blühenden Garten steht es auf hohen Stelzen und ist aus Holz, Bambus und Palmblättern gebaut. Innen ist es hell und luftig, auf der Terrasse hängen einladend zwei Hängematten. Aber ans Ausruhen ist erst einmal nicht zu denken, stattdessen drückt mir Eli ein Messer in die Hand, und wir schälen gemeinsam die wulstigen Knollen. Ich bin überrascht, dass unter der unansehnlichen braunen Schale ein rosafarbenes, appetitliches Gemüse zum Vorschein kommt. Es wird gewürfelt und in einen Topf gefüllt.

»Es muss lange kochen, sonst ist es giftig, und man kann daran sterben«, erklärt Eli.

»Wie weißt du denn, wann es genug gekocht ist?«, frage ich und wundere mich, dass ein so gefährliches Gemüse die Nationalspeise der Hawaiianer sein soll.

»Keine Angst, in ein, zwei Stunden kannst du es essen«, erklärt mir Eli.

Später lese ich in einem botanischen Buch, dass Taro ein Aronstabgewächs ist und Oxalatkristalle enthält, die aber durch Hitze unschädlich gemacht werden.

»Es gibt verschiedene Arten Taro«, sagt Eli. »Diese hier nennen wir *kalo*. Sie braucht viel Wasser zum Gedeihen, deshalb habe ich den Bach angestaut, damit er den Talgrund überflutet. Vorher habe ich die Stecklinge in den Boden gesetzt. Das Wasser darf aber nicht zu hoch sein, vor allem soll es nicht still stehen, es muss sanft fließen. Den Wasserstand muss ich ständig durch Öffnen und Verengen des Abflusses regulieren. Im Bach fließt mal mehr, mal weniger Wasser. Wenn es in den Bergen regnet, schwillt er mächtig an, dann muss ich besonders aufpassen.«

Elis Bericht macht mir klar, wie viel Erfahrung und Wissen zum Anbau von Taro notwendig ist. Und ich hatte geglaubt, es sei eine

242

wilde Sumpfpflanze. Das Aronstabgewächs wird bereits seit Jahrtausenden in den Tropen kultiviert. Dann gelangte es nach Ägypten und wurde von dort schon vor 2000 Jahren in die Länder am Mittelmeer eingeführt. In seiner Ursprungsheimat in Südostasien wächst die Urform noch heute wild.

Eli zeigt mir am Berghang hinter dem Haus eine andere Sorte, die nicht im Wasser stehen muss. Die Pflanze hat riesige Blattschirme, größer als Rhabarber. Außer den Wurzeln werden bei dieser Art auch die Blätter gegessen. Gekocht soll das Blattgemüse ein wenig an Spinat erinnern.

Während wir in den Hängematten schaukeln, nur ab und zu muss das Wurzelgebräu umgerührt werden, erfahre ich von Eli, was es mit dem Taro auf sich hat. In ihrer Sprache, dem hawaiianischen Polynesisch, heißt die Pflanze *hatoa-naka*. Das ist der Name des erstgeborenen Sohnes von Wakea, dem Himmelsgott. Stolz betont meine Gastgeberin, sie stamme von polynesischen Vorfahren ab.

Woher die Polynesier ursprünglich kamen, weiß niemand. Sprachvergleiche lassen vermuten, dass sie einstmals auf dem zentralasiatischen Festland heimisch waren. Später siedelten sie in Indonesien, und irgendwann vor etwa 1500 Jahren setzten sie sich in ihre Boote und begannen, einen neuen Lebensraum zu erobern – die Südsee. Es war die weiteste und gefährlichste Völkerwanderung der Menschheitsgeschichte und eine erstaunliche Tat, die brillante seefahrerische Kenntnisse erforderte. In einem Boot aus zwei miteinander verbundenen und ausgehöhlten Baumstämmen, einem Katamaran, wagten sie sich hinaus aufs Meer. Ohne Kompass und andere technische Hilfsmittel, nur mithilfe der Sterne und Meeresströmungen, segelten sie durch die Weiten des Stillen Ozeans.

500 Jahre n. Chr. trafen die ersten Polynesier auf Hawaii ein. Sie stammten von den 4600 Kilometer entfernten Marquesas-Inseln. Mit

einer zweiten Einwanderungswelle kamen 500 Jahre später neue Siedler aus dem 6000 Kilometer entfernten Tahiti. Eli ist sich ganz sicher, dass ihre Vorfahren zur zweiten Einwanderungswelle gehörten und aus Tahiti stammen, schließlich wurde die heldenhafte Geschichte über Generationen am Leben erhalten, indem jeweils die Eltern den Kindern davon erzählten. Nur die kräftigsten Menschen wurden ausgewählt, junge Frauen und Männer, um die entbehrungsreiche Reise übers Meer anzutreten. Beim Abschied war allen bewusst: Es ist eine Trennung für immer. Nie mehr würden sie zurückkehren, nie mehr ihre Angehörigen wiedersehen. Es war auch ungewiss, ob sie überhaupt eine neue Heimat in der Weite des Meeres finden würden, keiner war je wiedergekommen, um Bericht zu erstatten.

»War es denn nicht ungeheuer leichtsinnig, einfach loszusegeln, ohne zu wissen, ob man Land findet? Warum haben das deine Vorfahren gewagt? Gab es denn Hungersnot, Überbevölkerung oder andere zwingende Gründe?«, frage ich.

»Darüber weiß ich nichts Genaues, aber meine Vorfahren waren sicherlich nicht in Not. Ich vermute, sie erfüllten einen Auftrag, der ihnen von den Göttern erteilt worden war. Und sie nahmen alles mit, was sie zur Besiedlung des neuen Lebensraumes brauchten«, erzählt Eli weiter.

Ich stelle mir vor, wie Menschen sich tage-, wochen-, wahrscheinlich auch monatelang den schmalen Raum in den ausgehöhlten Baumstämmen mit ihren Haustieren teilen mussten, mit Hühnern und Schweinen und den Lebensmitteln, vor allem Taro.

»Die Knollen füllten den Rumpf der Boote ganz aus, so heißt es in den Überlieferungen«, berichtet Eli und fährt fort: »Ohne Taro hätten wir die lange Seereise nicht überlebt«, und es klingt fast, als wäre sie damals mit dabei gewesen.

»Wie konnten sie Taro während der Seereise denn kochen?«, frage ich.

»Na, mit Feuer, wie sonst?« Verwundert über meine Frage, erklärt sie mir, dass offenes Feuer in einem Tontopf mitgeführt wurde.

»Auch heute haben wir fast immer glühende Holzstücke dabei, wenn wir mit einem Boot unterwegs sind, damit wir uns etwas zu essen machen können«, erzählt sie, während sie kräftig den Brei durchrührt.

»Die Wurzeln sind ein prima Energiespeicher, voller Stärke.« Bei diesen Worten wuchtet sie den schweren Topf mit dem gekochten *poi* auf den Tisch. Es ist ein rosafarbener Brei, der nur aus den zerkochten Knollen besteht ohne andere Zutaten oder Gewürze. Zögernd stecke ich den Löffel in die zähe Masse und probiere vorsichtig. Es schmeckt ein bisschen wie Kartoffelbrei, nur süßer. Wieder fülle ich einen Löffel, und mein Appetit wächst beim Essen. Eli freut sich. »Nicht wahr, man kann nicht aufhören, bis der Bauch fast platzt. Keine Nahrung macht so dick wie *poi*!« Sie sagt es mit einer Betonung, als wäre es erstrebenswert, füllig zu sein.

»Na klar«, bestätigt sie, als ich nachfrage. »Bei uns bist du erst richtig angesehen, wenn du schön fett bist. Vor jeder Seereise haben sich die Auserwählten mit *poi* gemästet. Denn wer viel auf den Rippen hatte, überlebte länger.« Stolz tätschelt sie ihren stattlichen Bauch.

Dann erzählt Eli, wie es weiterging mit den Ankömmlingen auf Hawaii. Als sich die Neusiedler mit ihren Booten den Inseln näherten, brach ein Vulkan aus. Sie glaubten deshalb, die Vulkangöttin Pele sei verärgert und wolle die Landung verhindern. Nachdem sie Pele kostbare Taroknollen geopfert hatten, erlaubte ihnen die Göttin, in einer stillen Bucht zu landen.

»Wenn du glaubst, wir hätten hier im Paradies gelebt, irrst du dich«, klärt Eli mich auf. »Die Natur ist paradiesisch auf Hawaii, das stimmt, aber auch wir Polynesier machten uns, wie es Menschen überall tun, gegenseitig das Leben schwer.«

Dabei bot Hawaii trotz seiner gefährlichen Vulkane alle Voraussetzungen für ein gutes Leben: günstiges Klima, fruchtbare Erde, Süßwasser, keine gefährlichen Tiere. Nicht einmal Moskitos gab es, die sind erst von den Weißen eingeschleppt worden. Aber die Menschen lebten dennoch nicht immer friedlich zusammen. Die Bevölkerung wuchs, die Polynesier besiedelten eine Insel des hawaiianischen Archipels nach der anderen. Später überfielen die Bewohner der einen Insel die der anderen. Bei unzähligen Stammeskriegen töteten sie sich gegenseitig.

Das Alltagsleben der Hawaiianer wurde durch rigide *kapu* – der hawaiianische Ausdruck für Tabus – erschwert. Wer sie verletzte, wurde zum Tode verurteilt, da gab es keine Gnade. Denn die *kapu* waren gottgewollte Gesetze, und ein Verstoß konnte nur mit dem Tod gesühnt werden, sonst hätten sich die Götter an der gesamten Bevölkerung gerächt. Der Verurteilte wurde nicht durch äußere Gewalt umgebracht, sondern die *kahuna*, die Priester, bewirkten durch magische Handlungen den Tod. Der Verurteilte starb von selbst, wenn der Zauberspruch über ihn gesprochen worden war. Sein Immunsystem brach zusammen, seine Organe versagten, weil er an die Macht der Magie glaubte.

Die Tabus waren mannigfaltig. Bei Todesstrafe etwa war es verboten, seinen Schatten auf einen Angehörigen der Adelskaste oder dessen Haus und Eigentum fallen zu lassen. Frauen waren von Tabus am schlimmsten betroffen. Alle schmackhaften Nahrungsmittel waren ihnen verboten. Sie durften keine Bananen, Beeren und Kokosnüsse verzehren, keine Fische und Muscheln. Der nahrhafte, aber auf Dauer eintönige Brei aus der Taroknolle war ihre tägliche Nahrung. Es war den Frauen auch nicht erlaubt, gemeinsam mit den

Männern zu essen. Dennoch mussten sie köstliche Gerichte für die männlichen Mitglieder der Familie kochen, ohne davon zu kosten. Das Kochen wurde zusätzlich erschwert, weil sie nicht die gleichen Gefäße und Utensilien verwenden durften wie für ihre eigene Nahrung. Ein Versehen konnte tödlich sein, wenn es beobachtet und den Priestern berichtet wurde.

Verständlich, dass es die Frauen waren, die als Erste die Gesetze brachen und sich von den Missionaren zum Christentum bekehren ließen. Im Jahr 1778 wurden die Hawaii-Inseln von James Cook und seiner Mannschaft bei seiner dritten Pazifikfahrt entdeckt, und den Seefahrern folgten bald darauf die Missionare. Die hawaiianischen Frauen, die schnell bereit waren, den neuen Glauben anzunehmen, merkten zu spät, dass sie die alten Verbote gegen neue Einschränkungen eingetauscht hatten. Innerhalb weniger Jahrzehnte erlosch die polynesische Kultur.

Heute ist Hawaii der 50. Bundesstaat der USA und bedient das Südseeklischee der Tourismusindustrie. Es gibt nur wenige Hawaiianer, die wie Eli Kaona ihre Herkunft auf polynesische Vorfahren zurückführen können. Die meisten Menschen des Archipels stammen aus Amerika, Europa und anderen Ländern.

Eli betont, dass sie und ihre Verwandten und Freunde sich bewusst auf die Vergangenheit besinnen und sich bemühen, Kenntnisse über Heilpflanzen, Mythen und Legenden wiederzuentdecken. Aber vieles, allzu vieles sei für immer verloren gegangen, sagt sie traurig, so wie das Wissen über die seltsamen Steinzeichen, die Petroglyphen.

Auf Big Island, der größten Hawaii-Insel, fand ich an der Bergflanke des Vulkans Pu'u 'Ō'ō im Lavagestein eingeritzte Figuren und Muster. Besonders gut kann man sie im flachen Licht am Morgen und Abend erkennen. Eigenartig muten die Menschenfiguren an. Der Oberkörper ist ein auf der Spitze stehendes Dreieck, die Beine sind gespreizt, die Arme ausgebreitet. Die Form ist naiv wie eine Kinderzeichnung – oder wie ein Piktogramm. Mit Kraft und Präzision sind die Figuren in die harte Oberfläche des Steins geschlagen worden, ohne dass es damals schon Metallwerkzeuge gegeben hätte. Außer den Darstellungen von Menschen sind Tiere und Symbole zu sehen, Kreise, Linien, Labyrinthe.

Nur von einem Zeichen, den faustgroßen Mulden, meint Eli Kaona die Bedeutung noch zu kennen. Ihre Großmutter habe ihr erzählt, dass man früher Vertiefungen in Steine schlug, um die Nabelschnur eines Neugeborenen hineinzulegen. Darüber wurde dann ein flacher Stein gelegt, damit kein Tier an die Nabelschnur herankam. Dieser Ritus, an heiligen Plätzen ausgeführt, sollte dem Kind ein langes und glückliches Leben sichern.

JEMEN
Nichts geht ohne Qat

Bei meinen verschiedenen Reisen im Jemen erkannte ich bald, wie sehr Qat, die von fast allen gekauten grünen Blätter, das Leben der Menschen, ihren Alltag, ihr Familienleben und ihr Sozialverhalten bestimmt. Ich wurde zu Qat-Runden eingeladen, besuchte die Märkte, auf denen Qat verkauft wurde, und besichtigte die Anbaugebiete am Dschebel Sabir bei Taizz. Zuletzt war ich im Jahr 2007 im Jemen, gerade noch rechtzeitig, bevor terroristische Anschläge, Bombardierungen und Kriege das Reisen dorthin unberechenbar machten.

Aber noch immer weckt der klingende Name des Landes Sehnsüchte und lässt Träume wach werden, und so ist zu hoffen, dass auch im Jemen bald wieder Frieden einkehren möge.

Der Fingernagel schnippt gegen das grüne Blatt. Stumpf muss es klingen, dann ist Qat frisch. Sorgsam zupft Hussein Ahmed al-Karim Blatt um Blatt vom Zweig und schiebt sich das Grünzeug in den Mund. Allmählich schwillt seine linke Gesichtshälfte an, denn er speichert die zerkaute Pflanzenmasse in der Wange. Trotz Schwellung, ähnlich wie bei einem entzündeten Weisheitszahn, fühlt sich Hussein beim Sprechen nicht behindert. Heftig redet er auf sein Gegenüber ein: »*Musch muschkilla* – überhaupt kein Problem. Wir werden eine Lösung finden, so Allah will – *inschallah. Allahu akbar!*«

Hussein bittet jeden Freitag, am islamischen Feiertag, Freunde und Verwandte zu sich nach Hause in seinen *mafradsch*, den am höchsten gelegenen und schönsten Raum. Durch Fenster, die von der Decke bis zum Boden reichen, flutet von drei Seiten Licht herein, gemildert von feinen Musselinvorhangen. Die halbmondförmigen Oberlichter sind mit farbigem Glas ausgelegt, ein jedes mit einem anderen Muster. Das durchscheinende Sonnenlicht zaubert ein buntes Farbenspiel auf die weißen Wände. Elegante Konsolen mit fantasievollen Stuckornamenten bilden den Wandschmuck, und auch die Decke ist mit Stuckrosetten verziert.

Hussein ist der Onkel meiner jemenitischen Freundin Habiba, die ich in Sana'a kennenlernte, als ich dort eine arabische Sprachenschule besuchte. Habiba hat mich bei meinem erneuten Jemenbesuch eingeladen, bei ihr zu wohnen. Ihr Onkel, der davon erfuhr, schickte seinen Sohn ein paar Stockwerke tiefer zu den Räumen, in denen sich die Frauen aufhalten, mit der Bitte, ob ich nicht hinauf in den *mafradsch* zur Qat-Sitzung kommen könne, man würde gern etwas über mein Leben in Deutschland erfahren.

Als ich eintrete, blicken mir zwölf in lange weiße Gewänder gekleidete ältere Männer entgegen und begrüßen mich mit »*As-salam aleikum* – der Friede sei mit dir.« Ich antworte etwas beklommen: »*Wa aleikum as-salam.*« Habibas Onkel ist aufgestanden und sagt die Begrüßungsformel der Gastgeber: »*Ahlan wa sahlan*«, was in unserer Sprache wörtlich übersetzt keinen rechten Sinn ergibt, aber so viel bedeutet wie »Mein Haus ist dein Haus«. Er ergreift meine Hand und geleitet mich zum Platz neben sich, eine ungewöhnliche Ehre für eine Frau. Dieser Sitz gebührt sonst den ältesten Männern. Für mich gelten jedoch andere Regeln als für jemenitische Frauen, die nie bei den Zusammenkünften der Männer dabei sind. Hussein will mir und seinen Gästen zeigen, wie sehr er Gastfreundschaft wertschätzt. Weil ich aus dem Ausland komme, erhalte ich diesen hohen Rang.

Im Raum befinden sich keine Möbel, und doch ist es sehr behaglich. Die Männer hocken auf weichen Matten und stützen sich bequem auf Polster und Kissen. Die Wasserpfeife aus blank poliertem

Messing mit dem schlangenartig gewundenen Schlauch gluckert leise vor sich hin. Das Mundstück wird von einem zum anderen weitergereicht. Gefäße mit glimmendem Weihrauch verströmen einen betörenden Duft.

Hussein sucht für mich einen besonders frisch aussehenden Qat-Zweig aus. Ich zupfe ein paar Blättchen ab und stecke sie mir zögernd in den Mund. Sie schmecken unangenehm bitter. Ich kaue tapfer, aber es ist mir unmöglich, die Masse in der Backe zu sammeln und so lange wie möglich im Mund zu behalten, damit sich die berauschende Wirkung entfaltet. Deshalb gelingt es mir nicht, dem Qat einen Genuss abzugewinnen. Die Männer sind voller Verständnis. Niemand drängt mich weiterzukauen.

»Bist du aus West- oder Ostdeutschland?«, werde ich gefragt.

»Sowohl als auch«, antworte ich. »Geboren bin ich in der DDR, aber jetzt lebe ich im Westen Deutschlands.«

»Weißt du auch, dass wir Jemeniten uns im gleichen Jahr wie ihr vereint haben? Wir waren allerdings ein paar Monate schneller.« Ich blicke in gutmütige und zugleich stolz lächelnde, bärtige Gesichter. Mich erstaunt, wie gut die Männer über das Geschehen so weit entfernt von ihrem Land informiert sind. Sie wollen von mir wissen, wie die Menschen im Osten und Westen leben, welche Unterschiede es gibt, und ob man zufrieden mit der politischen Entwicklung ist.

Für mich ist die Unterhaltung anstrengend, die Männer überbieten sich, mich mit Fragen zu bestürmen. So bin ich nach zwei Stunden erleichtert, in die tiefer gelegenen Gemächer zurückzukehren, wo ich wieder in die Welt der Frauen eintauche. Von ihnen werde ich schwesterlich verwöhnt, als würde ich eine der ihren sein. Ich halte mich in ihren Räumen auf, esse und übernachte bei ihnen. Keine Frau lebt allein mit Mann und Kind, sie wohnen zusammen mit zahlreichen weiblichen Verwandten, Schwestern, Schwägerinnen, Schwiegermüttern, Nichten und natürlich den Kindern von allen Frauen. Aber auch der Ehemann einer Frau hat eher wenig Kontakt zu ihr, er lebt zusammen mit dem Vater, den Brüdern, Onkeln und Neffen. Deshalb braucht jede Großfamilie ein eigenes Haus mit vielen Räumen. Die Frauen und Männer des Familien-Clans sehen sich nur selten, denn auch bei den Mahlzeiten, bei Feiern und Hochzeiten sind die Geschlechter unter sich. Es sind tatsächlich zwei getrennte, unterschiedliche Welten, die wenige Berührungspunkte haben.

Während die Männer zusammen Qat kauen, verbringen auch die Frauen meiner Gastfamilie den Nachmittag gemeinsam. Ich sitze mit ihnen in einem mit Teppichen ausgelegten Raum auf dem Boden, die Töchter servieren Tee und Süßspeisen. Die Frauen haben sich füreinander schön gemacht. Die Gewänder schillern und schimmern kostbar, verschwenderisch glänzt Schmuck in großzügigen Dekolletés, blinkt Gold an Ohren und Händen. Die Gespräche mit den Frauen drehen sich um andere Themen. Für sie ist es vor allem wichtig zu erfahren, wie viele Kinder ich habe und ob bei uns ein Mann mehrere Frauen haben darf.

»Oh, wie schade«, sagt die noch unverheiratete Schwester Habibas, eine Lehrerin, »dass es bei uns nicht so ist wie bei euch. Wenn ich heirate, möchte ich die einzige Frau meines Mannes sein.«

Habiba lacht. »Vielleicht hast du Glück, so wie ich, und kriegst einen Mann, der mit nur einer Frau zufrieden ist.«

Samira, die Schwester, seufzt. »Ach, am liebsten würde ich mir meinen Zukünftigen selbst aussuchen.«

Im Jemen sind es die Eltern beider Familien, die Bräutigam und Braut auswählen, und meist darf sich das Brautpaar vor der Hochzeit nicht sehen. Erst nach der Zeremonie, wenn der Mann den Schleier hebt, sieht er das Gesicht seiner Frau zum ersten Mal.

Habiba lächelt verschmitzt. »Wir Frauen müssen nicht so lange warten, wir lassen uns da schon etwas einfallen. Wir bitten unsere Brüder, dass sie mit dem Auserwählten in der Gasse am Haus vorbeigehen. Dann erhaschen wir einen Blick auf ihn durch die Fensterläden. Für die Männer ist es schwieriger, denn wir sind ja immer verschleiert, wenn wir das Haus verlassen.«

Auch die nächsten Nachmittage lassen die Männer mich rufen, anscheinend haben sie Gefallen an meinen Antworten gefunden und wollen noch mehr wissen über das Leben in der westlichen Welt. Männer, die nicht zur Familie gehören, bringen ihr eigenes Qat-Bündel mit, aber wem der Gastgeber seine besondere Wertschätzung zeigen will, dem wirft er einen Zweig mit ausgesucht frischen Blättern zu. Qat spielt eine wichtige Rolle im gesellschaftlichen Leben der Jemeniten. Kein Gespräch, kein Treffen, keine Feier ohne die berauschenden Blätter. Es ist eine sanfte Droge und wirkt anregend. Wer Qat kaut, wird munter, bekommt eine frohe Stimmung und Lust zum Denken und Reden. Der grüne Saft verführt aber auch zum Träumen. Alles wird einfach und schön, man fühlt sich groß und stark und von allen geliebt. Für diese Wirkung ist ein in der Pflanze enthaltenes Amphetamin-Alkaloid verantwortlich. Es tritt über die Mundschleimhaut in den Blutkreislauf ein, weshalb die gekauten Blätter nicht geschluckt werden, sondern stundenlang im Mund verbleiben. Der Qat-Kauer mit seiner dicken Backe ist ein typisches Bild im Jemen.

Qat ist jedoch nicht so harmlos, wie meine Gastgeber es gern darstellen wollen. Der Strauch muss bewässert werden, in einem Land mit wenig Niederschlägen ein großes Problem; wegen des übermäßigen Wasserverbrauchs sinkt der Grundwasserspiegel immer tiefer. Da Qat sehr teuer ist, wird der Familienhaushalt stark belastet, es wird an der Ausbildung der Kinder und an anderen wichtigen Dingen gespart. Immer wieder hat die Regierung versucht, durch Aufklärung den Qat-Konsum einzudämmen. Zum Beispiel wurde dafür geworben, nur am islamischen Feiertag, dem Freitag, die berauschenden Blätter zu konsumieren, damit das öffentliche Leben nicht an jedem Nachmittag schlagartig zum Erliegen kommt; auch die Produktivität sinkt, wenn nur am Vormittag gearbeitet wird. Nicht zuletzt kann übermäßiger Genuss zu gesundheitlichen Problemen, vor allem zu Magenbeschwerden bis hin zu Krebs, führen. Auch Entzündungen der Schleimhäute von Mund und Speiseröhre und Schädigungen von Niere und Leber wurden festgestellt. Etwas Gutes allerdings hat Qat bewirkt: Die fantastische Terrassenlandschaft im Nordjemen ist erhalten geblieben. Ohne den Qat-Anbau wäre die Pflege der Terrassen eingestellt worden, und noch mehr Menschen vom Land wären in die Städte abgewandert.

In Qat-Runden kommt jeder der Anwesenden zu Wort und kann seine Meinung darlegen. »Wir reden«, sagt Salem, der Neffe Husseins, »bis alle Probleme gelöst sind. Weil wir heute nicht alle lösen können, treffen wir uns morgen wieder. Inschallah!« Das Kauen hilft ausgezeichnet beim Verdrängen von Schwierigkeiten.

Die Mehrzahl der Männer kaut täglich ihr Qat. Frauen haben es früher nur bei Hochzeiten und anderen Festen genommen, aber auch sie greifen immer häufiger zu den verführerischen Blättern, wie ich es bei meinem letzten Jemenbesuch 2007 erlebt habe.

Nicht alle können am Nachmittag so gemütlich zusammensitzen wie Hussein mit seinen Freunden. Die meisten Menschen müssen beim Kauen arbeiten. Bauarbeiter legen konzentriert eine Lage Ziegel nach der anderen auf die Mauern, während sich in ihren Backen die Blätter stauen. Ab und zu speien sie den grünen Saft in den Lehmmörtel. Schmiede hämmern ihr Eisen, Steinklopfer hocken am Boden und behauen beharrlich Steine, bis sie gleichmäßige Kanten und Flächen geschaffen haben, Verkäufer bieten geduldig ihre Waren feil, Schuster und Schneider reparieren und nähen in ihren kleinen Geschäften entlang der Straßen – doch kaum einer, der am Nachmittag nicht mit dicker Backe anzutreffen ist.

Die Pflanze gedeiht auf den Bergen im Hochland. Mit drei Freunden, die mit mir zusammen in der Sprachenschule waren, fahre ich nach Taizz südlich von Sana'a, wo ich das Hauptanbaugebiet kennenlerne und erlebe, wie mühsam die tägliche Ernte ist. Dort am Dschebel Sabir wächst Qat auf Terrassen an den Berghängen, selbst steilste Bergsporne und schwer zugängliche Abhänge sind bepflanzt.

Der Strauch wird aus Stecklingen gezogen. Die berauschenden Blätter können nach vier Jahren zum ersten Mal geerntet werden, dann aber jeden Tag. Qat ist ein eher unscheinbares Gewächs mit dünnen, langen Zweigen, an denen buschig die Blätter sprießen. Ihre Form ähnelt Lorbeerblättern, sie sind aber nicht hart, sondern weich und biegsam. Bei guter Bewässerung wird der Strauch drei bis fünf Meter hoch. Auf natürliche Weise treibt er nur zweimal zur Regenzeit, deshalb muss er bewässert werden, damit er ständig neu austreibt, denn nur die jungen Blätter werden konsumiert. Spätestens nach 40 Jahren ist die Qatpflanze unproduktiv und wird abgehackt.

Von Nasser, einem Bauern, der in einem Bergdorf am Dschebel Sabir lebt, erfahren wir, dass Qat die beste Einnahmequelle für ihn ist. Kein anderes Produkt wird so gut bezahlt. Früher wuchsen auf den Terrassen im Nordjemen Kaffeesträucher, erzählt er, doch nachdem in Südamerika ebenfalls Kaffee angebaut wurde, konnte der Jemen auf dem Weltmarkt nicht mehr mithalten, und der Anbau kam zum Erliegen. Die Leute wanderten in die Städte ab, die Terrassen begannen zu verfallen. Gerade rechtzeitig, bevor noch mehr Bauern ihr Gebiet verließen, entstand der Qat-Anbau. Doch damit ist ein neues Problem entstanden. Durch den gesunkenen Grundwasserspiegel muss das Wasser aus immer größeren Tiefen heraufgepumpt werden.

Am nächsten Morgen stehen wir früh auf, um bei der Qat-Ernte dabei zu sein, denn die Blätter müssen in den Morgenstunden gewonnen werden. Im Dorf, wo wir in einem *funduk*, einer Herberge, übernachtet haben, wehen Rauchfahnen in den Morgenhimmel. Die Bewohner backen hier noch selbst ihr Fladenbrot und kochen Tee zum Frühstück. In der Herberge hat man uns *fuul*, ein schmackhaftes Gericht aus schwarzen Bohnen, vorgesetzt.

Kaum ist die Sonne über den Horizont gestiegen, machen sich die Frauen und Männer auf den Weg zu den Terrassen. Wir sind überrascht, dass hier die Frauen nicht in den schwarzen *scharschaff* gekleidet sind, der sie von Kopf bis Fuß verhüllt, wie es sonst im Jemen üblich ist. Wir erfahren, dass im Gebiet um Taizz, vor allem aber am Dschebel Sabir, Frauen überlieferte Rechte haben. Sie besitzen, anders als im restlichen Land, eigenen Boden, den sie selbst bewirtschaften. Die Bäuerinnen sind mit leuchtend bunten Stoffen bekleidet und gehen unverschleiert, selbst wenn sie ins Tal absteigen und den Markt in Taizz besuchen. Eine Ausnahme im Jemen, wo außer dem Ehemann sonst kein Mann das Gesicht einer Frau sehen darf.

Die Frauen pflücken Blätter an den niedrigeren Büschen, die Männer klettern in besonders hochgewachsene Sträucher und werfen Zweige herab, die andere am Boden bündeln. Wir treffen Nasser wieder, mit dem wir uns schon gestern unterhalten haben. Bei einer Teepause macht er uns mit seinen Freunden Abdullah und Ali bekannt. Sie freuen sich, dass Ausländer an ihrer Arbeit interessiert sind, auch, dass wir uns in ihrer Sprache unterhalten können.

Die Sonne steigt höher, und den Qat-Pflückern stehen bald Schweißperlen auf der Stirn. Die Brüder Abdullah und Ali verstauen die Ernte in Jutesäcken und schleppen sie zur Straße. Dort wartet schon der *muqauwit*, der Aufkäufer. Mit seinem Jeep bringt er die Säcke zum lokalen Markt und verkauft sie dort an den Händler.

Mit Habibas Onkel Hussein besuche ich einen dieser Märkte, wo einzig und allein Qat verkauft wird. Habiba hat darauf bestanden, dass ich nicht allein zum Markt gehe. »Auch für dich schickt es sich nicht, ohne männliche Begleitung unterwegs zu sein. Das geht im Jemen nicht«, sagte sie.

Die Qat-Märkte liegen außerhalb der Ortschaften. Dort hocken die Verkäufer in Verschlägen aus Sperrholz, hinter sich einen Blätterhaufen, aus dem sie Bündel für Bündel herausziehen. Die Ware muss weder marktschreierisch angeboten noch ins rechte Licht gerückt werden, sie findet auch so reißend Absatz. Aber nur frisches Pflanzenmaterial zeigt stimulierende Wirkung. Was bis zum späten Nachmittag nicht verkauft ist, verliert seinen Wert.

Wer beste Qualität will und in der Lage ist, Höchstpreise zu zahlen, muss sich auskennen. In einer kleinen Nebenstraße in der Altstadt von Sana'a stauen sich Autos der Luxusklasse. Männer in westlichen Anzügen streben einem unscheinbaren Haus zu. Von außen deutet nichts darauf hin, dass es sich hier um eine Adresse für Qat der Spitzenklasse handelt. Mit riesigen grünen Bündeln im Arm kehren die Männer zurück, deponieren die Ware im Kofferraum und brausen davon.

Obwohl viele Jemeniten der Ober- und Mittelschicht äußerlich den westlichen Lebensstil angenommen haben (das betrifft allerdings nur die Wohnungseinrichtung, technische Geräte wie Fernseher, Mobiltelefon, Internet und die Kleidung der Männer mit Anzug und Krawatte), wollen sie auf Qat nicht verzichten, der das Denken anregt und längst Vergangenes in Erinnerung ruft. Wer die Blätter kaut, dessen Hirn wird überschwemmt mit einem Meer von Plänen und Ideen. Leicht und spielerisch meint man Projekte in Gang setzen zu können, doch die Verwirklichung wird von einem Tag auf den anderen verschoben. Während zu Beginn das Gehirn wie beim Kaffeegenuss aktiviert wird, schließt sich daran eine träumerische Phase. Der Qat-Kauer schwebt dann durch Zeit und Raum.

Im Jemen geht ohne Qat nichts, ob eine Vermählung ausgehandelt, Hochzeit gefeiert, jemand beerdigt oder ein Kind geboren wird. Qat ist immer dabei, wenn eine neue Straße geplant und eine Schule eingerichtet wird oder eine Ortschaft Strom und Kanalisation bekommen soll. Mit Qat haben die Menschen selbst in Notsituationen das trügerische Gefühl, in Einklang und Harmonie zu leben. Nord- und Südjemen für immer vereinigt? »Inschallah – so Gott will«. Jemen ohne Qat? »Abadan – niemals«, sagt Hussein energisch, und voller Überzeugung stimmen ihm die anderen zu.

PORTUGAL
Lissabon – Stadt der unstillbaren Sehnsucht

Ein Wochenendbesuch im Jahr 1994 vermittelte mir einen kurzen Eindruck von Lissabon. Später war es das Buch »Nachtzug nach Lissabon«, weswegen ich mich erneut für die Hauptstadt Portugals interessierte. Den letzten Anstoß, ein Ticket für den Zug nach Lissabon zu lösen, gab 2004 ein Reportageauftrag. Meine Aufgabe war, über die traditionelle Musik, den Fado, zu recherchieren und eine Dokumentation zusammenzustellen. Während meines Aufenthalts und im Kontakt mit portugiesischen Musikern kam ich in Berührung mit saudade, *dem unübersetzbaren melancholischen und von Nostalgie geprägten Lebensgefühl der Portugiesen.*

Es war an Allerheiligen, da bebte die Erde. Acht Minuten genügten, um eine der reichsten Städte der damaligen Zeit zu verwüsten und Tausenden Menschen den Tod zu bringen. Der 1. November 1755 war der Schicksalstag Lissabons. Der Boden brach meterbreit auf, Häuser stürzten ein, begruben die Einwohner unter sich. Eine Feuersbrunst fegte durch die Gassen. Menschen, die nicht von den einstürzenden Gebäuden zerschmettert worden waren, retteten sich vor den Flammen zum Hafen. Da sahen sie, wie das Wasser kilometerweit zurückwich, erblickten auf dem schlammigen Grund Wracks gesunkener Schiffe aus früheren Zeiten. Dann kam das Meer wieder, verschlang Menschen, Tiere, Häuser und alles, was das Erdbeben und das Feuer verschont hatte. Nur die Armenviertel auf den Hügeln, das Bairro Alto, die Mouraria und die Alfama, waren nicht vom Unheil betroffen.

Die Nachricht über diese furchtbare Katastrophe verbreitete sich rasch, erschütterte die Menschen in Europa und ließ eine alte Frage neu aufleben: Wie kann ein allmächtiger und gerechter Gott ein so großes Unheil zulassen? Warum ausgerechnet an Allerheiligen? Warum wurden alle Kirchen zerstört, und ausgerechnet das sündige Rotlichtviertel Mouraria trug keinen Schaden davon? Fragen, auf die es keine Antwort gab, dennoch beschäftigten sich die berühmtesten Geister dieser Zeit mit dem unlösbaren Problem. Es war die Zeit der Aufklärung, die Zeit von Voltaire, Kant und Leibniz. Sie, neben zahlreichen anderen Denkern und Dichtern, nahmen in ihren Werken Stellung zum Unglück Lissabons. Die Auswirkungen auf Philosophie, Wissenschaft, Politik, Literatur, Malerei, Theater und andere kulturelle Bereiche waren noch Jahrhunderte später spürbar. Das Erdbeben von Lissabon war eine Zäsur für ganz Europa und läutete auf schreckliche Weise die Neuzeit ein. Man begriff, dass das Schicksal nicht von der Allmacht Gottes bestimmt wird, dass die Menschheit großen Naturkatastrophen hilflos ausgeliefert ist. In weniger als zehn Minuten kann das Leben eines Menschen und mit ihm alles, was er geschaffen hat, verloren sein.

Wer nichts von diesen Ereignissen weiß, wundert sich vielleicht bei einem Besuch Lissabons über die zwei Gesichter der Stadt. Da ist einmal die Baixa, die Unterstadt, mit großzügigen Parkanlagen, weiträumigen Plätzen und rechtwinkligen Straßen, und oben auf den Hügeln breiten sich die mittelalterlich anmutenden Altstadtviertel aus. Da das Erdbeben so gut wie die gesamte Bausubstanz vom Flussufer bis zu den Abhängen der Hügelberge vernichtet hatte, entschied man sich beim Wiederaufbau für ein geometrisches Rechteckmuster, das mir jetzt die Orientierung in dem lebhaften Geschäftsviertel erleichtert.

Dem Trubel auf der Hauptverkehrsstraße, der Avenida da Liberdade, ausweichend, nähere ich mich dem zentralen Platz, der Praça Marquês de Pombal, wo die neun Meter hohe Statue des Erneuerers von Lissabon auf einer weißen, 36 Meter hohen Marmorsäule steht. Pombal, der mit vollem Namen Sebastião José de Carvalho e Mello hieß, wurde von König Joseph I. mit dem Wiederaufbau betraut und später mit dem Marquis-Titel geehrt. Der König ließ seinem Ersten Minister bei allen wichtigen Entscheidungen freie Hand, sodass Pombal zum eigentlichen Herrscher des Landes wurde. Der Marquis, beeinflusst von der Philosophie der Aufklärung, entwarf ein umfangreiches Reformprogramm und führte das mittelalterliche Portugal in die Moderne. Er starb 1782 mit 83 Jahren auf seinem Landsitz, wohin er schon 1769 von Maria I., der Tochter Josephs I., verbannt wurde, die nach dem Tod ihres Vaters den Thron erbte und fast alle Reformen Pombals rückgängig machte.

Durch die geraden und sich rechtwinklig kreuzenden Straßen der Baixa gelange ich zum Cais das Colunas, wo der Tejo, Portugals längster Fluss, in einem großen Bogen die Stadt umfließt und unweit entfernt in den Atlantik mündet. Eine Treppe mit breiten, flachen Stufen führt zum Fluss hinab. Dort, wo die Wellen an die Steine plätschern, werden sie von zwei Säulen flankiert. So nah ist der Tejo dem Meer, dass er von den Gezeiten beeinflusst wird. Während ich dort stehe, kommt die Flut, und das Wasser steigt die Treppenstufen der Cais das Colunas immer höher hinauf. Die Sonne hat die graue Wolkenhaut durchbrochen und schenkt dem Fluss ein glitzerndes Leuchten.

Die Stadt ist auf sieben Hügeln erbaut, aber der Blick der Portugiesen war schon immer auf das Meer gerichtet. Die Zeit der Entdeckungen, als Portugal ein Weltreich mit zahlreichen Kolonien in Übersee war, ist jedoch lange vorbei. Vergangen sind Macht und Pracht, und vom Reichtum aus den Kolonien und eroberten Ländern ist wenig geblieben.

Vom Meer kam der Reichtum, es kamen aber auch Gefahren, wenn sich Piraten und Eroberer den Küsten Portugals näherten. Die Weite des Meeres wiederum weckte die Lust hinauszufahren, neue Gebiete zu entdecken. In den fremden Ländern wurden die Menschen dann von Heimweh geplagt nach dem Land, das sie verlassen hatten. Diese doppelte Sehnsucht, nach der Ferne und der Heimat, bewirkte eine unstillbare Traurigkeit, eine Mischung aus Melancholie, Wehmut und Verlangen – eben *saudade*, dieses bittersüße portugiesische Lebensgefühl, das seinen Ausdruck in den Melodien des Fado findet.

Bis heute streitet man sich über den Ursprung des Fado. Als diese Musik vor rund 150 Jahren in den Bars Lissabons auftauchte, wusste niemand, woher sie kam. Oft wird behauptet, Seefahrer hätten sie aus Brasilien oder Afrika mitgebracht oder Melodie und Rhythmus wären der arabischen Musik entlehnt, da in Portugal 400 Jahre lang die Mauren herrschten. Gewissheit kann es wohl keine geben. Mich interessiert auch etwas anderes. Ich möchte wissen, ob der Fado heute noch lebendig ist in Lissabon.

Ich werfe noch einen letzten Blick auf den Tejo und wende mich wieder der Stadt zu, lasse das rechtwinklige Baixa-Viertel hinter mir und steige den Burgberg hinauf, verliere mich in den Gassen der Alfama, dem alten Stadtviertel, das beim Erdbeben nicht zerstört worden war. Schon damals war es ein Viertel der Armen, der Ausgestoßenen, der Menschen am Rande der Gesellschaft. Beim flüchtigen Blick wirkt die Alfama malerisch, ein schier unentwirrbares Labyrinth unzähliger Gassen und Gässchen. Die Vergangenheit scheint hier zum Alltag zu gehören. Ziellos lasse ich mich treiben, steige Treppen hinauf und hinab, und immer wieder öffnen sich mir unerwartete Blicke auf gestaffelte Hausdächer, winzige Hinterhöfe, schummrige Bars und Kneipen. Durch blau umrahmte Fenster dringen Fadomelodien nach draußen, dazu schrille Frauenstimmen und Kindergeschrei. Hunde streifen durch schmale Gassen, Katzen drücken sich scheu an Mauern entlang. Bei genauem Hinsehen entdecke ich hinter der pittoresken Folklore Not und Elend. Die tiefen Schluchten zwischen den Häusern verschlucken die Sonnenstrahlen. Feuchtigkeit durchsetzt das Mauerwerk und verbreitet Modergeruch. Die Armut versteckt sich hinter gehäkelten Vorhängen.

Ich steige den Burgberg weiter hinauf zum Castelo de São Jorge, benannt nach dem heiligen Georg, dem Drachentöter. Vom Burgwall habe ich einen grandiosen Blick über die siebenhügelige Stadt. Die Festungsanlage wurde von den Arabern erbaut, nachdem sie 711 die gesamte Iberische Halbinsel erobert hatten. Im Jahr 1147 besiegte Alfonso die arabischen Eroberer, seitdem diente die Festung lange als königlicher Palast. Burgmauer und Zinnen sind in erstaunlich gutem Zustand, weil Diktator Salazar sie 1930 nach seinem Gusto restaurieren ließ. Der strategisch günstig gelegene Hügel wurde von vielen Völkern besiedelt. Die lange Geschichte Portugals spiegeln Ausgrabungen auf dem Burggelände aus keltiberischer, phönizischer, römischer, westgotischer und arabischer Zeit wider.

Die Sonne scheint warm auf die Mauern, ich lasse die Beine über den Abgrund baumeln, blicke weit über das Häusermeer bis zum Tejo, genieße die Wärme und den leichten Wind, der mich streichelt.

Meinen Abstieg wähle ich durch den ältesten Teil der Stadt, die Mouraria. Das ehemalige Maurenviertel schmiegt sich gegenüber der Alfama an den Burgberg. Nachdem Alfonso Henrique gesiegt hatte, erlaubte er der muslimischen Bevölkerung zu bleiben, wies ihnen aber ein eigenes Wohngebiet zu. Auf gewundenen Wegen gehe ich durch enge, oft düstere Gassen zwischen verschachtelten Häusern. Trotz einiger Renovierungsarbeiten wird wenig für den Erhalt der alten Bausubstanz getan. Neben Häusern, die niemand mehr bewohnen kann, stehen andere, wo Wäsche an Leinen vor den Fenstern flattert.

In diesem Viertel, so heißt es, wurde der Fado geboren. Hier sang Maria Severa, die erste namentlich bekannte Fado-Sängerin, in schummrigen Bars und anrüchigen Kneipen. Sie stammte aus einer Roma-Familie, war die Tochter eines Schankwirts und starb 1846 mit gerade mal 26 Jahren. Dennoch wird bis heute ihrer gedacht. Das Haus, in dem sie wohnte, schmückt eine schwarze Gitarre. Zwar hat die Armut dieses Viertel nie verlassen, aber auch die inspirierende Kraft der Musik lebt fort. Auch Mariza, deren Mutter aus Mosambik stammte, und Misia, die beiden heute wohl bekanntesten Fado-Interpretinnen, wuchsen hier auf. Doch die berühmteste Sängerin war und ist immer noch Amália Rodrigues, die 1999 starb. Mit ihrer unverwechselbaren Stimme gilt sie als die »Königin des Fado«.

Erschöpft vom Auf und Ab der verwinkelten Gassen, suche ich mir einen freien Platz auf der Terrasse am Miradouro de São Pedro de Alcântara, einem der Aussichtspunkte, von denen es in Lissabon so viele gibt wie wohl in keiner anderen Stadt. Jeder *miradouro* hat seinen eigenen Charakter, kein Ort nur zum flüchtigen Schauen, sondern zum Verweilen, zum Betrachten, zum Nachsinnen.

Während ich auf die Stadt und hinaus bis zum Tejo blicke, hänge ich meinen Gedanken nach. Neben mir plätschert ein Springbrunnen, das Wasser steigt und fällt und fließt zurück. Mein Blick gleitet hinüber zum Burgberg mit dem Häusermeer aus weißen und pastellfarbenen Fassaden, dazwischen die Kuppeln und Türme der Kirchen und oben die Zinnen der Burg. Beleuchtet wird das Ganze von einem hellen, sich ständig ändernden Licht, mal gedämpft, dann wieder strahlend, so wie die Wolken vom Atlantik herüberwehen. Die Zeit scheint still zu stehen, und während ich schaue und das Panorama auf mich wirken lasse, macht das Bild, wie schon oben beim Castelo, wieder den Eindruck auf mich, transparent zu sein. Die Grenzen zwischen Gegenwart und Vergangenheit verwischen, und über die Wirklichkeit schiebt sich das längst Vergangene.

Ich denke an die Zeit, als Heinrich der Seefahrer die Entdeckungsfahrten entlang der afrikanischen Westküste initiierte. Schon 1418 war das. Das bombastische Denkmal Padrão dos Descobrimentos im Vorort Belém, in der Form eines riesigen, steinernen Schiffes, idealisiert die Vergangenheit und zeigt Heinrich als Anführer einer ganzen Reihe von Entdeckern. Prinz Heinrich, der vierte Sohn von König João I., ließ einen neuartigen Schifftyp bauen, die Karavelle, ein schnelles und wendiges, zwei- bis viermastiges Schiff mit viel Stauraum für Proviant, damit weite Fahrten unternommen werden konnten. Und als Vasco da Gama 1498 den Seeweg entlang der afrikanischen Westküste um das Kap der Guten Hoffnung nach Indien fand, wurde Portugal, noch vor Spanien, das erste Reich mit weltweitem Handel. Portugal war aber auch das Land, das am längsten von allen europäischen Ländern an seinen Kolonien festhielt, und es hatte die am längsten andauernde Diktatur, die erst 1974 mit der erstaunlich friedlich verlaufenden »Nelkenrevolution« endete.

Am Abend streife ich durch die Gassen des dritten Altstadtviertels, des Bairro Alto, der Oberstadt. Es entstand im 16. Jahrhundert, als die Stadt weiter nach Nordwesten hin wuchs. Seinen einheitlichen und authentischen Charakter verdankt auch dieses auf einem der sieben Hügel liegende Viertel dem Umstand, dass es wie Alfama und Mouraria nicht vom Erdbeben betroffen war.

Am Tag ist Bairro Alto eine verschlafen wirkende Häuseransammlung, wo ich kaum jemanden begegne, wo die Geschäfte bis nachmittags geschlossen sind und selbst die Katzen müde auf den Fenstersimsen ruhen, doch nachts erwacht der Stadtteil zu wahrem Leben. Die Laternen werfen gelbliches Licht auf das Pflaster, der Mond hängt kugelrund am samtschwarzen Himmel. Bars reihen sich aneinander, schmücken sich mit dem Beinamen *casa do fado* und Schildern, auf denen *hoje fado* signalisiert, dass heute eine Veranstaltung stattfindet. An den Türen stehen Animateure, sie versuchen, mich zu überzeugen, dass nur in ihrem Lokal der authentische Fado geboten wird. Doch diesen *fado vadio* gibt es kaum noch. Früher haben sich die Leute in schummrigen Bars getroffen, Wein getrunken, und irgendwann begann der eine oder andere zu singen. Spontan stimmte man ein, denn die herzzerreißenden Lieder kannte jeder. Inzwischen hat sich der *fado professional* gegen die spontane Darbietung durchgesetzt und wird von professionellen Sängern und Musikern mit einem festen Programm vor einem zahlenden Publikum aufgeführt.

Bei meiner Suche nach authentischem Fado habe ich die Sängerin Celia kennengelernt. Die 25-Jährige hat einen braunen Lockenkopf, den sie gern wild schüttelt. Aus nussbraunen Augen schaut sie mich etwas spöttisch an, beantwortet aber gutwillig meine Fragen.

»Den Fado habe ich im Blut, mit fünf bin ich schon aufgetreten«, erzählt sie mir.

»Wie, so jung? Wer hat dir denn das Singen beigebracht?«, frage ich erstaunt.

Celia lacht und lässt ihre braunen Locken fliegen. »Niemand, einfach durchs Zuhören hab ich's gelernt. Bei uns entkommst du dem Fado nicht, überall wird er gespielt. Ich war tatsächlich erst fünf Jahre alt, als ich beim jährlichen Fado-Wettbewerb *Grande Noite do Fado* den ersten Preis in meiner Altersklasse gewann.«

»Das muss aufregend für dich gewesen sein.«

»Und ob! Ich bekomme heute noch Gänsehaut, wenn ich daran denke. Ganz allein stand ich auf der Bühne. So viele Menschen, der Beifall hat mich fast umgeworfen.«

»Von da an wolltest du Fado-Sängerin werden?«

»Das wollte ich schon vor diesem Auftritt, solange ich denken kann. Aber meine Eltern bestanden darauf, dass ich eine Ausbildung abschließe. Fado zu singen, ist für sie kein wirklicher Beruf. Also bin ich Lehrerin geworden, aber in meiner Freizeit habe ich gesungen. Nach und nach habe ich mir einen Namen gemacht und wurde von Veranstaltern gebucht.«

Auch Celia tritt in den vor allem von Touristen besuchten *casas de fado* auf. Doch sie führt mich in die Kneipe »Mama rosa«, wo die Einwohner Lissabons unter sich sind. Als wir ankommen, ist der Raum voller Menschen, wir finden gerade noch Platz. Überrascht blicke ich mich um. Die Wände sind mit blau-weißen Kacheln verkleidet. Seltsam steril wirkt dadurch die Räumlichkeit und erinnert mich eher an eine Küche. Ein traditionelles Fado-Lokal hatte ich mir mit dunkler Holzverkleidung und Dämmerlicht vorgestellt. Von Celia erfahre ich jedoch, dass so die originalen Kneipen fast alle ausgesehen haben.

Celia scheint hier so gut wie jeden zu kennen. Sie hat sich gar nicht erst gesetzt, sondern geht von Tisch zu Tisch und begrüßt Freunde und Bekannte. Dann kommt sie mit einem älteren Herrn zu mir zurück.

»Das ist Juvenal Zé, der König des Fado«, stellt sie mir den grauhaarigen Mann vor, der mit seiner massigen Figur und den kräftigen Händen einen Beruf als Bauarbeiter haben könnte.

»Wenn Juvenal singt, dann schmilzt dein Herz«, sagt Celia, während der Sänger bescheiden lächelt.

Als das erste Lied erklingt, verstummen die Gespräche, das Geklapper von Tellern, Besteck und Gläsern hört sofort auf. Zuerst stellen sich einige junge, noch wenig bekannte Sänger vor. Sie bekommen Beifall, aber an der Spannung im Publikum spüre ich, dass sie auf den »König« warten. Schließlich steht er auf. Augenblicklich herrscht eine atemlose Stille, in sie hinein lässt Juvenal Zé schluchzende Töne fallen. Seine Stimme vibriert, erinnert mich an den Flamenco-Gesang, den ich in kleinen Kneipen Granadas erlebt habe.

»Juvenal singt ein Lied von Alfredo Marceneiro«, flüstert mir Celia ins Ohr. »Er war einer unserer Größten. Alfredo hat den Fado nicht gesungen, er hat ihn gelebt. Noch heute pilgern Anhänger zu seinem Grab auf dem Friedhof Prazeres.«

Lied folgt auf Lied. Immer wieder erhebt sich jemand und stimmt eine Melodie an. Viele summen mit und fallen beim Refrain mit ein. Schließlich steht auch Celia auf. Sie hat eine warme, etwas raue Stimme. Ihr Gesang berührt mich tief. Sie singt mit der Kraft, die aus der Seele kommt, ein trauriges Lied von einer verlorenen Liebe. Die junge Frau singt so leidenschaftlich, als ginge es um Leben und Tod.

Es ist spät geworden. Bevor wir uns auf den Heimweg machen, frage ich Juvenal Zé, der zu den Traditionalisten gehört, was er von der neuen Fado-Generation halte? Er sei da skeptisch, antwortet er offenherzig. »Viel haben diese jungen Fadisten nicht mit dem Fado zu tun, außer dass sie sich von typischen Fado-Instrumenten begleiten lassen, der *guitarra portuguesa* und der *viola*. Sie verwenden aber auch andere Instrumente und bauen Jazz, Soul, Pop und die verschiedensten Musikstile ein.«

Ob denn diese jungen Fadisten auch hier in dem traditionellen Lokal »Mama rosa« hin und wieder auftreten würden?

Juvenal lacht laut auf: »Nein, hierher verirren sie sich nicht. Hier singen wir für uns, für das Herz und die Seele.«

Ob er denn glaube, dass der traditionelle Fado überleben werde, frage ich weiter.

»*Claro!*« Davon ist er felsenfest überzeugt. »Niemals wird der Fado untergehen, solange Menschen leben und leiden.«

Celia begleitet mich durch die spärlich beleuchteten Gassen zum Hotel. Es ist weit nach Mitternacht, als wir den Rossio kreuzen, den Platz, der als Herz Lissabons gilt. Im Licht des Vollmonds glänzen die bewegten Wellen des schwarz-weißen Pflasters. Am Brunnen, der sich in der Mitte des Platzes befindet, haben sich Menschen versammelt. Wir hören Gitarrenklänge und Fado-Melodien. Es sind Straßenmusiker, die ihre Kunst Nachtschwärmern darbieten. Immer mehr kommen hinzu und lauschen dem schwermütigen Gesang. Ich blicke in die vom Leben gezeichneten Gesichter des Sängers und der beiden Gitarristen. Mich berührt dieser Gesang tiefer als alles bisher Gehörte, obwohl er musikalisch sicher nicht an eine professionelle Darbietung heranreicht. Aber er ist authentisch.

Mir fällt wieder ein, was Juvenal Zé auf meine Frage, was der Fado für ihn sei, scherzhaft geantwortet hatte: »Niemand weiß, was der Fado ist, aber wir Portugiesen sind bereit, die nächsten 800 Jahre alles zu versuchen, um herauszufinden, was der Fado ist oder war oder sein könnte. Allerdings, die Zeit wird nicht reichen, denn der Fado verbirgt in sich die Geheimnisse der menschlichen Existenz. In welcher Form auch immer er überleben wird, ob er sich verändert oder der Tradition treu bleibt, für die Menschen in Lissabon ist der Fado ein Ausdruck ihrer Gefühle von Liebe und Schmerz, Sehnsucht und Verlangen. Er lässt ihrer Seele Flügel wachsen und trägt sie über den Alltag hinaus, in ein Reich der Träume und der Fantasie.«

KENIA
In einem Massai-Dorf

Als ich mit Bergsteigerfreunden nach Kenia und Tansania reiste, um den Mount Kenia und den Kilimandscharo zu besteigen, besuchten wir auch ein Massai-Dorf. Diese kurze Begegnung weckte in mir den Wunsch, das Nomadenvolk näher kennenzulernen. Im Jahr 2001 konnte ich diese Idee verwirklichen. Im Rahmen einer ethnologischen Studie gelang es mir, Kontakt zu einer Dorfgemeinschaft herzustellen. Der Dorfälteste erlaubte mir, eine Zeit lang bei ihnen zu wohnen, sodass ich an ihrem Leben teilnehmen konnte.

Die Massai sind der bekannteste Volksstamm Ostafrikas, in ihrer traditionellen Lebensweise jedoch äußerst bedroht. Ihr Siedlungsgebiet wird von der Grenze zwischen Kenia und Tansania zerschnitten, ihr nomadisches Leben mit den großen Rinderherden durch die kenianische wie auch die tansanische Regierung immer mehr eingeschränkt.

Ihre roten Baumwolltücher malerisch um die schlanken Körper drapiert, laufen die jungen Krieger, die morani, durch das sonnengebleichte Savannengras. Mit langen Beinen und weit ausholenden, federnden Schritten können sie, ohne allzu sehr zu ermüden, erstaunlich weite Strecken zurücklegen. Doch diesmal sind es wenig mehr als 20 Kilometer von ihren manyatta, den Hütten der Jungkrieger, zum Nachbar-Clan, wo sie sich im Tanz beweisen wollen.

In der boma, dem Dorf, wo 20 Lehmhütten im Kreis stehen und mit einem Dornenverhau vor wilden Tieren geschützt sind, warte ich mit Frauen, Kindern und Alten auf das Erscheinen der Tänzer. Meine Gastgeber haben mir erlaubt, bei dem Ereignis zuzuschauen. Schon am frühen Morgen haben die jungen, noch unverheirateten Mädchen begonnen, sich zu schmücken. In den Ohren tragen sie lange, glitzernde Gehänge und an den Armen klirrende Reifen bis zum Ellenbogen. Um den Hals haben sie eine mit bunten Perlen verzierte, sehr breite Metallscheibe gelegt, die Stirn umschließt ein Perlenband. Die Köpfe aller Mädchen sind kahl geschoren, wie es bei den Massai für heiratsfähige Frauen üblich ist.

Als sich die Männer der Dornenhecke nähern, die nur einen des Nachts geschlossenen, schmalen Eingang freilässt, machen sie sich mit hellen Rufen bemerkbar, die mich an Greifvögel erinnern. Dazu stoßen sie ihre Speere kraftvoll in die Luft. In einer langen Reihe laufen sie durch den Eingang bis zur Dorfmitte, wo sie von den Mädchen singend begrüßt werden. Die Männer fallen mit ihren Stimmen in den Singsang ein. Nachdem das Lied beendet ist, verlassen sie das Dorf und bilden in der Nähe einen Halbkreis. Die Mädchen sind ihnen gefolgt, stellen sich ihnen gegenüber auf, singen und klatschen rhythmisch in die Hände. Mit ihren Schultern bringen sie die bunten Scheiben am Hals zum Schwingen. Viele sind sehr jung, eigentlich noch Kinder, kaum älter als zehn oder zwölf Jahre.

Mädchen werden schon zum Zeitpunkt ihrer Geburt einem Mann versprochen, mit dem sie aber erst vermählt werden, wenn dieser den Brautpreis in Form von Rindern bezahlen kann. Seltsam finde ich die Sitte, dass sie bis dahin einen Freund haben dürfen. Die jungen Massai sind deshalb ins Dorf gekommen, um sich den Mädchen vorzustellen und um eine Freundin zu werben.

»Was ist, wenn ein unverheiratetes Mädchen schwanger wird?«, frage ich Olonday, den Bruder des Dorfältesten, der gut Englisch spricht, mich in das Dorf geführt und mir bei der Eingewöhnung geholfen hat.

»Das passiert nicht, sie sind noch zu jung dazu«, antwortet Olonday lakonisch.

Mädchen, die etwa 14 Jahre alt sind, können verheiratet werden. Oft aber müssen sie länger warten, bis der vorgesehene Mann den Brautpreis bezahlen kann. Noch immer herrscht die schmerzhafte und gefährliche Tradition, dass die Braut kurz vor der Hochzeit beschnitten wird. Damit will der zukünftige Mann sicherstellen, dass seine Frau ihm treu bleibt, denn mit der Genitalverstümmelung wird ihr jede Lust am Sex genommen. Eine schlimme Folge der Verstümmelung ist, dass das Gebären wegen des unelastischen Narbengewebes noch schmerzhafter und schwieriger wird. Das Wissen um diese schreckliche Praxis macht es mir schwer, in die ebenmäßig schönen Gesichter der Mädchen zu blicken.

Jetzt tritt ein junger Massai nach dem anderen vor und springt senkrecht in die Luft, so hoch und so oft er kann, wobei er den Boden nur mit den Ballen berühren darf. Das traditionelle *aduma* ist also kein Tanz im eigentlichen Sinne, sondern eine sportliche Vorführung, mit der die jungen Männer ihre Kraft und Ausdauer zur Schau stellen. Manche schaffen es, einen Meter und höher zu springen, wieder und immer wieder. Mitunter springen auch zwei, drei Freunde gleichzeitig miteinander, so wird die unterschiedliche Sprungkraft zwischen ihnen deutlich. Nach der Vorführung treten sie zurück in den Halbkreis, und ein anderer stellt sich den kritischen Blicken der Mädchen, die unentwegt singen und ihre Metallscheiben vor- und zurückschwingen lassen.

Die Mädchen haben sich die Wangen knallrot gefärbt und die Lippen lilablau bemalt, doch entschieden mehr Aufwand haben die jungen Männer getrieben. Ein Make-up aus einer ockerfarbenen Paste bedeckt ihr Gesicht, damit ihre Zähne umso weißer wirken. Die Augen sind mit dickem Strich schwarz umrandet, die Lippen rot, braun oder lila gefärbt. Durch die übermäßige Schminke entsteht ein maskenartiger Eindruck. Immer wieder öffnen sie die bemalten Lippen, lassen die Zähne aufblitzen, reißen ihre Lider weit auf und bringen durch heftiges Augenrollen das Weiß ihrer Augäpfel zum Leuchten.

Den weiblichen Zuschauern merke ich nicht an, von welchem der Springer sie mehr beeindruckt sind. Sicher gibt es geheime Signale, die ich nicht wahrnehmen kann. Olonday bestätigt meine Vermutung: »Die Mädchen lassen es den Tänzer wissen, den sie gerne kennenlernen wollen.«

Diese jungen Männer sind dann die Liebhaber, die Massaimädchen bis zu ihrer Hochzeit haben dürfen. Da sie jetzt noch unbeschnitten sind, können sie die sexuelle Liebe erleben und genießen, was ihnen dann als verheiratete und beschnittene Frau verwehrt sein wird.

Das Sprungturnier dauert Stunden. Unglaublich, wie ausdauernd die jungen Männer sind. Langsam sinkt die Sonne dem Horizont entgegen und taucht die Gesichter der Mädchen in ihr warmes Licht.

Der Dorfälteste, der in dieser *boma*, wo ich zu Gast sein darf, am meisten zu sagen hat, ist Saimen. Er hat, ebenso wie sein Bruder Olonday, eine Missionsschule besucht und nicht nur Suaheli gelernt, sondern auch Englisch. Mit seiner Frau Isina habe ich mich angefreundet und schlafe zusammen mit ihr und der kleinen Tochter in ihrer Lehmhütte. Der Bau der Hütten ist allein Aufgabe der Frauen. Zuerst rammen sie Holzpflöcke in den Boden, dazwischen befestigen sie biegsame Zweige, mit denen sie eine runde oder längliche Gestalt formen. Ein Flechtwerk aus harten Steppengräsern füllt die Zwischenräume aus. Dieses Hausgerippe wird schließlich mit einer Mischung aus feuchtem Lehm und Kuhdung verkleidet. Schnell trocknet die Masse in der Sonne und wird fast so hart wie Beton.

Nach Dung riecht der Verputz dann überhaupt nicht mehr. Die Behausung hat kein Fenster. Der Eingang ist ein enger Tunnel, nur wenig höher als ein Meter. Durch das spärliche Licht, das durch den Tunneleingang fällt, wird der Innenraum kaum erhellt. Er ist erstaunlich geräumig, denn es gibt keine Einrichtung außer Rinderfellen auf dem Schlafplatz und einer Kochecke, wo auf offenem Feuer das Essen bereitet wird. Ein Abzug für den Rauch ist nicht vorhanden. Nachts teilen wir die Hütte mit neugeborenen Schafen und Ziegen, damit sie besser geschützt sind. Die Massai haben eine so enge Bindung zu ihren Tieren, dass dies für sie selbstverständlich ist, so wie bei uns Haustiere mitunter auch mit ins Bett genommen werden.

Isina kocht jeden Tag einen Maisbrei aus zermahlenen Körnern und Milch. Fleisch essen Massai äußerst selten, geschlachtet wird nur bei Festen. Früher war *saroi*, ein aus Rinderblut und Milch gemischtes Getränk, fast das einzige Nahrungsmittel. Die Mischung musste eine Weile geschüttelt werden, oder man ließ sie ein, zwei Tage in einer Kalebasse vergären und hat sie dann erst getrunken. Für die jungen Krieger, die in einer *manyatta* zusammenleben, ist *saroi* immer noch die Hauptnahrung, für die sie die Halsvene eines Rindes ritzen und ein bis zwei Liter Blut abzapfen.

Der Mais für den Brei muss auf dem Markt gekauft oder gegen Vieh getauscht werden, macht mir Isina verständlich. Sie spricht nur ihre eigene Sprache, *maa*, die zur nilotischen Sprachfamilie gehört. Mit einer Handvoll Wörter auf Suaheli, die Isina gelernt hat, mit Körpersprache und schnell hingekritzelten Zeichnungen können wir uns beschränkt einander mitteilen, ein wirkliches Gespräch aber ist nicht möglich. Ich bedauere das sehr, denn ich spüre, dass ich Isinas Vertrauen gewonnen habe und sie mich mag. Wenn ich mich nur mit ihr in ihrer Sprache unterhalten könnte, wünsche ich mir ein ums andere Mal. Ich möchte so gern erfahren, was sie bewegt, was sie sich erhofft, welche Träume und Sehnsüchte sie hat. Vielleicht würde ich mich dann auch trauen, intime Dinge zu fragen, nämlich, ob die jungen, noch unverheirateten Mädchen vielleicht gezwungen werden, sich einen Freund zu nehmen?

Bei den Männern, die Englisch beherrschen, ist es nicht schwierig, dieses Thema anzusprechen. Sie antworten mir ohne zu zögern und behaupten, die Mädchen könnten wählen, ob sie sexuelle Kontakte vor der Heirat haben wollen oder nicht. Aber was heißt schon frei entscheiden, wenn in dieser engen Gesellschaft sozialer Druck ausgeübt wird, wenn etwa der Vater mit dem Vater des »Liebhabers« befreundet ist und ihm einen Gefallen erweisen will.

Da eine verbale Verständigung nicht möglich ist, bin ich auf Beobachtungen angewiesen, um mir ein Bild vom Leben der Frauen zu machen. Bald erkenne ich, dass die Bewältigung des Alltags, also das gesamte Arbeitspensum außer dem Hüten des Viehs, ausschließlich auf ihnen lastet. Sie sind es, die das Wasser von einer entfernten Quelle herbeischleppen, wo Grundwasser spärlich nach oben dringt. Es sind die Frauen, die weit laufen müssen, um in der Savanne Akazien und andere Dornenbüsche zu fällen und als Feuerholz heimzutragen. Sie sind die Ersten, die frühmorgens melken, bevor die Ziegen, Schafe und Rinder, die die Nacht geschützt im Kral verbracht haben, wieder hinaus in die Savanne getrieben werden. Ebenso am Abend, wenn das Vieh zurückkommt, sind es Frauen, die die zahlreichen Tiere melken. Und natürlich ist es ihre Aufgabe, die Kinder zu versorgen. Die haben in den ersten Jahren eine enge Bildung an die Mutter, doch ungefähr ab fünf beginnt die Erziehung in unterschiedliche Rollen.

Die Jungen werden zu Hütejungen, können der Enge des Dorfes und der ständigen Aufsicht entfliehen und mit den Herden hinaus in die Weite des Graslandes wandern. Fröhlich lachend und helle, spitze Rufe ausstoßend, treiben sie das Vieh hinaus. Ich sehe ihnen an, wie sehr sie sich darauf freuen, wieder einen ganzen Tag in Freiheit und in der Gemeinschaft Gleichaltriger verbringen zu dürfen, wodurch oftmals lebenslange Freundschaften zwischen den Jungen entstehen.

Die Mädchen dagegen bleiben bei der Mutter, helfen ihr bei den verschiedenen Verrichtungen, beaufsichtigen jüngere Geschwister und wachsen so allmählich in ihre Rolle hinein, in die einzige, die ihnen in der Massai-Gesellschaft zugestanden wird.

Den Zeitpunkt ihrer Vermählung bestimmt allein der Vater, fast immer sucht er für die Tochter einen älteren Ehemann, denn nur der kann den gewünschten Brautpreis von möglichst vielen Rindern, meist um die 20 Stück, aufbringen. Wer genug Rinder besitzt, kann so viele Frauen heiraten, wie er bezahlen kann. Die Frauen leben mit ihrem Nachwuchs in je einer eigenen Hütte, und der Mann entscheidet am Abend, bei welcher seiner Frauen er die Nacht verbringen will. Es kommt vor, so berichtet mir Olonday recht offenherzig, dass ein Mann seine engsten Freunde bittet, zu einer seiner Frauen in die Hütte zu gehen, für die er selbst gerade keine Zeit hat. Als Zeichen, dass er bei der Frau seines Freundes schläft, rammt der Eingeladene seinen Speer vor dem Eingang in den Boden.

»Aber wie ist das mit der Eifersucht?«, frage ich erstaunt. »Erst lasst ihr eure Frauen beschneiden, damit sie euch treu bleiben, und dann schickt ihr euren Freund zu ihr?«

»Eben, es ist unser Freund, sozusagen unser Blutsbruder, mit dem wir seit Kindertagen alles teilen. Ob er bei der Frau ist oder ich, das ist dasselbe. Er ist ein Teil von mir und ich von ihm«, versucht Olonday mir klarzumachen.

Ein junger Massai nähert sich uns in selbstbewusster, stolzer Haltung. »Das ist Tonkai«, stellt Olonday mir seinen Neffen vor. »Weil du ja für deine Arbeit unser Dorf mit anderen vergleichen willst, wird Tonkai dich zur *boma* seiner Mutter Malaika begleiten. Morgen früh könnt ihr starten, es sind nur 25 Kilometer.«

Tonkai, bewaffnet mit seinem Speer, läuft leichtfüßig vor mir her. Ich bin es gewohnt, weite Strecken zu Fuß zurückzulegen, aber der junge, hochgewachsene Massai macht so weit ausholende Schritte, dass es mir schwerfällt zu folgen. Schon bald gebe ich meinen Ehrgeiz auf, mit Tonkai mithalten zu wollen, folge meinem eigenen Rhythmus, und auch mein Führer verlangsamt seine Geschwindigkeit.

Die weite Savanne mit ihrem hellen Gras schlägt mich in ihren Bann. In der Ferne erkenne ich Zebras und Giraffen, dann wieder eine Herde Impalas. Durch die Wildnis Afrikas zu wandern, ist ein köstliches Erlebnis. Davon habe ich in meiner Kindheit geträumt, wenn ich Bücher über Afrikaforscher las. Wie beglückend, wenn solche Träume Wirklichkeit werden. Zu Fuß unterwegs zu sein, ist nicht mit einer Safari in einem Fahrzeug vergleichbar. Nur so ist man wirklich Teil dieser grandiosen Natur.

Abrupt bleibt Tonkai stehen. Etwas im hohen Gras erregt seine Aufmerksamkeit. Langsam hebt er den Speer in Wurfhaltung. Was mag es sein? Bei meinen Touren in Afrika habe ich es immer wieder erlebt, dass selbst große Tiere wie Löwen im Steppengras bestens getarnt sind. Aber es ist kein Löwe, sondern eine marderähnliche Manguste, die wir bei ihrer Jagd auf Schlangen gestört haben. Mangusten gehören wie die possierlichen Erdmännchen zu den Schleichkatzen. Blitzschnell vermögen sie zuzupacken, sodass sie sogar Giftschlangen überwältigen, ohne von ihnen gebissen zu werden. Dabei müssen sie sich vorsehen, denn gegen Schlangengift sind sie entgegen anders lautender Behauptungen nicht immun. Tonkai senkt den Speer wieder und läuft weiter, die kleine Manguste ist keine Beute für ihn.

Am späten Nachmittag erreichen wir unser Ziel. Saimen, der Dorfälteste der *boma*, wo ich die vergangene Woche verbracht habe, hatte am Tag zuvor seinen Enkel losgeschickt, um meine Ankunft anzukündigen. So wirken die Dorfbewohner bei meinem Eintreffen nicht überrascht. Sie begrüßen mich freundlich lächelnd, und sogleich wird mir eine Schale mit Milchbrei gereicht. Was mir sofort störend auffällt, sind die vielen fetten Fliegen überall. In Saimens Dorf gab es so gut wie kein Ungeziefer, obwohl auch dort das Vieh während der Nacht in der Dorfmitte eingepfercht wurde. Den Mist haben die Frauen am Morgen stets nach draußen geschafft. In diesem Dorf ist es anders; die Bewohner scheint die Fliegenplage jedoch nicht zu stören. Über und über sind ihre Gesichter davon bedeckt. Ich wedele herum, aber immer wieder kommt der Fliegenschwarm zurück. Nach ein paar Tagen lasse ich das Wedeln bleiben. Ich spüre es kaum noch, wenn die Fliegen sich auf meiner Haut niederlassen, die durch die Berührungen unzähliger Fliegenbeine unempfindlich geworden ist. Doch gerne kehre ich nach rund zwei Wochen in Saimens sauberes, fliegenloses Dorf zurück.

Mein Aufenthalt in den beiden Massai-Dörfern hat mir unwiederbringliche Erlebnisse gebracht. Nun heißt es, Abschied zu nehmen, den mir die Massai leicht machen. Sie verhalten sich so, als würde ich nur zu einer kurzen Reise aufbrechen und bald wiederkommen.

Olonday und Saimen wollen mich durch die unwegsame Savanne zur Straße begleiten, wo der Bus hält, der nach Nairobi, Kenias Hauptstadt, fährt, wohin auch sie wollen. Als wir uns am Morgen treffen, um loszuziehen, erkenne ich sie kaum. Sie tragen nicht mehr ihre roten Umhänge, haben sich stattdessen in schwarze Anzüge gezwängt, die ihnen überhaupt nicht passen. Die Jacketts sind abgeschabt und spannen über Brust und Bauch, die Hosenbeine sind zu kurz. Die beiden Brüder wirken in dieser unvorteilhaften Kleidung, als hätte man ihnen ihre Würde gestohlen.

»Warum tragt ihr denn nicht eure traditionelle Kleidung?«, frage ich entsetzt.

»Wir müssen einige Angelegenheiten bei der Behörde in Nairobi klären. In unserer Kleidung würden wir nicht vorgelassen werden«, antwortet Olonday.

In Nairobi angekommen, stelle ich mich im Hotel unter die Dusche, die erste seit Monaten, und wundere mich über das rötlich gefärbte Wasser, das an mir herabfließt. Es ist der Staub der Steppe, rot von der eisenhaltigen Erde.

Anhang

WEGE   So weit die Füße tragen

PHILIPPINEN   Der weite Weg nach El Nido   ▸ Seite 11

Auf den Philippinen hatten sich islamische Rebellen verschanzt, die sich Abu Sayyaf nennen. Ob sie eine Splittergruppe des internationalen Terrorismus waren, wie vermutet wurde, oder auf eigene Verantwortung handelten, konnte nicht völlig aufgeklärt werden. Im Jahr 2000 entführten sie auf der Taucherinsel Sipadan im Osten Malaysias 20 Touristen, darunter auch eine deutsche Familie, ein Jahr später weitere Touristen auf dem palawanischen Tauchstützpunkt Dos Palmas. Im Jahr 2007 wurden 14 Mitglieder der Rebellengruppe gefasst und zu lebenslänglicher Haft verurteilt.

Weil die Gefahr gebannt scheint, kommen jetzt wieder mehr Reisende auf die Philippinen. Palawan ist immer noch ein Geheimtipp, weil die Infrastruktur für die Bedürfnisse europäischer Reisender nicht ausreichend entwickelt ist. Die Insel ist vor allem ein Ziel für Taucher und Seekajakfahrer. Doch das Entführungsrisiko, ebenso wie die Gefahr terroristischer Anschläge, ist immer noch groß, zudem werden die Philippinen jährlich von etwa 20 Taifunen getroffen, die zum Teil schwere Verwüstungen anrichten und den Flugverkehr beinträchtigen können. Immer wieder kommt es zu heftigen Vulkanausbrüchen, die mit glühender Lava, Ascheregen, Schlammlawinen und Glutwolken das Leben bedrohen.

Die Philippinen sind ein ressourcenreiches Land. Experten gehen davon aus, dass unter der Erde wertvolle Bodenschätze lagern. Allein in den Bergen Mindanaos, der zweitgrößten philippinischen Insel, lagern riesige Goldvorkommen. Das weckt Begehrlichkeiten. Seit 1995 erlaubt ein Gesetz ausländischen Firmen, die Ressourcen auszubeuten. Die Regierung hat somit den Konzernen quasi Blankoschecks ausgestellt. Die Politiker verabschieden diese Gesetze zu ihrem eigenen Nutzen, denn sie und ihre Familien gehören zu den Landbesitzern und verkaufen teuer die Schürfrechte. Die indigene Bevölkerung wird von Militär und Paramilitär aus ihren Siedlungsgebieten vertrieben. Sie gehen leer aus, werden ausgebeutet und immer weiter in Armut gestürzt.

DEUTSCHLAND   Osterspaziergang in der Eifel   ▸ Seite 21
Die Eifel bildet den Nordwestflügel des Rheinischen Schiefergebirges und gehört zu den ältesten Landschaften Mitteleuropas. Der größte Teil der Gesteine, sozusagen das geologische Fundament der Eifelregion, besteht aus mächtigen Sandstein- und Ton-Schieferlagen aus dem Erdzeitalter Unterdevon. Es sind Sedimente, die rund 400 Millionen Jahre alt sind. Diese wurden 200 Millionen Jahre später im Erdzeitalter Perm zu einem riesigen Gebirge aufgefaltet. 150 Millionen Jahre genügten der Erosion, um dieses Hochgebirge zu einer flachwelligen Landschaft einzuebnen. Vor etwa 50 bis 30 Millionen Jahren, also schon in der Erdneuzeit, als die afrikanische und die europäische Kontinentalplatte zusammenprallten und unter anderem die Alpen aufgewölbt wurden, waren die Eifelvulkane zum ersten Mal aktiv. Dann trat eine Ruhephase ein, bis die Vulkane am Ende der letzten Eiszeit vor etwa 13 000 bis 9000 Jahren erneut auflebten. Damals war das Klima der Eifel vergleichbar mit der Tundra Sibiriens heute.

Die vulkanische Aktivität der Eifel ist nicht erloschen. Unter der Erdkruste befindet sich ein Hot Spot, eine Magmablase. Jederzeit kann wieder glühende Gesteinsmasse zur Oberfläche aufsteigen. Die Situation ist ähnlich wie auf Hawaii; auch dort werden die Vulkane unterirdisch von einer Magmablase gespeist. Vulkanologen sind überzeugt, dass die Vulkane der Eifel nur ruhen. Momentan deute zwar nichts auf einen Ausbruch hin, das könne sich aber jederzeit ändern. Zahlreiche Thermalquellen zeugen von den vulkanischen Kräften im Untergrund. Jährlich werden durch die Quellen und das CO_2-gesättigte Wasser in den Seen über eine Million Tonnen Kohlendioxid an die Atmosphäre abgegeben.

Als ich im Jahr 1985 meine Osterwanderung machte, gab es das Vulkanmuseum noch nicht. Es wurde im Jahr 1996 in Daun eröffnet und ist unbedingt empfehlenswert. Es führt in die spannende Welt der Vulkane ein, man kann an Exkursionen teilnehmen und erfährt zum Beispiel, dass der Laacher See bei einer gewaltigen Eruption vor 12 500 Jahren entstanden ist, die die Vulkanologen mit dem Ereignis am Pinatubo auf den Philippinen und dem Mount St. Helens in Nordamerika vergleichen. Kilometerhoch stieg die Asche und lagerte sich im Gebiet des heutigen Polen, Frankreich und Italien ab. Glutlawinen vernichteten alles Leben ringsum und strömten bis zum Rhein, den sie zu einem See anstauten, bis er sich später einen Durchschlupf schaffen und in sein altes Bett zurückkehren konnte.

Vulkanologen meinen, dass diese zweite Aktivitätsphase, die vorerst vor 9000 Jahren endete, noch nicht abgeschlossen ist, und wundern sich über die trügerische Ruhe.

Als Ergebnis der ereignisreichen erdgeschichtlichen Vergangenheit ist eine vielgestaltige Eifel entstanden mit erloschenen Vulkanen, Mooren, Maaren, Heiden und Wäldern. Durch diese abwechslungsreiche Landschaft führt seit 2002 ein Weg für Jakobspilger längs durch die Eifel von Köln nach Trier über Bad Münstereifel, Blankenheim, Kronenburg, Prüm und Mettendorf.

FRANKREICH   Mit Esel Chocolat auf dem Pilgerweg*

▶ Seite 32

Fast war der Jakobsweg vergessen, da begann vor einigen Jahren plötzlich eine Wiederbelebung. Was kann uns der jahrhundertealte Pilgerpfad heute noch bedeuten? Jeder, der den Weg geht, findet seine eigene Antwort auf diese Frage. Die Rückbesinnung auf den Jakobsweg begann aber nicht erst in unserer Zeit. Bereits im 17. Jahrhundert waren wieder Pilger unterwegs, wenn auch nur wenige. Als ich im Jahr 1982 zum ersten Mal pilgerte, kamen nur 299 Pilger in Santiago de Compostela an. Inzwischen ist der Jakobsweg populär geworden, und jedes Jahr machen sich mehr Menschen auf den Weg. Die bisher höchste vom Domkapitel der Kathedrale registrierte Besucherzahl waren 272 135 Pilger im Jahr 2010. Es waren so viele, weil es ein heiliges Jahr war, das immer dann ansteht, wenn der 25. Juli, der Tag des heiligen Jakob, auf einen Sonntag fällt.

Der heilige Jakob war Fischer am See Genezareth und wurde einer der Jünger von Jesus. Mit seinem Bruder Johannes gehörte er zum engeren Kreis der Apostel. Um 44 n. Chr. erlitt Jakob als Erster der Jünger den Märtyrertod. Auf Befehl von Herodes Agrippa I., König von Judäa, wurde er mit dem Schwert hingerichtet. Sein Leichnam soll der Legende nach auf wundersame Weise in einem Boot vom Heiligen Land nach Spanien gelangt und dort an der Küste im heutigen Galicien bestattet worden sein. Das Grab geriet in Vergessenheit und wurde erst im 9. Jahrhundert wiederentdeckt.

Seit dem frühen Mittelalter ziehen Pilger aus ganz Europa zum Jakobsgrab. An den Jakobswegen entstanden Kirchen und Kathedralen, wurden steinerne Brücken gebaut und Herbergen errichtet. Auf Bildnissen ist der heilige Jakob an seinen »Zeichen« erkennbar. Er trägt die Tracht der Pilger: Hut und Mantel, Wanderstab und Pilgertasche – und die Jakobsmuschel.

Es gibt viele Wege nach Santiago, so viele, wie Menschen unterwegs sind. Jeder wird seinen Weg finden und eigene Erfahrungen machen. Es kommt nur darauf an, den ersten Schritt zu wagen.

Immer wieder bitten mich Leser meines Buches »Muscheln am Weg«, in dem ich von meiner Pilgerreise mit dem Esel Chocolat in Frankreich berichte, um Tipps und Auskünfte. Ich verstehe, dass sie sich durch mein Buch angeregt fühlen, auch mit einem Esel auf Pilgerreise zu gehen. Dabei sollte man Folgendes bedenken: Esel sind vorsichtige, auf ihre Sicherheit bedachte Tiere, und sie treffen, unabhängig von unseren Wünschen, ihre eigenen Entscheidungen. Mit fremden Menschen gehen sie nicht mit. Es kann zwar sein, dass der Esel eine Weile folgt, aber wenn er das Gebiet nicht mehr kennt, ist er normalerweise nicht zum Weitergehen zu bewegen. Nur wenn man sich mit der Führung von Tieren und speziell von Eseln auskennt, kann es sein, dass sich das Tier einem Fremden anvertraut – so wie ich das Glück hatte. Zudem ist es schwierig, jeden Abend eine Unterkunft zu finden. Der Jakobsweg hat genügend Herbergen, aber selten ist eine Weide oder wenigstens ein Stall dabei. Auch kommt man nur langsam voran. Mit einem Esel muss man etwa die doppelte Wanderzeit veranschlagen, denn lange Pausen sind nötig, damit der vierbeinige Begleiter genügend Zeit zum Fressen hat. Inzwischen gibt es organisierte Pilgerwanderungen mit Eseln, bei denen sich ein Eselführer um die Tiere kümmert. Ein Vorteil für den Pilger, denn so kann er das Unterwegssein entspannter genießen.

SPANIEN   Wilde Berge in Andalusien   ▸ Seite 46

Die Sierra Nevada ist zwar das höchste, aber bei Weitem nicht das einzige Gebirge Andalusiens. Beim Aufprall der afrikanischen auf die europäische Kontinentalplatte ist ein riesiger Gebirgskomplex entstanden, die Betische Kordillere. Zu ihr gehören neben der Sierra

Nevada noch viele andere Bergketten wie die Sierras de Cazorla, Segura y las Villas, wo Andalusiens längster Fluss entspringt, der Guadalquivir.

Die Sierra Nevada ist etwa 100 Kilometer lang, übersetzt bedeutet der Name »Schneegebirge«. Ihre Gipfel sind trotz der Lage am Mittelmeer im Winter mit Schnee bedeckt, sodass sogar Skisport betrieben wird, Liftanlagen installiert und auf 2100 Meter Höhe eine Siedlung für Skisportler gebaut wurde. Eine 35 Kilometer lange Passstraße führt von Granada (734 Meter) bis zu einer Höhe von 3392 Meter unterhalb des Pico del Veleta (3397 Meter). Dort befinden sich eine Wetterstation und ein Radioteleskop. Es gibt 14 Gipfel, die 3000 Meter und höher sind. Das Gestein ist vor allem Glimmerschiefer, der wegen der krassen Temperaturunterschiede zwischen Tag und Nacht, Sommer und Winter starker Verwitterung ausgesetzt ist und so in unzählige Gesteinssplitter zerfällt.

Die Höhe des Mulhacén wird unterschiedlich angegeben mit 3482 oder 3479 Meter. Benannt ist der Gipfel nach dem Emir Abu al-Hasan Ali, woraus Muley Hacén und später Mulhacén wurde. Der Emir, der von 1464 bis 1485 in Granada herrschte, war der Vater des letzten arabischen Herrschers Muhammad XII., genannt Boabdil, der von den Katholischen Königen Isabella I. und Ferdinand V. im Jahr 1492 gezwungen wurde, seinen Palast, die Alhambra bei Granada, zu verlassen und ins Exil nach Marokko zu gehen.

Das Naturschutzgebiet Sierras de Cazorla, Segura y las Villas erstreckt sich in Nord-Süd-Richtung, hat eine Länge von 120 Kilometer und 55 Kilometer Breite und liegt im Nordosten der Provinz Jaén. Im Jahr 1985 wurde die Bergregion zum Naturpark erklärt und ist mit 214 323 Hektar das größte Schutzgebiet Spaniens. Die höchsten Gipfel sind Empanadas (2107 Meter) und Cabañas (2036 Meter). Die Felsen bestehen vor allem aus Jura-Kalkstein und Dolomit.

Der Guadalquivir, der in 1340 Meter Höhe entspringt, zielt zuerst nach Norden und dreht, wenn er die Bergregion verlässt, in südwestliche Richtung, durchquert fast ganz Andalusien, um nach 657 Kilometern in den Atlantik zu münden. Nach Tajo, Ebro, Duero und Guadiana ist er der fünftlängste Fluss Spaniens und der längste Andalusiens. Der Name stammt aus dem Arabischen und bedeutet Großes Tal – *wadi al kabir.*

FLÜSSE Lebensadern

ÄGYPTEN Mit Esel Aton entlang des Nil* ▶ Seite 57

Bei meiner Reise in Ägypten im Jahr 2009 ahnte ich nicht, welche Umwälzungen sich kaum drei Jahre später ereignen würden. Nichts deutete auf die kommenden Unruhen und Demonstrationen hin. Die Bevölkerung schien damit beschäftigt, ihren Alltag zu bestreiten, um zu überleben. Zu Gesprächen über die politische Situation kam es selten, und wenn, dann waren sie oberflächlich. Man beschränkte sich darauf, die private Lebenssituation zu schildern und vermied kritische Äußerungen.

Am 25. Januar 2011 begann eine beispiellose Protestbewegung. Die Ägypter strömten in Kairo auf die Straßen, versammelten sich auf dem zentralen Platz, dem Tahrir. Am 11. Februar 2011, nur 17 Tage nach Beginn der Unruhen, wurde der langjährige Diktator Husni Mubarak gestürzt.

Ägypten aber scheint immer noch weit entfernt davon, einen demokratischen Weg einzuschlagen. Fünf Jahre nach der Revolution ist die Meinungsfreiheit stark eingeschränkt. Die Regierung unter Präsident Abdel Fattah el-Sisi geht unerbittlich gegen ehemalige Revolutionäre, unliebsame Journalisten und Studenten vor. Menschen verschwinden, werden auf der Straße abgefangen, von zu Hause oder der Arbeit abgeholt, ohne dass ihre Angehörigen davon erfahren. Ohne Haftbefehl werden sie festgehalten, ohne Zugang zu einem Anwalt werden Geständnisse durch Folter erpresst. Eine Rechtsgrundlage für das Festhalten von Menschen ohne Haftbefehl gibt es nicht. Aber der Staat muss die Gesetze gar nicht verändern, er bricht sie einfach, mit dem Hinweis, die Bevölkerung vor Terror schützen zu müssen.

Wer trotz der zurzeit schwierigen politischen Situation nach Ägypten reist, erhält massiven Begleitschutz vom Militär; zum Beispiel wurde im Frühjahr 2016 eine Reisegruppe von 29 bewaffneten Polizisten und Militärangehörigen geschützt. Obwohl eine Ägyptenreise im Moment nicht so entspannend ist, sind nach wie vor die wunderbaren Altertümer zu besichtigen, wobei man durch einen Besuch auch hilft, die touristische Infrastruktur und Arbeitsplätze zu erhalten.

Dass es immer noch Geheimnisse aus der Pharaonenzeit zu entdecken gibt, zeigen Untersuchungen des Grabes von Tutanchamun im Herbst 2015. Hinter den Wänden seiner Grabkammer werden weitere Räume vermutet, was Messungen mit einer Wärmebildkamera nahelegen. Vielleicht handelt es sich sogar um die Grabkammer von Nofretete, der Gemahlin des Pharaos Echnaton, der laut genetischen Untersuchungen Tutanchamuns Vater gewesen sein soll.

DEUTSCHLAND   Naturparadies Taubergießen ▸ Seite 75
Der Name Taubergießen leitet sich von der Tauber her, einem der Bäche in diesem Naturschutzgebiet. Mit »Taub« bezeichnen Fischer ein nährstoffarmes Wasser, in dem kaum Fische leben können. »Gießen« wiederum ist ein Ausdruck für unterirdisch fließendes Wasser, das in direktem Kontakt mit dem oberirdischen Fließgewässer steht

und bei entsprechender Geländeneigung wieder an die Erdoberfläche tritt, also eine vom Grundwasser gespeiste Quelle.

Seit 1979 steht die oberrheinische Flussauenlandschaft Taubergießen unter Naturschutz. Im Oktober 2010 wurde für naturinteressierte Menschen ein Bildungs- und Wissenszentrum eröffnet, wo man sich über die Besonderheiten und die Artenvielfalt eines der letzten Auwaldgebiete informieren kann. Wer die Tierwelt live erleben will, kann sich einer der angebotenen, fachkundigen Führungen in traditionellen Fischerbooten anschließen. Aber es geht auch ohne Führung. Wanderer können sich gut auf den ausgeschilderten Pfaden und Rundwegen mit ansprechenden Bezeichnungen wie Schmetterlings-, Eisvogel-, Kormoran- und Orchideenroute orientieren.

Nicht nur im Frühling und Sommer lohnt ein Besuch, auch der Winter bietet eindrucksvolle Erlebnisse. Dann herrscht bei den Wasservögeln Hochbetrieb auf engstem Raum, weil sich zahlreiche Wintergäste im Seengebiet eingefunden haben: Schwimm- und Tauchenten, Kormorane, sogar den seltenen Mittelsäger kann man beobachten.

Die Oberrheinische Tiefebene ist vor etwa 35 Millionen Jahren als Folge eines Grabenbruchs entstanden. Die Erdoberfläche sank ab, als Vogesen und Schwarzwald emporgehoben wurden. Am Ende der Eiszeit fand dort der Rhein seinen Weg von den Alpen zur Nordsee. Mit immer neuen Mäandern hatte er sich ausgebreitet, bis er, infolge der Industrialisierung zwischen Dämme und in ein Betonbett gezwängt, als Transportweg für Schiffe und als Energielieferant dienen muss.

Kaum ein Fernradweg ist so berühmt wie der entlang der Donau. Zwar ist er wegen seiner Länge eine Herausforderung, doch er ist einfach und bequem zu befahren. Inzwischen ist er von der Quelle im Schwarzwald bis zum Schwarzen Meer kartografiert und so gut wie durchgehend markiert. Auch wer sich nur ein Teilstück vornimmt, gerät ins Schwärmen, denn überall ist für landschaftliche und kulturelle Vielfalt reichlich gesorgt.

Der klassische Abschnitt an der oberen Donau ist familienfreundlich und leicht zu bewältigen, da kaum Steigungen vorhanden sind. Seine Beliebtheit hat dazu geführt, dass er von immer mehr Radtouristen frequentiert wird, deshalb wird mitunter die Strecke vom Schwarzwald bis Budapest als »Radautobahn« bezeichnet. In den Sommermonaten sind Tausende unterwegs, vor allem auf dem Teilstück zwischen Passau und Wien.

Die Strecke an der unteren Donau ist etwas schwieriger und auch abenteuerlicher, bietet aber die großartige Gelegenheit, die östlichen Donauländer zu entdecken und die europäische Geschichte beim Besichtigen der archäologischen Fundstätten von der Steinzeit bis zur Gegenwart hautnah zu erleben. Für Familien, insbesondere mit kleinen Kindern, ist diese Route nicht geeignet. Die Tagesetappen sind lang, weil es nicht in jedem Ort Übernachtungsmöglichkeiten gibt, zudem ist die Landschaft bergig, und ab Budapest muss man öfter auf Straßen fahren.

Das Donaudelta ist nach dem Delta der Wolga mit fast 6000 Quadratkilometern das zweitgrößte Feuchtgebiet Europas. Es besteht aus drei Hauptarmen und einem dichten Gewässernetz aus Seen, Altarmen, Seitenflüssen und Verzweigungen. Auwälder und Galeriewälder mit Eichen, Weiden und Pappeln ziehen sich an den Wasserarmen entlang. Daneben gibt es extreme Trockenbiotope auf den vom Wind angewehten Dünen. Jährlich schiebt sich die Donau durch Sedimentablagerungen um 40 Meter weiter ins Meer hinaus.

Im Jahr 1991 erklärte die UNESCO das Donaudelta zum Weltnaturerbe. Das Schutzgebiet wird vom rumänischen Staat verwaltet und gilt als Biosphärenreservat. Besucher müssen sich anmelden, eine Genehmigung erwerben und Eintritt zahlen. Allerdings ist das fächerförmige Feuchtgebiet längst keine ungestörte Wildnis mehr, sondern wird weiter erschlossen und nutzbar gemacht.

PANAMA   Von Ozean zu Ozean   ▸ Seite 92

In der Leguan-Forschungsstation des Smithsonian Tropical Research Institute kam ich mit panamaischen Mitarbeitern ins Gespräch und unterhielt mich mit ihnen auch über den Kanal. Weil ich keine *gringa* sei, also keine Amerikanerin, wie sie betonten, äußerten sie mir gegenüber offen ihre Meinung und empörten sich: »Das ist doch nicht in Ordnung, dass sich die Amerikaner in unserem Land aufspielen, als wären sie die Herren. Sie sind arrogant und selbstherrlich und verdienen viel Geld mit unserem Kanal, das Panama dringend brauchen würde.«

Anscheinend wusste kaum jemand in der Bevölkerung, dass die USA bereits ab 1913 jährlich hohe Pachtsummen an die Regierung Panamas zahlte, Summen, die immer weiter erhöht wurden, zuletzt waren es fast zwei Millionen Dollar jährlich. Aber das nützte nichts, der Ärger über den amerikanischen Fremdkörper im eigenen Land wuchs. Als ich am Kanal entlangwanderte, war es längst beschlossene Sache, dass er an Panama übergeben würde. Schon 1977 hatte Präsident Jimmy Carter vertraglich geregelt, dass es im Jahr 2000 so weit sein würde. Und tatsächlich, die USA hielten Wort. Am 31. Dezember 1999 um 12 Uhr geschah, was 23 Jahre zuvor beschlossen worden war. Seitdem wird der Kanal von der Panamakanalbehörde, der *Autoridad del Canal de Panamá*, verwaltet.

Auch die Eisenbahnstrecke wurde seither rundum erneuert und die Spurweite verändert, zudem erwarb man völlig neue Wagen und Lokomotiven. Besonders beliebt bei Reisenden ist der Panorama-Waggon, klimatisiert und mit Totalverglasung bis zum Dach.

Da die Containerschiffe immer riesiger werden, aber nur bis 4500 Tonnagen durch die Schleusen passen, wird seit 2007 an einer Erweiterung des Kanals gearbeitet, die 2016 fertiggestellt sein soll. Inzwischen werden aber in Mexiko und Nicaragua Pläne geschmiedet, neue Kanäle zwischen den Weltmeeren zu bauen.

In Nicaragua ist die Planung schon weit gediehen. Die Regierung hat die Konzession für den Bau und für den Betrieb über 50 Jahre an einen chinesischen Investor vergeben. Der Kanal wird vor allem dazu dienen, Rohstoffe nach China zu transportieren. Für die Menschen und die Natur Nicaraguas bedeutet der Kanalbau eine Katastrophe. Es drohen Umsiedlung der Einwohner, Regenwaldabholzung und Zerstörung des Nicaraguasees, weil er zu einer 30 Meter tiefen Fahrrinne ausgebaggert werden wird. Zudem soll eine Ölpipeline verlegt werden. Nicaraguas Präsident feiert den geplanten 280 Kilometer langen und bis zu 520 Meter breiten Kanal als Aufbruch des Landes in ein neues Zeitalter, während Umweltschutzverbände und die betroffene Bevölkerung zu Tausenden protestieren, weil Profit auf Kosten von Mensch und Natur gemacht wird.

ÖSTERREICH Der wilde Lech ▶ Seite 105

In der Würmeiszeit vor etwa 110 000 bis 10 000 Jahren formten Gletscher das Lechtal und hobelten Trogtäler ins Gestein. Nicht vom Eis bedeckte Bergspitzen blieben als schroffe, abrupt aufragende Gipfel erhalten und geben heute den Lechtaler Bergen ihr eindrucksvolles Aussehen. Der höchste Gipfel ist mit 3036 Metern die Parseierspitze. Sie überragt die Zugspitze und ist damit der höchste Berg der Nördlichen Kalkalpen.

Seit der Einwanderung der Walser wird Almwirtschaft betrieben. Vorher gab es wohl keine dauerhaften Siedlungen im Tal. Prähistorische Funde zeigen allerdings, dass während der Steinzeit das Gebiet zeitweilig aufgesucht wurde. Feuersteinspitzen und Faustkeile wurden gefunden. Auch in der Bronzezeit müssen sich Menschen in den Lechtaler Alpen aufgehalten haben. Bei der Parzinnspitze wurde eine kleine Bronzeplastik gefunden. Sie zeigt eine Figur mit erhobenen Händen, als wolle sie eine Gottheit beschwören. Beim Ort Holzgau wurden bronzene Lanzen ausgegraben. Viele Spuren gibt es nicht. Auch die Römer haben wenig hinterlassen, außer den Überresten ihrer Marsch- und Transportroute, der *Via Claudia*, die über die Alpen nach Reutte und Füssen führte.

Seit 2004 wird das Lechtal als Naturschutzgebiet und Naturpark ausgewiesen. Der Antrag auf einen Nationalpark mit noch strengeren Schutzmaßnahmen ließ sich nicht durchsetzen, denn er hätte nicht tragbare Einschränkungen für die Lechtaler bedeutet. Es wird wohl auch in Zukunft weiterhin Konflikte geben, denn ein Wildfluss mit seiner ganzen, auch zerstörischen Dynamik und besiedelte Täler lassen sich schwer in Einklang bringen.

Der »Lechwanderweg« beginnt auf fast 1800 Meter Höhe, er kann, abhängig von der Schneelage, erst ab Mitte Juni bis Anfang Oktober begangen werden. Es sind überwiegend leichte Wege, die auch für Wanderanfänger und weniger trainierte Menschen geeignet sind. Die Etappen kann man sich nach seiner persönlichen Leistungsfähigkeit zusammenstellen, und da es im Tal Busverkehr gibt, ist es zudem möglich, Wanderstrecken und Busfahrten zu kombinieren.

Mit dem eigenen Auto kann man bis Lech am Arlberg fahren, ab dort ist die Strecke für private Fahrzeuge gesperrt. Wer zum Formarinsee will, muss den Bus nehmen.

VULKANE Berge aus Feuer geboren

GALAPAGOS Vulkane auf den verzauberten Inseln*

▶ Seite 123

Die Galapagos-Inseln entstanden an einer vulkanisch aktiven Stelle, einem sogenannten Hot Spot, wie es sie auch unter Island und Hawaii gibt. Jede Insel des Galapagos-Archipels besteht aus einem oder mehreren Vulkanen, die fast alle seit Langem erloschen sind, nur die Vulkane der westlichen Inseln Isabela und Fernandina zeigen noch vulkanische Aktivität. Auf kuriose Weise ließ sich einer der Ausbrüche auf das Jahr 1683 datieren, denn Piraten hatten ein Nahrungsdepot angelegt, unter anderem auch Marmeladengläser mit eingeprägter Jahreszahl, die später in einem Lavastrom wiedergefunden wurden.

Seit 1813 werden die Ausbrüche gezahlt, seither ist der Vulkan La Cumbre auf der Insel Fernandina 20 Mal ausgebrochen, zuletzt in den Jahren 1995 und dann wieder 2009. Lava floss die Hänge herab und ergoss sich zischend ins Meer. Auf der Insel Isabela hatte der Vulkan Wolf im Frühjahr 2015 einen heftigen Ausbruch. Menschen kamen nicht zu Schaden, da sich in der Nähe des Vulkans keine Dörfer und Siedlungen befinden. Ob die Landschildkröten, die gern den Kratersee aufsuchten, dort badeten und Nahrung fanden, sich rechtzeitig in Sicherheit brachten, konnte nicht festgestellt werden.

Die Galapagos-Inseln, die 1000 Kilometer vor der südamerikanischen Küste im Pazifischen Ozean liegen, gehören zum Territorium

Ecuadors. Auf den Inseln hat sich durch die Isolation eine einzigartige Tierwelt entwickelt, die es an keinem anderen Ort der Erde gibt. Hier bekam Darwin entscheidende Anregungen für seine Evolutionstheorie. Die Meerechsen, zum Beispiel, gibt es nur auf Galapagos, sie gehören zur Familie der Leguane, von denen es mehrere Arten in Süd- und Mittelamerika gibt. Durch die Isolation haben sich die Meerechsen zu einer eigenständigen Art entwickelt. Die Männchen werden fast zwei Meter lang, die Weibchen haben im Durchschnitt eine Länge von etwa 60 Zentimetern. Die Männchen verteidigen ein möglichst großes Territorium, in dem sich viele Weibchen zur Paarungszeit einfinden. Die Rivalen kämpfen Kopf an Kopf und messen durch Kopfdrücken ihre Kräfte. Biologen bezeichnen dieses Verhalten als »ritualisierte Kämpfe«, weil die Tiere sich dabei nicht verletzen.

Das sensible Ökosystem wird durch zu viele Siedler gefährdet. Die Bevölkerung nimmt ständig zu, vor allem durch illegale Einwanderungen vom ecuadorianischen Festland. Im Jahr 2009 wurden 20 000 Einwohner gezählt, im Jahr 2011 waren es schon 30 000. Die wichtigste Einnahmequelle ist der Tourismus. Obwohl man die Zahl der Besucher beschränken will, werden doch jedes Jahr mehr zugelassen. In den letzten Jahren besuchten jeweils mehr als 160 000 Menschen die Inseln.

Noch immer ist Galapagos für Überraschungen gut. Erst im Oktober 2015 entdeckten Biologen unter den Riesenschildkröten eine neue Art. Genetische Untersuchungen haben bewiesen, dass es auf der Hauptinsel Santa Cruz zwei unterschiedliche Spezies gibt. Die neue Art trägt den Namen *Chelonoidis donfaustoi*. Insgesamt entwickelten sich auf den einzelnen Galapagos-Inseln 15 verschiedene Riesenschildkrötenarten.

Ginostra ist heute nicht mehr so rückständig, wie ich den Ort mit seinen damals nur 40 Bewohnern erlebt habe. Es gab keine Elektrizität, kein fließendes Wasser, keine Straßenbeleuchtung. Inzwischen liefert eine Fotovoltaikanlage Strom, und wenn die Sonnenenergie nicht ausreicht, springt ein Dieselgenerator an.

Allein darf niemand mehr auf den Vulkan, nur in Begleitung anerkannter Führer, die die Gäste mit Schutzhelmen ausrüsten. Oben zu nächtigen, ist nicht erlaubt. Die Verbote werden überwacht, und wer in einer Höhe von über 400 Meter angetroffen wird, muss hohe Geldbußen bezahlen.

Diese Verbote und Vorsichtsmaßnahmen sind richtig, denn der Stromboli ist kein harmloser, zahmer »Schauvulkan«. Wie jeder Vulkan ist er gefährlich und unberechenbar. Alle paar Jahre wieder überrascht er mit ungewöhnlich starken Eruptionen, und dann fliegen die Lavabrocken weiter als gewohnt. Der letzte tödliche Unfall ereignete sich 2001, als eine Touristin am Kopf getroffen wurde. Auch in den Jahren 2002 und 2003 ereigneten sich starke Ausbrüche. Ein Teil des Kegels wurde weggesprengt, und die Lava ergoss sich ins Meer. Die Bevölkerung wurde vorsichtshalber evakuiert.

Der Stromboli gehört zusammen mit sechs weiteren Inseln zum Äolischen Archipel, auch Isole Lipari genannt. Vulkanologen haben festgestellt, dass die Inselgruppe genau auf der Achse Vesuv-Ätna liegt, die eine 500 Kilometer lange vulkanische Zone bildet. Der Schmelzfluss des Gesteins im Erdinneren teilt sich, wenn auch nicht in gleicher Stärke, so doch in messbaren Reaktionen, jedem der Vulkane mit. Als im Jahr 1906 der Vesuv den stärksten Ausbruch seit 1631 hatte, erwachte auch der Stromboli aus seiner sanften Leuchtturm-Tätigkeit und tauchte die Liparischen Inseln in einen beeindruckenden Feuerregen.

Von Ureinwohnern auf Stromboli und den anderen Inseln des Archipels sind keine Spuren erhalten geblieben. Die ersten Siedler kamen aus Griechenland, später vor allem aus Sizilien, um dem dortigen Bevölkerungsdruck auszuweichen.

ISLAND Feuer im Herzen* ▶ Seite 149

Nach Großbritannien ist Island die zweitgrößte Insel Europas. Das Land zieht sich rund 300 Kilometer von Nord nach Süd und etwa 500 Kilometer von West nach Ost. Die Gesamtfläche von 103 100 Quadratkilometern entspricht etwa der Fläche von Bayern und Baden-Württemberg zusammen. Über die Hälfte des Landes ist unbewohnt und von Lava, Vulkanen und Gletschern bedeckt.

Geologisch ist Island das jüngste europäische Land. Seine Entstehung ist noch nicht zum Abschluss gekommen, und deshalb ist die Insel eine der vulkanisch »heißesten« Zonen der Erde. Vor mehr als 40 Millionen Jahren begannen Vulkane am Meeresgrund des Nordatlantiks Magma zu speien und legten so das Fundament für die spätere Insel. Island liegt auf dem Mittelatlantischen Rücken, der Bruchzone, wo die Eurasische und die Amerikanische Platte auseinanderdriften. Die sich jährlich um zwei Zentimeter ausdehnende Spalte wird von dem aus dem Erdinneren aufsteigenden Magma gefüllt, das dann zu Gestein erstarrt.

Vier Jahre nach dem Ausbruch des Eyjafjallajökull, den ich erleben konnte, brach im August 2014 fast in der Mitte Islands der Bárðarbunga aus. Der riesige Krater mit einem Durchmesser von zehn Kilometern und 700 Meter Tiefe liegt unter dem Gletscher Vatnajökull. Das Magma entströmte nicht dem Krater, sondern durch einen 40 Kilometer langen Riss abseits des Gletschers. Ein halbes Jahr schoss die Lava aus dem Erdinneren heraus. Durch den Bárðarbunga, der sich im März 2015 wieder beruhigte, entstand kein Schaden, denn die Siedlungen befinden sich fast ausschließlich an der Küste, während das wilde Hochland mit seinen Vulkanen, Gletschern, reißenden Flüssen, Ödlandflächen und Wüsten unbewohnbar ist.

Island ist nicht nur geologisch gesehen ein junges Land. Es ist auch das letzte europäische Land, das von Menschen besiedelt wurde. Eine prähistorische Periode fehlt völlig. Im Jahr 874 kam der norwegische Wikinger Ingólfur Arnarson mit Familie und Gefolgsleuten als erster Siedler nach Island, wo heute rund 300000 Menschen leben. Das entspricht einer Bevölkerungsdichte von 2,8 Einwohnern pro Quadratkilometer, wobei 70 Prozent im Großraum Reykjavík wohnen. Island ist das am dünnsten besiedelte Land Europas.

Dank des Golfstroms herrscht trotz der nördlichen Lage gemäßigtes Meeresklima mit kühlen Sommern und milden Wintern. Überhaupt zeichnet sich das isländische Wetter durch häufige und abrupte Wechsel aus. Deshalb sagen die Isländer: »Wenn dir das Wetter nicht gefällt, dann warte einen Augenblick.« In den Sommermonaten ist es fast 24 Stunden hell.

WÜSTEN   Ozeane aus Sand

JEMEN   Mit einem Dromedar durch Wüsten und Wadis*
▶ Seite 159

Der Jemen im Süden der Arabischen Halbinsel grenzt im Norden an Saudi-Arabien, im Osten an den Oman, im Süden an den Golf von Aden und im Westen ans Rote Meer. An die Küstenebene im Westen mit ihrem tropischen Klima schließt sich ein zerklüftetes Gebirge an, dessen höchster Berg 3760 Meter misst. In diesem zentralen Hochland liegt neben anderen größeren Ort auch die Hauptstadt Sana'a. Weiter östlich erstreckt sich das wüstenartige Hochland des

Jol mit seinen tief eingeschnittenen Wadis. Im Nordosten befindet sich die zentralarabische Sandwüste, die Rub al Khali, die sich weiter nach Saudi-Arabien erstreckt.

Alleinreisende waren auch zur Zeit meiner Kameltour nicht erwünscht. Jemeniten fühlen sich dem Fremden gegenüber als Gastgeber, und zu ihrer Pflicht gehört es unter anderem, für die Sicherheit des Gastes zu sorgen. Deshalb halten sie es für notwendig, den Gast zu begleiten. Sie können unseren Wunsch nach Individualität nicht verstehen, weil sie dieses Bedürfnis selbst nicht haben. Sogar Beduinen sind nicht gern allein unterwegs. Sie erklärten mir das so: Allein ist es langweilig, man kann sich mit niemandem unterhalten.

Auch damals gab es von der Regierung und dem Tourismusministerium verordnete Reiseverbote. Je nach Sicherheitslage veränderten sich diese ständig. Manchmal durften der Norden im Gebiet um Sa'da oder auch die Ausgrabungsstätte bei Marib nicht besucht werden, oder man musste vorher seine Reiseroute bestätigen lassen und an den Kontrollpunkten die kopierten Erlaubnisscheine abgeben.

Innerhalb der Stammesgebiete musste auch ich Begleiter des jeweiligen Stammes mitnehmen. Dass es mir dann tatsächlich gelang, meine Wanderung allein fortzusetzen, verdanke ich glücklichen Zufällen, meinen arabischen Sprachkenntnissen und einem gewissen Wagemut.

MONGOLEI   Ein See in der Wüste*   ▸ Seite 169

Die Gobi ist die fünftgrößte Wüste der Welt, aber nur drei Prozent ihrer Fläche sind Dünengebiete, der überwiegende Teil besteht aus Kiesebenen, Gebirgen und Steppenwüste. Von West nach Ost erstreckt sie sich über 2000 Kilometer und 500 Kilometer von Nord nach Süd. Berühmt wurde die Gobi durch Ausgrabungen von Saurierfossilien. Viele bisher unbekannte Arten wurden entdeckt. Spektakulär sind die Funde von Eigelegen und schlüpfenden Sauriern. Es wurde auch eine Gruppe von 25 Jungsauriern gefunden, die vor 90 Millionen Jahren in einem Sumpf ums Leben gekommen sind. Der Fund zeigt, dass die Saurier sich durchaus sozial verhielten und Zusammengehörigkeit pflegten.

Der Reichtum der Mongolei sind nicht nur Fossilien, sondern vor allem Bodenschätze, ein Reichtum, der der Region jedoch zum Verhängnis wurde, denn der Abbau von Gold, Kupfer, Kohle, Uran und seltenen Erden hat ausländische Konzerne angelockt. Die Ausbeutung der mongolischen Erze und Mineralien ist zum Symbol für Korruption, Ausplünderung und Umweltzerstörung geworden.

So wie die Mongolen die Kontrolle über den Abbau der Bodenschätze verloren haben, werden sie wahrscheinlich auch das Sagen über Maidar City verlieren, ein gigantisches Bauvorhaben. Mitten in der mongolischen Steppe soll eine Megastadt entstehen. Eigentlich ist eine ambitionierte Ökostadt geplant: saubere Luft und sauberes Wasser, wenig Autos, viel Grün. Der Kölner Architekt und Städteplaner Stefan Schmitz hat mit seinem Team den Zuschlag bekommen, die neue Hauptstadt, Maidar City, zu bauen. Der Entwurf ist ökologisch konzipiert und wurde mit dem höchsten Zertifikat für nachhaltiges Bauen ausgezeichnet. Doch was wird sich von den vorbildlich grünen Plänen umsetzen lassen? Investoren wollen schnell und billig bauen, schnell verkaufen, schnell verdienen. Schon kaufen chinesische Immobiliengesellschaften immer größere Grundstücke und versuchen, die Richtlinien zu ändern. Noch ist der Kölner Stadtplaner einbezogen, ob er es bleiben wird, ist fraglich. Bis zur Fertigstellung des ersten Bauabschnitts, der 2020 oder vielleicht auch erst 2030 abgeschlossen sein soll, wird vom Plan einer ökologischen Stadt wahrscheinlich wenig übrig geblieben sein.

ÄGYPTEN   Wege durch das Sandmeer*   ▸ Seite 180

So zeitlos die Sahara auch wirkt, in Wahrheit ist sie eine der jüngsten Wüsten der Erde. Kaum 7000 Jahre ist die Sahara, wie wir sie heute kennen, alt. In den Jahrmillionen der Erdgeschichte davor gab es in diesem Gebiet in stetem Wechsel immer wieder Wüsten, Wälder, Savannen und Ozeane, wie Funde von Korallen beweisen. Die letzte fruchtbare Phase war von 12 000 bis 7000 v. Chr. Damals haben in der Sahara bedeutend mehr Menschen gelebt als im Niltal. Erst ab 5000 v. Chr. sind am Nil Ansiedlungen zu finden.

In der Sahara wuchsen nicht nur Gräser und Büsche, auch Wälder, Flüsse und Seen gab es, denn Monsunwinde brachten genügend Feuchtigkeit ins Land. Die Menschen ernährten sich von der Jagd; ihre Felsmalereien und Petroglyphen zeigen uns eine artenreiche Tierwelt. Dass die Gemälde keine Wunschfantasien waren, sondern die Wirklichkeit abbildeten, beweisen Ausgrabungen, wie die 6500 Jahre alten Knochen eines Flusspferds. Sogar bis heute haben Krokodile in der Wüste in Wasserlöchern zwischen engen Felstälern überlebt. Diese Krokodile, verwandt mit dem Nilkrokodil, wurden erst 1999 von der Wissenschaftlerin Tara Shine entdeckt.

Vor etwa 5000 Jahren veränderte sich das Klima schlagartig, das Land trocknete aus und verwandelte sich in eine Wüste. Ohne diese Klimaveränderung gäbe es wahrscheinlich die Tempel und Pyramiden nicht, denn nur um zu überleben, suchten die Menschen Zuflucht am Nil. Die ehemaligen Nomaden wurden sesshaft und betrieben Ackerbau. Immer größere Ansiedlungen konnten durch den effektiven Landbau entstehen, wodurch eine hochentwickelte Gemeinschaft erst möglich wurde, aus der die pharaonische Hochkultur hervorging. So haben Katastrophen oft auch eine positive Wirkung. Biologen sind sogar der Meinung, ohne Katastrophen hätte sich das Leben auf der Erde überhaupt nicht entwickeln können. Sie sind der Motor der Evolution.

Als im Jahr 1996 in der Sahara Knochen, Dolche und Speerspitzen entdeckt wurden, schien es möglich, das 2500 Jahre alte Rätsel um die verschollene Armee des Kambyses zu lösen. Mit DNA-Tests wollte man feststellen, ob es sich bei den menschlichen Überresten tatsächlich um die persische Armee handelte. Es kam aber zu Streitigkeiten um Befugnisse zwischen Syrien, Ägypten und den Entdeckern. Die offizielle Anerkennung durch Archäologen blieb bisher aus, die Funde sind vom Wüstensand erneut verweht worden.

PERU   Botschaften im Wüstensand*   ▶ Seite 191

Maria Reiche wurde 1903 in Dresden geboren und starb 1998 in Peru mit 95 Jahren. Nachdem sie jahrzehntelang ohne Unterstützung einer Universität oder einer anderen wissenschaftlichen oder staatlichen Einrichtung die Nazca-Linien auf einem 500 Quadratkilometer großen Gebiet zu Fuß vermessen hatte, wurden ihr in den letzten Lebensjahren zahlreiche Ehren zuteil. Neben dem Deutschen Bundesverdienstkreuz und der Ehrendoktorwürde der Universität von Lima erhielt sie die höchste Auszeichnung, die Peru zu vergeben hat, den »Sonnenorden«.

Die Forscherin setzte sich unermüdlich für den Erhalt der Wüstenzeichen ein. Noch im hohen Alter kämpfte sie darum, dass im Jahr 1994 die Nazca-Linien in die Liste des UNESCO-Welterbes aufgenommen wurden. Ihre Arbeit wird von Wissenschaftlern der ETH Zürich, TU Dresden und dem Archäologischen Institut Berlin fortgesetzt.

Die Nazca-Kultur datiert von 200 v. Chr. bis 600 n. Chr., wie durch Grabungen bei den Pyramiden von Cahuáchi festgestellt werden konnte. Im benachbarten Palpa-Tal fanden die Forscher Reste von Siedlungen.

Doch warum verschwand die einst blühende Nazca-Kultur? Allgemein machte man dafür Klimaveränderungen verantwortlich, deren möglicher Ursache ist ein Team der Universität im britischen Cambridge auf der Spur. Die Wissenschaftler sammelten Bodenproben und stellten mittels darin enthaltener Pollen eine gravierende Veränderung der Vegetation fest. Alles deutet darauf hin, dass die Nazca-Bevölkerung im Laufe der Zeit die Wälder gerodet und auf den frei gewordenen Flächen immer mehr Mais und Baumwolle angepflanzt hatte. Die Wälder bestanden vor allem aus mächtigen Huarango-Bäumen *Prosopis pallida*. Diese Bäume, bei uns auch als Amerikanischer Johannisbrotbaum bekannt, waren wichtig für das Ökosystem dieser Wüstenzone. Die an Trockenheit angepassten Bäume regelten mit ihren Schatten spendenden Kronen die Temperatur, festigten den Boden mit ihren Wurzeln und machten ihn fruchtbar, weil sie den Stickstoff binden. Irgendwann hatten die Menschen so viele Bäume gefällt, dass das sensible Ökosystem unumkehrbar geschädigt war. Es scheint, mit dem Fällen der Wälder hat die Bevölkerung des Nazca-Tals ihre eigene Lebensgrundlage zerstört.

WILDNIS UND TIERE
Entdecken und beobachten

TANSANIA Geparde im Ngorongoro-Krater ▸ Seite 203
Der Kratergrund liegt auf einer Höhe von 1700 Meter über dem Meeresspiegel, wobei sich der Rand des Kraters bis zu 2300 Meter erhebt. Die Fläche des eiförmigen Kessels ist etwa halb so groß wie der Bodensee. Wegen der günstigen Lebensbedingungen ist der Tierreichtum im Krater größer als in der Savanne der Serengeti. Trotz der steilen Kraterwände sind die Tiere im Krater nicht isoliert und einge-

schlossen. Es gibt Wildwechsel, sodass ein Austausch zwischen der Savanne oben und dem Kratergrund stattfindet.

Für Geparde ist das Überleben im Krater sehr schwierig. Ihnen wird nicht nur von den anderen Raubtieren die Beute streitig gemacht, sie werden selbst Opfer von Leoparden und Löwen, zumal die Populationsdichte dieser beiden Raubtiere im Krater extrem hoch ist.

Geparde brauchen den Schutz durch den Menschen, denn es gibt nur noch geschätzte 12 000 Individuen auf der Erde, die alle so nah miteinander verwandt sind, dass sie fast genetisch identisch sind. Der amerikanische Genetiker Stephen O'Brien vermutet, dass vor etwa 10 000 Jahren so gut wie alle Geparde einer Katastrophe zum Opfer gefallen sind, wobei vielleicht nur ein trächtiges Weibchen überlebt hat, sodass alle Geparde heute von ihr und diesen Jungen abstammen. Nur so sei die enge genetische Verwandtschaft zu erklären, meint er. Inzwischen bezweifeln andere Wissenschaftler die Ergebnisse, haben aber keine neuen vergleichbaren Messungen veröffentlicht.

Früher waren Geparde über fast ganz Afrika verbreitet, ausgenommen waren nur die zentralafrikanischen Urwaldgebiete. Sie lebten auch in Vorderasien, Indien und Zentralasien, sogar in Nordamerika, wo sie aber vor 100 000 Jahren ausstarben, noch bevor Menschen den Kontinent erreichten. Auch in Europa sind sie seit Langem verschwunden, wie 500 000 Jahre alte Gepardenfossilien beweisen, die bei Wiesbaden gefunden wurden. Engster Verwandter des Gepards ist der Puma, der in Süd- und Nordamerika vorkommt.

Der Ngorongoro-Krater war das bevorzugte Weidegebiet der Massai. Aber als ihre Herden immer größer wurden, zeigte sich, dass die angestrebte Koexistenz zwischen Mensch und Natur gescheitert war. Die überweidete Vegetation bot kaum noch Nahrung für die Wildtiere, und die Massai wurden von der Regierung gezwungen, den Krater zu verlassen. In späteren Jahren gab es immer mal wieder Genehmigungen, ihre Herden im Krater weiden zu lassen und an den Wasserstellen zu tränken, aber ihre Hütten dürfen sie dort nicht mehr bauen.

Der Ngorongoro-Krater wurde in Zusammenhang mit dem Schutz der Serengeti zum Nationalpark erklärt. Die Serengeti liegt zwischen dem Victoriasee und dem Ostafrikanischen Grabenbruch und gilt als Inbegriff für Afrikas einzigartige Tierwelt. Bernhard Grzimek und sein Sohn Michael lenkten 1957 mit dem Aufbau des Serengeti Wildlife Research Centre das internationale Augenmerk auf diese Savannen-Hochebene Tansanias, die die höchste Großwilddichte der Erde beherbergt.

MEXIKO Bunte Gaukler – Schmetterlinge auf Reisen

▶ Seite 212

Als ich vor gut 30 Jahren durch die Sierra Nevada wanderte, war das Winterquartier der Monarchschmetterlinge erst seit zehn Jahren einer kleinen Gruppe von Wissenschaftlern bekannt. Außer ihnen und der dort ansässigen Bevölkerung wusste zum damaligen Zeitpunkt niemand davon. Inzwischen, vor allem durch Fernsehfilme, hat eine breite Öffentlichkeit von diesem Naturphänomen Kenntnis erhalten. In El Rosario und den anderen Bergdörfern werden nun Touren zu den Winterschläfern angeboten. Enttäuscht sehen dann die Touristen nur leblos wirkende Tiere, nicht die wirbelnden Schwärme wie in den Filmen. Also schüttelt man die Bäume, damit die Schmetterlinge aufflattern und die Besucher tolle Fotos machen können. Für die Tiere ist das tödlich, denn so verlieren sie ihre Energiereserven.

Noch mehr Gefahr droht ihnen von Holzfällern. Holz ist für die Menschen in dieser Gegend eine wichtige, oft die einzige Erwerbsquelle. Immer mehr Berge sind schon entwaldet, auch im Überwinterungsgebiet. Zwar hat Mexikos Regierung bereits 1986 das Gebiet unter Schutz gestellt und die *Reserva da la Biósfera de la Mariposa Monarca* gegründet, doch durch Gesetze ist den illegal agierenden Holzfällern nicht Einhalt zu bieten. Tierschützer der Organisation MONARCA versuchen, mit Unterstützung des WWF einen Weg zu finden zwischen Mensch und Tier, Natur und Zivilisation. Um der einheimischen Bevölkerung eine alternative Verdienstquelle zu geben, sollen sie als Wächter in den Schutzzonen oder als Führer arbeiten und die Touristen zu den Schmetterlingen bringen. Dennoch geht die Abholzung weiter. Im Jahr 1997 überwinterten Monarchfalter noch auf 22 Hektar, im Jahr 2015 war die Fläche schon auf 0,6 Hektar geschrumpft. Am Cerro Pelón sind außer am Südhang die Bergflanken abgeholzt, am Chivatí-Huacal wachsen gar keine Bäume mehr.

Aber schlimmer noch – in Nordamerika kann kaum noch eine Raupe heranwachsen, weil die Schwalbenwurzgewächse zunehmend vernichtet werden. Inzwischen verwenden Farmer aggressive Herbizide, die alle Wildkräuter abtöten. Sie sprühen die giftige Brühe nicht nur auf ihre Felder, sondern auch an Weg- und Straßenränder, Bahndämme und andere für den Anbau überhaupt nicht genutzte Orte und vernichten damit die letzten Rückzugsgebiete der Seidenpflanzen und damit der Schmetterlinge.

Der Monarchfalter wird trotz dieser niederschmetternden Nachrichten vorerst nicht von der Erde verschwinden, denn mithilfe von Luftströmungen sind die Federleichten zu anderen Kontinenten »gereist«. Sie wurden bereits in Portugal, Spanien, Marokko, Hawaii, Samoa und Neuseeland gesichtet. Nur das Phänomen der orangeroten Schwärme zwischen Kanada und Mexiko wird bald nicht mehr zu beobachten sein.

Neben den Schmetterlingen, die nach Mexiko fliegen, gibt es eine zweite Population, die im Sommer in den Tälern der westlichen Rocky Mountains heranwächst und vor Winterbeginn nach Kalifornien zieht. Dort überwintern die Falter entlang der Pazifikküste. Allerdings ist diese Population viel kleiner als die in Kanada lebende und macht nur etwa fünf Prozent der Gesamtpopulation aus.

Bei ihren Wanderflügen orientieren sich die Schmetterlinge an der Sonne, an dem polarisierten Licht und dem Erdmagnetfeld, dazu dienen ihnen winzige Magnetit-Kügelchen, das sind Kristalle von Magneteisenerz, die in ihren Köpfen eingelagert sind.

ARGENTINIEN Wilder Ritt durch Feuerland* ▶ Seite 220

Als Ferdinand Magellan, der portugiesische Kapitän in spanischen Diensten, im Jahr 1520 die nach ihm benannte Magellanstraße entdeckte, durch die er mit den von ihm befehligten Schiffen vom Atlantik in den Pazifik kreuzen konnte, sah er nachts die Lagerfeuer der Einheimischen leuchten. Nach diesen Feuern soll die Insel benannt sein. Damals lebten vier ethnische Gruppen auf Feuerland. Die Yámana und Alacaluf waren auf dem Wasser in ihrem Element und ernährten sich hauptsächlich vom Fischfang. Die Haush und die Ona jagten Guanakos und Nandus. Als Feuerland von europäischen Einwanderern in Besitz genommen und Schaffarmen gegründet wurden, verfolgte man die Ureinwohner gnadenlos, zahlte sogar Kopfprämien. Wer nicht erschossen oder vergiftet wurde, starb an eingeschleppten Krankheiten. In wenigen Jahrzehnten waren die Menschen, die um 9800 v. Chr. in Feuerland eingewandert waren, für immer von unserer Erde verschwunden.

Feuerland ist eine Inselgruppe an der Südspitze Südamerikas und wird vom patagonischen Festland durch die Magellanstraße getrennt. Die Landfläche beträgt 73 746 Quadratkilometer, wobei mit rund 47 000 Quadratkilometern die Hauptinsel Isla Grande de Tierra del Fuego die größte ist. Im Jahr 1881 wurde Feuerland entlang des Meridian 68° 36' geteilt. Der westliche Teil Feuerlands, wo etwa 8000 Menschen leben, gehört zum Territorium Chiles, der östliche mit rund 127 000 Bewohnern zu Argentinien. Zwischen beiden Ländern gab und gibt es immer wieder Streitigkeiten um den Grenzverlauf, die bisher meist gewaltfrei gelöst werden konnten.

Nach Feuerland sind vor allem Engländer, Iren und Schotten ausgewandert, aber auch zahlreiche Kroaten, die hier die Schafzucht eingeführt haben.

Die Inselgruppe wird von der Cordillera Darwin, dem südlichen Ausläufer der Anden, mit fast 2500 Meter hohen Bergen durchzogen. Trotz der Nähe zur Antarktis ist das Klima maritim ausgeglichen, es ist das ganze Jahr über kalt und feucht, oft jagen starke Stürme über das Land, und es regnet viel. Feuerland ist erstaunlich waldreich, am meisten verbreitet sind Südbuchen (Nothofagus). Immer mehr Wälder werden aber von Bibern vernichtet, denn im Jahr 1946 wurden 50 Biber aus Kanada freigelassen, die sich in Ermangelung von tierischen Feinden auf über 200 000 Exemplare vermehrt haben und mit ihren Dammbauten die Wälder unter Wasser setzen, sodass diese absterben.

NAMIBIA   Löwenkinder auf Bäumen*   ▶ Seite 230

Die Szenen mit der Löwin und der Nashornmutter spielten sich im Etosha-Nationalpark ab. Dem Elefanten begegnete ich nordwestlich davon im ehemaligen Damara-Reservat, wo es keine Löwen gibt und es erlaubt ist, zu Fuß unterwegs zu sein. Der Etosha-Park ist mit seinen 114 Säugetier-, 340 Vogel- und 50 Schlangenarten wie eine Arche Noah. Die zweitgrößte Nashornpopulation auf der Erde lebt hier, außerdem gibt es Elefanten, Strauße, Gnus, Zebras, Antilopen und Gazellen.

Dem Naturschutz wird in Namibia ein hoher Stellenwert einge-räumt. Mit wissenschaftlich orientiertem Management haben Wild-hüter, Naturschützer und Biologen inmitten menschlicher Zivili-sation eine Insel für wilde Tiere geschaffen. So kann der Besucher im Etosha-Park fast unverfälschte Wildnis genießen, wie es sonst nur noch an wenigen Orten unserer Erde möglich ist.

Schon im Jahr 1907 wurde von der deutschen Kolonialverwaltung ein 100 000 Quadratkilometer großes Schutzgebiet ausgewiesen, damals das größte der Erde. Später, als die Regierung Südafrikas das Mandat über die ehemalige Kolonie Südwestafrika erhalten hatte, verkleinerte man den Naturpark, um Siedlungsraum für die Bevölke-rung zu gewinnen. Heute ist der Park nur noch 22 000 Quadratkilo-meter groß. Die Tiere wurden dadurch von ihren gewohnten Wan-derrouten abgeschnitten, denn während der Trockenzeit hatten sie früher die Möglichkeit gehabt, in den regenreichen Norden auszu-weichen. Deshalb mussten künstliche Wasserlöcher angelegt wer-den, wo sich die Tiere jedoch mit Krankheitserregern anstecken können.

Es gibt drei, als Schutz vor Raubtieren umzäunte Camps, in denen man gegen Bezahlung übernachten kann. Der Park kann nur mit einem Fahrzeug besucht werden, das außerhalb der Umzäunungen nicht verlassen werden darf. Es ist zu empfehlen, sich zuvor in der Hauptstadt Windhoek die vorgeschriebene Genehmigung der Tou-rismusbehörde und die Reservierung für die Übernachtungen zu besorgen.

Erst seit dem 21. März 1990 ist Namibia ein unabhängiger Staat. Im Westen wird das Land vom Atlantik, im Norden von Angola, im Süden von Südafrika und im Osten von Botswana begrenzt. Weniger als zwei Millionen Menschen leben in einem Gebiet, das mehr als doppelt so groß ist wie Deutschland. Doch die Bevölkerung wächst schnell und hat sich in den letzten Jahren nahezu verdoppelt, dabei sind weite Gebiete, wie die Namib-Wüste, die etwa 15 Prozent der gesamten Fläche ausmacht, unfruchtbares Land.

BEGEGNUNGEN   In fremden Kulturen

HAWAII   Taro, die Kulturpflanze der Polynesier

▶ Seite 241

Überall auf der Erde haben Menschen in der Frühzeit ihrer Entwicklung Bilder in Steine geschlagen oder Felswände mit Farben bemalt. Wenig wissen wir darüber, aber erstaunlich ist, wie sehr sich die Motive ähneln. Der Grund ist wohl, dass alle Menschen gemeinsamen Ursprungs sind und deshalb vergleichbare Symbole verwenden, um ihre Botschaften zu verschlüsseln. Die Zeichen richten sich an die Götter. Immer das Gleiche erbitten die Menschen von ihnen: Fruchtbarkeit, Nahrung, Wasser, Hilfe bei Krankheit und Not.

Für uns sind die Darstellungen rätselhaft, weil unsere Vorstellungswelt eine andere geworden ist. Für die Menschen damals, die in einer magischen Welt lebten, waren Bild und Wirklichkeit dasselbe. Ein Bild war nicht Abbild, sondern das, was es darstellte. Indem man zum Beispiel ein Tier malte, seinen Umriss in den Stein schlug, bekam man Macht über dieses Tier. Diese Vorstellung ist für uns kaum nachvollziehbar. Die magischen Kräfte sind bei uns ins Unbewusste abgesunken. Nur gelegentlich, in Träumen und Visionen, dringt ein wenig von der Macht der Magie an die Oberfläche unseres Bewusstseins.

Alle Inseln des Hawaii-Archipels, der sich über 2000 Kilometer erstreckt, sind durch Vulkanausbrüche am Meeresgrund entstanden. Der Mauna Kea, mit 4205 Metern der höchste Vulkan Hawaiis, reicht

5400 Meter tief zum Meeresgrund und ist damit mit fast 10 000 Metern der höchste Berg der Erde.

Um 800 n. Chr. kamen erste Siedler von den Marquesas-Inseln nach Hawaii, im 11. Jahrhundert erfolgte eine zweite Einwanderungsquelle aus Tahiti. Im Jahr 1778 wurde der Archipel von James Cook und seiner Mannschaft auf seiner dritten Pazifikreise entdeckt. Nachdem sie zunächst von den Ureinwohnern freundlich empfangen worden waren, kam es zum Streit, als die Seeleute zurückkehrten, weil ihre Schiffe bei einem Sturm beschädigt worden waren. Am 14. Februar 1779 wurde James Cook getötet, als er sich auf einen Kampf mit den Einheimischen einließ.

Seit 1959 gehört Hawaii als 50. Bundesstaat zu den USA. Von den polynesischen Ureinwohnern, die sich Kanaka Maoli nennen, leben heute kaum noch sechs Prozent. Die größte Bevölkerungsgruppe sind mit 40 Prozent Asiaten, 25 Prozent sind europäischer Herkunft.

JEMEN   Nichts geht ohne Qat   ▸ Seite 249

Qat, *Catha edulis*, gehört zur Familie der Celastraceae. Im Jemen ist Qat seit dem 13. Jahrhundert bekannt, wahrscheinlich eingeführt aus Äthiopien, wo der Strauch wild vorkommt. Damals wurden die Blätter nur von frommen Gelehrten und Sufis zur Unterstützung der religiösen Erleuchtung gekaut. Ab dem 19. Jahrhundert jedoch wurde der Qat-Genuss zur allgemeinen Sitte und ist heute aus dem Leben der Jemeniten nicht mehr wegzudenken.

Der Jemen ist etwa anderthalb Mal so groß wie Deutschland. Die Bevölkerung wächst rasant; waren es im Jahr 2000 noch 18 Millionen Menschen, sind es im Jahr 2015 schon 26,7 Millionen. Doch es gibt kaum Erwerbsmöglichkeiten, vor allem nicht für die Jugend.

In vorislamischer Zeit trug der Jemen den Beinamen *Arabia Felix*, das glückliche Arabien, weil es durch Handel reich geworden war.

Die damaligen Königreiche verdienten am Fernhandel zum Mittelmeerraum, die Waren kamen aus Indien und Ostafrika. Neben dem begehrten Weihrauch wurden Myrrhe, Gewürze, Edelsteine und Seide auf der sogenannten Weihrauchstraße vom Hafen Qana mehr als 3000 Kilometer durch Arabien transportiert. Während dieser politischen und kulturellen Blütezeit wurde im Königreich Saba mit der Hauptstadt Marib eine hochentwickelte Bewässerungstechnik angewandt. Die Schleusen des antiken Staudamms sind noch heute zu besichtigen.

Der Jemen war im Laufe seiner Geschichte noch nie ein geschlossenes Land, somit ist die Einheit des Jemen, die 1990, als der Nordjemen mit der Hauptstadt Sana'a und die Demokratische Volksrepublik mit der Hauptstadt Aden zu einem Staat vereinigt wurden, ein künstliches und damit labiles Gebilde. Der Nord- und der Südjemen haben nicht nur verschiedene politische und gesellschaftliche Wege zurückgelegt, auch herrschen im Süden und Norden sich jeweils feindlich gesinnte islamische Richtungen, die Sunniten und die Schiiten. Zudem versuchen die einzelnen Stämme, ihre Unabhängigkeit gegenüber der Zentralregierung zu bewahren und durchzusetzen. Ali Abdullah Salih, der 34 Jahre lang regierte, war ab 1978 Präsident des Nordjemen, dann des geeinten Jemen, bis er 2011 gestürzt und zum Rücktritt gezwungen wurde. Im Februar 2012 wurde Abed Rabbo Mansur Hadi als neuer Präsident gewählt. Als schiitische Huthi-Stammeskrieger sich gegen die sunnitische Zentralregierung erhoben, begannen sunnitische Staaten unter Führung Saudi-Arabiens mit einer militärischen Intervention. Die Huthi-Kämpfer dagegen werden vom hauptsächlich schiitischen Iran unterstützt. Seitdem herrscht ein schrecklicher Bürgerkrieg.

PORTUGAL   Lissabon – Stadt der unstillbaren Sehnsucht

▶ Seite 259

Im Jahr 1998 feierte Lissabon die Weltausstellung und wollte dabei aller Welt zeigen, wie modern und zukunftsweisend Portugal sein kann. Auf einem Areal von insgesamt 330 Hektar entstand in kürzester Zeit ein komplett neuer Stadtteil. Die Hauptstädter begnügten sich also nicht mit einer Ausstellung wie andere Städte, sondern entwarfen ein Bauprojekt, das größenwahnsinnig zu sein schien. Vier Jahre vor der Expo war ich in Lissabon und staunte. Noch nicht das geringste Bauvorhaben war getätigt, außer Plänen gab es nichts.

Die Ausstellung sollte im Osten der Stadt am Ufer des Tejo entstehen. Auf dem verwahrlosten Gelände sah ich ausgediente Hafenanlagen, stillgelegte Fabriken, marode Chemiewerke, verrostete Ölraffinerien, die Umwelt gefährdende ökologische Zeitbomben. Unmöglich, dachte ich, das ist nicht zu schaffen, nicht einmal, wenn die Portugiesen mehr Zeit zur Verfügung hätten.

Ein Wunder geschah. Irgendwie schafften sie es. Nicht nur die ausländischen Pavillons waren am Tag der Eröffnung fertig, es war tatsächlich ein neues Stadtzentrum entstanden. Und ganz anders als in den anderen Expo-Städten haben die Bewohner dauerhaften Nutzen von den Bauprojekten.

Als ich 2004 wieder in der Stadt war, staunte ich über die spannende Architektur mit Highlights wie dem supermodernen Einkaufszentrum, dem Wissenschaftsmuseum und dem Oceanário, einem riesigen Meerwasseraquarium, das außerdem als Veranstaltungshalle für 20 000 Besucher dient. Auch der Bahnhof Gare do Oriente entstand, eine echte Sehenswürdigkeit mit einem imposanten Eingangstor zur Expo, dazu eine 17 Kilometer lange Brücke über den Tejo, die Ponte Vasco da Gama.

Unvorstellbar, wie ihnen das alles gelungen ist, da muss Zauberei im Spiel gewesen sein. Das Motto der Expo war übrigens: »Ozeane – Vermächtnis für die Zukunft«.

KENIA   In einem Massai-Dorf   ▶ Seite 270

Die Massai sind Halbnomaden, deren Lebens- und Wirtschaftsweise geprägt ist von permanenten Siedlungen und saisonalen Wanderungen. Seit einigen Jahrzehnten hat die Migration einzelner Massai fort von ihren Familien-Clans in die Städte Afrikas zugenommen.

Die Massai begannen etwa im 16. Jahrhundert von Norden nach Süden in ihr heutiges Wohngebiet einzuwandern. Ihre Sprache, die sie *maa* nennen, gehört zur nilotischen Sprachfamilie. Das erlaubt Rückschlüsse auf die Herkunft ihrer Vorfahren aus dem Niltal und dem südlichen Sudan. Sie sind eines der wenigen Völker Afrikas, das auch während der Kolonialzeit stets ein unabhängiges und freies Leben führte und nie versklavt wurde. Im Gegenteil, früher waren die Massai gefürchtet. Sie überfielen Karawanen und vergrößerten ständig ihr Einflussgebiet, vertrieben die ortsansässige Bevölkerung und raubten deren Rinder. Vieh zu stehlen war für sie eine rechtmäßige Handlung, denn ihr Gott Engai, den sie im Vulkan Lengai vermuten, soll ihnen, den Massai, und nur ihnen, alle Rinder der Erde überlassen haben. Andere Völker müssen also durch Viehdiebstahl in den Besitz von Rindern gekommen sein. Da ist es nur rechtens, wenn sie diesen »Viehdieben« das Diebesgut abnehmen.

Die Massai haben sich nie von Häuptlingen regieren lassen, sondern lebten immer in voneinander unhabhängigen Familien-Clans und Gemeinschaften. Im 19. Jahrhundert, auf dem Höhepunkt ihrer Macht, brach eine Katastrophe apokalyptischen Ausmaßes über sie herein. Gleich von mehreren verheerenden Geißeln wurden sie getroffen. Zuerst war es die Rinderpest, die nach Ostafrika eingeschleppt wurde und gegen die ihr Vieh keine Abwehrkräfte besaß. Fast alle Tiere verendeten, und über die Massai, die sich damals fast ausschließlich von Milch und dem Blut ihrer Rinder ernährten, brach eine Hungersnot herein. Dann starben viele Massai während einer Pockenepidemie. Die Überlebenden wurden von der britischen Kolonialmacht in unfruchtbare, trockene Regionen abgedrängt. Die saftigen Weiden der Massai verkaufte man an europäische Siedler.

Der nächste Schlag war die Einrichtung von Nationalparks. Damit die Massai mit ihren Herden nicht den Wildtieren Konkurrenz machten, wurden sie gezwungen, die Naturreservate zu verlassen.

Zudem üben bis heute die Regierungen von Kenia und Tansania Druck auf das Nomadenvolk aus, sesshaft zu werden und Ackerbau zu betreiben. Einige Familien-Clans praktizieren inzwischen Feldanbau und pflanzen Mais, Kartoffeln und Gemüse an, wodurch sich die Ernährung verändert, die trotz ihrer Einseitigkeit in den vergangenen Jahrhunderten nicht zu Mangelerscheinungen geführt hatte.

Inzwischen gibt es auch in den Massai-Dörfern immer mehr Schulen, wo die Kinder von Massai-Lehrern unterrichtet werden. Hilfsorganisationen unterstützen die Mädchen, die vor Genitalverstümmelung und Zwangsheirat aus ihrem Stammesverband flüchten. Manchmal werden deshalb, entgegen der bisherigen Praxis, schon die neugeborenen Mädchen beschnitten, die sich nicht wehren können. Haben Massai-Eltern allerdings als Kinder eine Schule besucht, ersparen sie meist ihren Töchtern die schmerzhafte Prozedur.

Junge Massai, die zur Schule gehen, kleiden sich kaum noch traditionell, sie tragen Jeans, T-Shirt und Turnschuhe. Aber auch ein in rote Tücher gehüllter Massai mit einem Smartphone in der Hand ist kein seltener Anblick mehr. Ob es eine Überlebenschance für die Kultur der Massai gibt, weiß niemand, aber gewiss ist, dass eine Weiterentwicklung und Veränderung nicht aufzuhalten ist.

QUELLENNACHWEIS

Teile der im Anhang mit * versehenen Kapitel wurden in den folgenden Büchern von Carmen Rohrbach veröffentlicht und von der Autorin eigens für diesen Band überarbeitet.

»Frankreich – Mit Esel Chocolat auf dem Pilgerweg«. Aus: »Muscheln am Weg. Mit dem Esel auf dem Jakobsweg durch Frankreich«. © Piper Verlag GmbH, München 2002

»Ägypten – Mit Esel Aton entlang des Nil«. Aus: »Im Reich von Isis und Osiris. Eine Nilreise von Abu Simbel bis Alexandria«. © Piper Verlag GmbH, München 2010

»Rumänien – Am Delta des blauen Flusses«. Aus: »Am blauen Fluss. Entlang der Donau vom Schwarzwald bis zum Schwarzen Meer«. © Piper Verlag GmbH, München 2015

»Galapagos – Vulkane auf den verzauberten Inseln«. Aus: »Inseln aus Feuer und Meer. Galapagos – Archipel der zahmen Tiere«. © Piper Verlag GmbH, München 1989

»Island – Feuer im Herzen«. Aus: »Auf der Insel der Gletscher und Geysire. Meine Zeit in Island«. © Piper Verlag GmbH, München 2011